Made in the USA
Las Vegas, NV
01 September 2024

Hebrew-English

PSALMS

תהלים

TRADITIONAL MASORETIC HEBREW TEXT
& CLASSIC JEWISH ENGLISH TRANSLATION

ISBN 1-59045-950-4

Varda Books
9001 Keating Avenue
Skokie, IL 60076 USA

Hebrew text—Keter Israel 1.1tm—is set to match Leningrad Codex, the oldest complete manuscript of Hebrew bible, except for when the evidence of other major text witnesses, halakha, or established Jewish tradition strongly indicates a different reading. The Hebrew text is set next to the classic 1917 English translation prepared by the Jewish Publication Society of America.

CATALOG CARD INFORMATION

The Jewish Bible. O.T. Psalms. English and Hebrew.

PSALMS

BOOK I

1 HAPPY is the man that hath not walked in the counsel of the wicked, / Nor stood in the way of sinners, / Nor sat in the seat of the scornful. / [2] But his delight is in the law of the LORD; / And in His law doth he meditate day and night. / [3] And he shall be like a tree planted by streams of water, / That bringeth forth its fruit in its season, / And whose leaf doth not wither; / And in whatsoever he doeth he shall prosper. / [4] Not so the wicked; / But they are like the chaff which the wind driveth away. / [5] Therefore the wicked shall not stand in the judgment, / Nor sinners in the congregation of the righteous. / [6] For the LORD regardeth the way of the righteous, / But the way of the wicked shall perish.

2 Why are the nations in an uproar? / And why do the peoples mutter in vain? / [2] The kings of the earth stand up, / And the rulers take counsel together, / Against the LORD, and against His anointed: / [3] 'Let us break their bands asunder, / And cast away their cords from us.' / [4] He that sitteth in heaven laugheth, / The Lord hath them in derision. / [5] Then will He speak unto them in His wrath, / And affright them in His sore displeasure; / [6] 'Truly it is I that have established My king / Upon Zion, My holy mountain' / [7] I will tell of the decree: / The LORD said unto me: 'Thou art My son, / This day have I begotten thee / [8] Ask of Me, and I will give the nations for thine inheritance, / And the ends of the earth for thy possession. / [9] Thou shalt break them with a rod of iron; / Thou shalt dash them in pieces like a potter's vessel.' / [10] Now therefore, O ye kings, be wise; / Be admonished, ye judges of the earth. / [11] Serve the LORD with fear, / And rejoice with trembling. / [12] Do homage in purity, lest He be angry, and ye perish in the way, / When suddenly His wrath is kindled. / Happy are all they that take refuge in Him.

תהלים

ספר ראשון

א אַשְׁרֵי־הָאִישׁ אֲשֶׁר ׀ לֹא הָלַךְ בַּעֲצַת רְשָׁעִים וּבְדֶרֶךְ חַטָּאִים לֹא עָמָד וּבְמוֹשַׁב לֵצִים לֹא יָשָׁב: 2 כִּי אִם בְּתוֹרַת יְהֹוָה חֶפְצוֹ וּבְתוֹרָתוֹ יֶהְגֶּה יוֹמָם וָלָיְלָה: 3 וְהָיָה כְּעֵץ שָׁתוּל עַל־פַּלְגֵי מָיִם אֲשֶׁר פִּרְיוֹ ׀ יִתֵּן בְּעִתּוֹ וְעָלֵהוּ לֹא־יִבּוֹל וְכֹל אֲשֶׁר־יַעֲשֶׂה יַצְלִיחַ: 4 לֹא־כֵן הָרְשָׁעִים כִּי אִם־כַּמֹּץ אֲשֶׁר־תִּדְּפֶנּוּ רוּחַ: 5 עַל־כֵּן ׀ לֹא־יָקֻמוּ רְשָׁעִים בַּמִּשְׁפָּט וְחַטָּאִים בַּעֲדַת צַדִּיקִים: 6 כִּי־יוֹדֵעַ יְהֹוָה דֶּרֶךְ צַדִּיקִים וְדֶרֶךְ רְשָׁעִים תֹּאבֵד:

ב לָמָּה רָגְשׁוּ גוֹיִם וּלְאֻמִּים יֶהְגּוּ־רִיק: 2 יִתְיַצְּבוּ ׀ מַלְכֵי־אֶרֶץ וְרוֹזְנִים נוֹסְדוּ־יָחַד עַל־יְהֹוָה וְעַל־מְשִׁיחוֹ: 3 נְנַתְּקָה אֶת־מוֹסְרוֹתֵימוֹ וְנַשְׁלִיכָה מִמֶּנּוּ עֲבֹתֵימוֹ: 4 יוֹשֵׁב בַּשָּׁמַיִם יִשְׂחָק אֲדֹנָי יִלְעַג־לָמוֹ: 5 אָז יְדַבֵּר אֵלֵימוֹ בְאַפּוֹ וּבַחֲרוֹנוֹ יְבַהֲלֵמוֹ: 6 וַאֲנִי נָסַכְתִּי מַלְכִּי עַל־צִיּוֹן הַר־קָדְשִׁי: 7 אֲסַפְּרָה אֶל חֹק יְהֹוָה אָמַר אֵלַי בְּנִי אַתָּה אֲנִי הַיּוֹם יְלִדְתִּיךָ: 8 שְׁאַל מִמֶּנִּי וְאֶתְּנָה גוֹיִם נַחֲלָתֶךָ וַאֲחֻזָּתְךָ אַפְסֵי־אָרֶץ: 9 תְּרֹעֵם בְּשֵׁבֶט בַּרְזֶל כִּכְלִי יוֹצֵר תְּנַפְּצֵם: 10 וְעַתָּה מְלָכִים הַשְׂכִּילוּ הִוָּסְרוּ שֹׁפְטֵי אָרֶץ: 11 עִבְדוּ אֶת־יְהֹוָה בְּיִרְאָה וְגִילוּ בִּרְעָדָה: 12 נַשְּׁקוּ־בַר פֶּן־יֶאֱנַף וְתֹאבְדוּ דֶרֶךְ כִּי־יִבְעַר כִּמְעַט אַפּוֹ אַשְׁרֵי כָּל־חוֹסֵי בוֹ:

3 A Psalm of David, when he fled from Absalom his son. / [2] LORD, how many are mine adversaries become! / Many are they that rise up against me. / [3] Many there are that say of my soul: / 'There is no salvation for him in God.' Selah / [4] But Thou, O LORD, art a shield about me; / My glory, and the lifter up of my head. / [5] With my voice I call unto the LORD, / And He answereth me out of His holy mountain. Selah / [6] I lay me down, and I sleep; / I awake, for the LORD sustaineth me. / [7] I am not afraid of ten thousands of people, / That have set themselves against me round about. / [8] Arise, O LORD; save me, O my God; / For Thou hast smitten all mine ene- mies upon the cheek, / Thou hast broken the teeth of the wicked. / [9] Salvation belongeth unto the LORD; / Thy blessing be upon Thy people. Selah

4 For the Leader; with string-music. / A Psalm of David. / [2] Answer me when I call, O God of my righteousness, / Thou who didst set me free when I was in distress; / Be gracious unto me, and hear my prayer. / [3] O ye sons of men, how long shall my glory be put to shame, / In that ye love vanity, and seek after falsehood? Selah / [4] But know that the LORD hath set apart the godly man as His own; / The LORD will hear when I call unto Him. / [5] Tremble, and sin not; / Commune with your own heart upon your bed, and be still. Selah / [6] Offer the sacrifices of righteousness, / And put your trust in the LORD. / [7] Many there are that say: 'Oh that we could see some good!' / LORD, lift Thou up the light of Thy countenance upon us. / [8] Thou hast put gladness in my heart, / More than when their corn and their wine increase. / [9] In peace will I both lay me down and sleep; / For Thou, LORD, makest me dwell alone in safety.

5 For the Leader; upon the Ne-hiloth. / A Psalm of David. / [2] Give ear to my words, O LORD, / Consider my meditation. / [3] Hearken unto the voice of my cry, my King, and my God; / For unto Thee do I pray. / [4] O LORD, in the morning shalt Thou hear my voice; / In the morning will I order my prayer unto Thee, and will look forward. / [5] For Thou art not a God that hath pleasure in wickedness; / Evil shall not

3 מִזְמוֹר לְדָוִד בְּבָרְחוֹ מִפְּנֵי ׀ אַבְשָׁלוֹם בְּנוֹ: 2יְהוָה מָה־רַבּוּ צָרָי רַבִּים קָמִים עָלָי: 3 רַבִּים אֹמְרִים לְנַפְשִׁי אֵין יְשׁוּעָתָה לּוֹ בֵאלֹהִים סֶלָה: 4וְאַתָּה יְהוָה מָגֵן בַּעֲדִי כְּבוֹדִי וּמֵרִים רֹאשִׁי: 5קוֹלִי אֶל־ יְהוָה אֶקְרָא וַיַּעֲנֵנִי מֵהַר קָדְשׁוֹ סֶלָה: 6אֲנִי שָׁכַבְתִּי וָאִישָׁנָה הֱקִיצוֹתִי כִּי יְהוָה יִסְמְכֵנִי: 7 לֹא־אִירָא מֵרִבְבוֹת עָם אֲשֶׁר סָבִיב שָׁתוּ עָלָי: 8 קוּמָה יְהוָה ׀ הוֹשִׁיעֵנִי אֱלֹהַי כִּי־הִכִּיתָ אֶת־כָּל־אֹיְבַי לֶחִי שִׁנֵּי רְשָׁעִים שִׁבַּרְתָּ: 9 לַיהוָה הַיְשׁוּעָה עַל־ עַמְּךָ בִרְכָתֶךָ סֶּלָה:

4 לַמְנַצֵּחַ בִּנְגִינוֹת מִזְמוֹר לְדָוִד: 2 בְּקָרְאִי עֲנֵנִי ׀ אֱלֹהֵי צִדְקִי בַּצָּר הִרְחַבְתָּ לִּי חָנֵּנִי וּשְׁמַע תְּפִלָּתִי: 3 בְּנֵי אִישׁ עַד־מֶה כְבוֹדִי לִכְלִמָּה תֶּאֱהָבוּן רִיק תְּבַקְשׁוּ כָזָב סֶלָה: 4 וּדְעוּ כִּי־הִפְלָה יְהוָה חָסִיד לוֹ יְהוָה יִשְׁמַע בְּקָרְאִי אֵלָיו: 5 רִגְזוּ וְאַל־תֶּחֱטָאוּ אִמְרוּ בִלְבַבְכֶם עַל־מִשְׁכַּבְכֶם וְדֹמּוּ סֶלָה: 6 זִבְחוּ זִבְחֵי־צֶדֶק וּבִטְחוּ אֶל־יְהוָה: 7 רַבִּים אֹמְרִים מִי־יַרְאֵנוּ טוֹב נְסָה־עָלֵינוּ אוֹר פָּנֶיךָ יְהוָה: 8 נָתַתָּה שִׂמְחָה בְלִבִּי מֵעֵת דְּגָנָם וְתִירוֹשָׁם רָבּוּ: 9 בְּשָׁלוֹם יַחְדָּו אֶשְׁכְּבָה וְאִישָׁן כִּי־אַתָּה יְהוָה לְבָדָד לָבֶטַח תּוֹשִׁיבֵנִי:

5 לַמְנַצֵּחַ אֶל־הַנְּחִילוֹת מִזְמוֹר לְדָוִד: 2 אֲמָרַי הַאֲזִינָה ׀ יְהוָה בִּינָה הֲגִיגִי: 3 הַקְשִׁיבָה ׀ לְקוֹל שַׁוְעִי מַלְכִּי וֵאלֹהָי כִּי־אֵלֶיךָ אֶתְפַּלָּל: 4 יְהוָה בֹּקֶר תִּשְׁמַע קוֹלִי בֹּקֶר אֶעֱרָךְ־לְךָ וַאֲצַפֶּה: 5 כִּי ׀ לֹא אֵל־חָפֵץ רֶשַׁע ׀ אָתָּה לֹא יְגֻרְךָ רָע:

sojourn with Thee. / [6] The boasters shall not stand in Thy sight; / Thou hatest all workers of iniquity. / [7] Thou destroyest them that speak falsehood; / The LORD abhorreth the man of blood and of deceit. / [8] But as for me, in the abundance of Thy lovingkindness will I come into Thy house; / I will bow down toward Thy holy temple in the fear of Thee. / [9] O LORD, lead me in Thy righteousness because of them that lie in wait for me; / Make Thy way straight before my face. / [10] For there is no sincerity in their mouth; / Their inward part is a yawning gulf, / Their throat is an open sepulchre; / They make smooth their tongue. / [11] Hold them guilty, O God, / Let them fall by their own counsels; / Cast them down in the multitude of their transgressions; / For they have rebelled against Thee. / [12] So shall all those that take refuge in Thee rejoice, / They shall ever shout for joy, / And Thou shalt shelter them; / Let them also that love Thy name exult in Thee. / [13] For Thou dost bless the righteous; / O LORD, Thou dost encompass him with favour as with a shield.

6 For the Leader; with string-music; / on the Sheminith. A Psalm of David. / [2] O LORD, rebuke me not in Thine anger, / Neither chasten me in Thy wrath. / [3] Be gracious unto me, O LORD, for I languish away; / Heal me, O LORD, for my bones are affrighted / [4] My soul also is sore affrighted; / And Thou, O LORD, how long? / [6] Return, O LORD, deliver my soul; / Save me for Thy mercy's sake. / [6] For in death there is no remembrance of Thee; / In the nether-world who will give Thee thanks? / [7] I am weary with my groaning; / Every night make I my bed to swim; / I melt away my couch with my tears. / [8] Mine eye is dimmed because of vexation; / It waxeth old because of all mine adversaries. / [9] Depart from me, all ye workers of iniquity; / For the LORD hath heard the voice of my weeping. / [10] The LORD hath heard my supplication; / The LORD receiveth my prayer. / [11] All mine enemies shall be ashamed and sore affrighted; / They shall turn back, they shall be ashamed suddenly.

7 Shiggaion of David, which he sang unto the LORD, concerning Cush a Benjamite. / [2] O LORD my God, in Thee have I taken refuge; / Save me from all them that pursue me, and deliver me; / [3] Lest he tear my soul like a lion, / Rending it in pieces, while there is none

6 לֹא־יִתְיַצְּב֣וּ הֽוֹלְלִים֮ לְנֶ֪גֶד עֵינֶ֥יךָ שָׂנֵ֗אתָ כָּל־פֹּ֥עֲלֵי אָֽוֶן׃ 7 תְּאַבֵּד֮ דֹּבְרֵ֢י כָ֫זָ֥ב אִישׁ־דָּמִ֥ים וּמִרְמָ֗ה יְתָעֵ֥ב ׀ יְהוָֽה׃ 8 וַאֲנִ֗י בְּרֹ֣ב חַ֭סְדְּךָ אָב֣וֹא בֵיתֶ֑ךָ אֶשְׁתַּחֲוֶ֥ה אֶל־הֵֽיכַל־קָ֝דְשְׁךָ֗ בְּיִרְאָתֶֽךָ׃ 9 יְהוָ֤ה ׀ נְחֵ֬נִי בְצִדְקָתֶ֗ךָ לְמַ֥עַן שֽׁוֹרְרָ֑י הוֹשַֽׁר לְפָנַ֥י דַּרְכֶּֽךָ׃ 10 כִּ֤י אֵ֪ין בְּפִ֡יהוּ נְכוֹנָה֮ קִרְבָּ֪ם הַ֫וּ֥וֹת קֶֽבֶר־פָּת֥וּחַ גְּרוֹנָ֑ם לְ֝שׁוֹנָ֗ם יַחֲלִיקֽוּן׃ 11 הַאֲשִׁימֵ֨ם ׀ אֱֽלֹהִ֡ים יִפְּל֮וּ מִֽמֹּעֲצ֪וֹתֵ֫יהֶ֥ם בְּרֹ֣ב פִּ֭שְׁעֵיהֶם הַדִּיחֵ֑מוֹ כִּי־מָ֥רוּ בָֽךְ׃ 12 וְיִשְׂמְח֥וּ כָל־ח֪וֹסֵי בָ֡ךְ לְעוֹלָ֣ם יְ֭רַנֵּנוּ וְתָסֵ֣ךְ עָלֵ֑ימוֹ וְיַעְלְצ֥וּ בְ֝ךָ֗ אֹהֲבֵ֥י שְׁמֶֽךָ׃ 13 כִּֽי־אַתָּה֮ תְּבָרֵ֪ךְ צַ֫דִּ֥יק יְהוָ֑ה כַּ֝צִּנָּ֗ה רָצ֥וֹן תַּעְטְרֶֽנּוּ׃

6 לַמְנַצֵּ֣חַ בִּ֭נְגִינוֹת עַֽל־הַשְּׁמִינִ֗ית מִזְמ֥וֹר לְדָוִֽד׃ 2 יְֽהוָ֗ה אַל־בְּאַפְּךָ֥ תוֹכִיחֵ֑נִי וְֽאַל־בַּחֲמָתְךָ֥ תְיַסְּרֵֽנִי׃ 3 חָנֵּ֥נִי יְהוָה֮ כִּ֤י אֻמְלַ֫ל אָ֥נִי רְפָאֵ֥נִי יְהוָ֑ה כִּ֖י נִבְהֲל֣וּ עֲצָמָֽי׃ 4 וְ֭נַפְשִׁי נִבְהֲלָ֣ה מְאֹ֑ד וְאַ֥תָּ יְ֝הוָ֗ה עַד־מָתָֽי׃ 5 שׁוּבָ֣ה יְ֭הוָה חַלְּצָ֣ה נַפְשִׁ֑י ה֝וֹשִׁיעֵ֗נִי לְמַ֣עַן חַסְדֶּֽךָ׃ 6 כִּ֤י אֵ֣ין בַּמָּ֣וֶת זִכְרֶ֑ךָ בִּ֝שְׁא֗וֹל מִ֣י יֽוֹדֶה־לָּֽךְ׃ 7 יָגַ֤עְתִּי ׀ בְּֽאַנְחָתִ֗י אַשְׂחֶ֣ה בְכָל־לַ֭יְלָה מִטָּתִ֑י בְּ֝דִמְעָתִ֗י עַרְשִׂ֥י אַמְסֶֽה׃ 8 עָֽשְׁשָׁ֣ה מִכַּ֣עַס עֵינִ֑י עָֽ֝תְקָ֗ה בְּכָל־צוֹרְרָֽי׃ 9 ס֣וּרוּ מִ֭מֶּנִּי כָּל־פֹּ֣עֲלֵי אָ֑וֶן כִּֽי־שָׁמַ֥ע יְ֝הוָ֗ה ק֣וֹל בִּכְיֽי׃ 10 שָׁמַ֣ע יְ֭הוָה תְּחִנָּתִ֑י יְ֝הוָ֗ה תְּֽפִלָּתִ֥י יִקָּֽח׃ 11 יֵבֹ֤שׁוּ ׀ וְיִבָּהֲל֣וּ מְ֭אֹד כָּל־אֹיְבָ֑י יָ֝שֻׁ֗בוּ יֵבֹ֥שׁוּ רָֽגַע׃

7 שִׁגָּי֗וֹן לְדָ֫וִ֥ד אֲשֶׁר־שָׁ֥ר לַיהוָ֑ה עַל־דִּבְרֵי־כ֝֗וּשׁ בֶּן־יְמִינִֽי׃ 2 יְהוָ֣ה אֱ֭לֹהַי בְּךָ֣ חָסִ֑יתִי הוֹשִׁיעֵ֥נִי מִכָּל־רֹ֝דְפַ֗י וְהַצִּילֵֽנִי׃ 3 פֶּן־יִטְרֹ֣ף

to deliver. / [4] O LORD my God, if I have done this; / If there be iniquity in my hands; / [5] If I have requited him that did evil unto me, / Or spoiled mine adversary unto emptiness; / [6] Let the enemy pursue my soul, and overtake it, / And tread my life down to the earth, / Yea, let him lay my glory in the dust. Selah / [7] Arise, O LORD, in Thine anger, / Lift up Thyself in indignation against mine adversaries; / Yea, awake for me at the judgment which Thou hast commanded. / [8] And let the congregation of the peoples compass Thee about, / And over them return Thou on high. / [9] O LORD, who ministerest judgment to the peoples, / Judge me, O LORD, / According to my righteousness, and according to mine integrity that is in me. / [10] Oh that a full measure of evil might come upon the wicked, / And that Thou wouldest establish the righteous; / For the righteous God trieth the hearts and reins. / [11] My shield is with God, / Who saveth the upright in heart. / [12] God is a righteous judge, / Yea, a God that hath indignation every day; / [13] If a man turn not, He will whet His sword, / He hath bent His bow, and made it ready: / [14] He hath also prepared for him the weapons of death, / Yea, His arrows which He made sharp. / [15] Behold, he travaileth with iniquity; / Yea, he conceiveth mischief, and bringeth forth falsehood. / [16] He hath digged a pit, and hollowed it, / And is fallen into the ditch which he made. / [17] His mischief shall return upon his own head, / And his violence shall come down upon his own pate. / [18] I will give thanks unto the LORD according to His righteousness; / And will sing praise to the name of the LORD Most High.

8 For the Leader; upon the Gittith. / A Psalm of David. / [2] O LORD, our Lord, / How glorious is Thy name in all the earth! / Whose majesty is rehearsed above the heavens. / [3] Out of the mouth of babes and sucklings hast Thou founded strength, / Because of Thine adversaries; / That Thou mightest still the enemy and the avenger. / [4] When I behold Thy heavens, the work of Thy fingers, / The moon and the stars, which Thou hast established; / [5] What is man, that Thou art mindful of him? / And the son of man, that Thou thinkest of him? / [6] Yet Thou hast made him but little lower than the angels, / And hast crowned him with glory and honour. / [7] Thou hast made him to have dominion over the works of Thy hands; / Thou hast put all things under his feet: / Sheep and oxen, all of them, / Yea, and the beasts of the

יְהוָה 4 : כְּאַרְיֵה נַפְשִׁי פֹּרֵק וְאֵין מַצִּיל
אֱלֹהַי אִם־עָשִׂיתִי זֹאת אִם־יֶשׁ־עָוֶל
בְּכַפָּי : 5 אִם־גָּמַלְתִּי שׁוֹלְמִי רָע וָאֲחַלְּצָה
צוֹרְרִי רֵיקָם : 6 יִרַדֹּף אוֹיֵב ׀ נַפְשִׁי וְיַשֵּׂג
וְיִרְמֹס לָאָרֶץ חַיָּי וּכְבוֹדִי ׀ לֶעָפָר יַשְׁכֵּן
סֶלָה : 7 קוּמָה יְהוָה ׀ בְּאַפֶּךָ הִנָּשֵׂא
בְּעַבְרוֹת צוֹרְרָי וְעוּרָה אֵלַי מִשְׁפָּט צִוִּיתָ :
8 וַעֲדַת לְאֻמִּים תְּסוֹבְבֶךָ וְעָלֶיהָ לַמָּרוֹם
שׁוּבָה : 9 יְהוָה יָדִין עַמִּים שָׁפְטֵנִי יְהוָה
כְּצִדְקִי וּכְתֻמִּי עָלָי : 10 יִגְמָר־נָא רַע ׀
רְשָׁעִים וּתְכוֹנֵן צַדִּיק וּבֹחֵן לִבּוֹת וּכְלָיוֹת
אֱלֹהִים צַדִּיק : 11 מָגִנִּי עַל־אֱלֹהִים מוֹשִׁיעַ
יִשְׁרֵי־לֵב : 12 אֱלֹהִים שׁוֹפֵט צַדִּיק וְאֵל זֹעֵם
בְּכָל־יוֹם : 13 אִם־לֹא יָשׁוּב חַרְבּוֹ יִלְטוֹשׁ
קַשְׁתּוֹ דָרַךְ וַיְכוֹנְנֶהָ : 14 וְלוֹ הֵכִין כְּלֵי־מָוֶת
חִצָּיו לְדֹלְקִים יִפְעָל : 15 הִנֵּה יְחַבֶּל־אָוֶן
וְהָרָה עָמָל וְיָלַד שָׁקֶר : 16 בּוֹר כָּרָה
וַיַּחְפְּרֵהוּ וַיִּפֹּל בְּשַׁחַת יִפְעָל : 17 יָשׁוּב
עֲמָלוֹ בְרֹאשׁוֹ וְעַל קָדְקָדוֹ חֲמָסוֹ יֵרֵד :
18 אוֹדֶה יְהוָה כְּצִדְקוֹ וַאֲזַמְּרָה שֵׁם־יְהוָה
עֶלְיוֹן :

8 לַמְנַצֵּחַ עַל־הַגִּתִּית מִזְמוֹר לְדָוִד :
2 יְהוָה אֲדֹנֵינוּ מָה־אַדִּיר שִׁמְךָ בְּכָל־
הָאָרֶץ אֲשֶׁר תְּנָה הוֹדְךָ עַל־הַשָּׁמָיִם :
3 מִפִּי עוֹלְלִים ׀ וְיֹנְקִים יִסַּדְתָּ עֹז לְמַעַן
צוֹרְרֶיךָ לְהַשְׁבִּית אוֹיֵב וּמִתְנַקֵּם : 4 כִּי־
אֶרְאֶה שָׁמֶיךָ מַעֲשֵׂי אֶצְבְּעֹתֶיךָ יָרֵחַ
וְכוֹכָבִים אֲשֶׁר כּוֹנָנְתָּה : 5 מָה־אֱנוֹשׁ כִּי־
תִזְכְּרֶנּוּ וּבֶן־אָדָם כִּי תִפְקְדֶנּוּ : 6 וַתְּחַסְּרֵהוּ
מְּעַט מֵאֱלֹהִים וְכָבוֹד וְהָדָר תְּעַטְּרֵהוּ :
7 תַּמְשִׁילֵהוּ בְּמַעֲשֵׂי יָדֶיךָ כֹּל שַׁתָּה תַחַת־
רַגְלָיו : 8 צֹנֶה וַאֲלָפִים כֻּלָּם וְגַם בַּהֲמוֹת

field; / [9] The fowl of the air, and the fish of the sea; / Whatsoever passeth through the paths of the seas. / [10] O Lord, our Lord, / How glorious is Thy name in all the earth!

9 For the Leader; upon Muth-labben. / A Psalm of David. / [2] I will give thanks unto the Lord with my whole heart; / I will tell of all Thy marvellous works. / [3] I will be glad and exult in Thee; / I will sing praise to Thy name, O Most High: / [4] When mine enemies are turned back, / They stumble and perish at Thy presence; / [5] For Thou hast maintained my right and my cause; / Thou sattest upon the throne as the righteous Judge. / [6] Thou hast rebuked the nations, / Thou hast destroyed the wicked, / Thou hast blotted out their name for ever and ever. / [7] O thou enemy, the waste places are come to an end for ever; / And the cities which thou didst uproot, / Their very memorial is perished. / [8] But the Lord is enthroned for ever; / He hath established His throne for judgment. / [9] And He will judge the world in righteousness, / He will minister judgment to the peoples with equity. / [10] The Lord also will be a high tower for the oppressed, / A high tower in times of trouble; / [11] And they that know Thy name will put their trust in Thee, / For Thou, Lord, hast not forsaken them that seek Thee. / [12] Sing praises to the Lord, who dwell-eth in Zion; / Declare among the peoples His doings. / [13] For He that avengeth blood hath remembered them; / He hath not forgotten the cry of the humble. / [14] Be gracious unto me, O Lord, / Behold mine affliction at the hands of them that hate me; / Thou that liftest me up from the gates of death; / [15] That I may tell of all Thy praise in the gates of the daughter of Zion, / That I may rejoice in Thy salvation. / [16] The nations are sunk down in the pit that they made; / In the net which they hid is their own foot taken. / [17] The Lord hath made Himself known, He hath executed / judgment, / The wicked is snared in the work of his own hands. Higgaion, Selah / [18] The wicked shall return to the netherworld, / Even all the nations that forget God. / [19] For the needy shall not alway be forgotten, / Nor the expectation of the poor perish for ever. / [20] Arise, O Lord, let not man prevail; / Let the nations be judged in Thy sight. / [21] Set terror over them, O Lord; / Let the nations know they are but men. Selah

שָׂדָי: 9 צִפּוֹר שָׁמַיִם וּדְגֵי הַיָּם עֹבֵר אָרְחוֹת יַמִּים: 10 יְהוָה אֲדֹנֵינוּ מָה־אַדִּיר שִׁמְךָ בְּכָל־הָאָרֶץ:

9 לַמְנַצֵּחַ עַל־מוּת לַבֵּן מִזְמוֹר לְדָוִד: 2 אוֹדֶה יְהוָה בְּכָל־לִבִּי אֲסַפְּרָה כָּל־נִפְלְאוֹתֶיךָ: 3 אֶשְׂמְחָה וְאֶעֶלְצָה בָךְ אֲזַמְּרָה שִׁמְךָ עֶלְיוֹן: 4 בְּשׁוּב־אוֹיְבַי אָחוֹר יִכָּשְׁלוּ וְיֹאבְדוּ מִפָּנֶיךָ: 5 כִּי־עָשִׂיתָ מִשְׁפָּטִי וְדִינִי יָשַׁבְתָּ לְכִסֵּא שׁוֹפֵט צֶדֶק: 6 גָּעַרְתָּ גוֹיִם אִבַּדְתָּ רָשָׁע שְׁמָם מָחִיתָ לְעוֹלָם וָעֶד: 7 הָאוֹיֵב | תַּמּוּ חֳרָבוֹת לָנֶצַח וְעָרִים נָתַשְׁתָּ אָבַד זִכְרָם הֵמָּה: 8 וַיהוָה לְעוֹלָם יֵשֵׁב כּוֹנֵן לַמִּשְׁפָּט כִּסְאוֹ: 9 וְהוּא יִשְׁפֹּט־תֵּבֵל בְּצֶדֶק יָדִין לְאֻמִּים בְּמֵישָׁרִים: 10 וִיהִי יְהוָה מִשְׂגָּב לַדָּךְ מִשְׂגָּב לְעִתּוֹת בַּצָּרָה: 11 וְיִבְטְחוּ בְךָ יוֹדְעֵי שְׁמֶךָ כִּי לֹא־עָזַבְתָּ דֹרְשֶׁיךָ יְהוָה: 12 זַמְּרוּ לַיהוָה יֹשֵׁב צִיּוֹן הַגִּידוּ בָעַמִּים עֲלִילוֹתָיו: 13 כִּי־דֹרֵשׁ דָּמִים אוֹתָם זָכָר לֹא־שָׁכַח צַעֲקַת עֲנָוִים עֲנָוִים: 14 חָנְנֵנִי יְהוָה רְאֵה עָנְיִי מִשֹּׂנְאָי מְרוֹמְמִי מִשַּׁעֲרֵי מָוֶת: 15 לְמַעַן אֲסַפְּרָה כָּל־תְּהִלָּתֶיךָ בְּשַׁעֲרֵי בַת־צִיּוֹן אָגִילָה בִּישׁוּעָתֶךָ: 16 טָבְעוּ גוֹיִם בְּשַׁחַת עָשׂוּ בְּרֶשֶׁת־זוּ טָמָנוּ נִלְכְּדָה רַגְלָם: 17 נוֹדַע | יְהוָה מִשְׁפָּט עָשָׂה בְּפֹעַל כַּפָּיו נוֹקֵשׁ רָשָׁע הִגָּיוֹן סֶלָה: 18 יָשׁוּבוּ רְשָׁעִים לִשְׁאוֹלָה כָּל־גּוֹיִם שְׁכֵחֵי אֱלֹהִים: 19 כִּי לֹא לָנֶצַח יִשָּׁכַח אֶבְיוֹן תִּקְוַת עֲנִיִּים עֲנָוִים תֹּאבַד לָעַד: 20 קוּמָה יְהוָה אַל־יָעֹז אֱנוֹשׁ יִשָּׁפְטוּ גוֹיִם עַל־פָּנֶיךָ: 21 שִׁיתָה יְהוָה | מוֹרָה לָהֶם יֵדְעוּ גוֹיִם אֱנוֹשׁ הֵמָּה סֶּלָה:

10 Why standest Thou afar off, / O Lord? / Why hidest Thou Thyself in times of trouble? / [2] Through the pride of the wicked the poor is hotly pursued, / They are taken in the devices that they have imagined. / [3] For the wicked boasteth of his heart's desire, / And the covetous vaunteth himself, though he contemn the Lord. / [4] The wicked, in the pride of his countenance [,saith]: 'He will not require'; / All his thoughts are: 'There is no God.' / [5] His ways prosper at all times; / Thy judgments are far above out of his sight; / As for all his adversaries, he puffeth at them. / [6] He saith in his heart: 'I shall not be moved, / I who to all generations shall not be in adversity.' / [7] His mouth is full of cursing and deceit and oppression; / Under his tongue is mischief and iniquity. / [8] He sitteth in the lurking-places of the villages; / In secret places doth he slay the innocent; / His eyes are on the watch for the helpless. / [9] He lieth in wait in a secret place as a lion in his lair, / He lieth in wait to catch the poor; / He doth catch the poor, when he draweth him up in his net. / [10] He croucheth, he boweth down, / And the helpless fall into his mighty claws. / [11] He hath said in his heart: 'God hath forgotten; / He hideth His face; He will never see.' / [12] Arise, O Lord; O God, lift up Thy hand; / Forget not the humble. / [13] Wherefore doth the wicked contemn God, / And say in his heart: 'Thou wilt not require'? / [14] Thou hast seen; for Thou beholdest trouble and vexation, to requite them with Thy hand; / Unto Thee the helpless committeth himself; / Thou hast been the helper of the fatherless. / [15] Break Thou the arm of the wicked; / And as for the evil man, search out his wickedness, till none be found. / [16] The Lord is King for ever and ever, / The nations are perished out of His land. / [17] Lord, Thou hast heard the desire of the humble: / Thou wilt direct their heart, Thou wilt cause Thine ear to attend; / [18] To right the fatherless and the oppressed, / That man who is of the earth may be terrible no more.

11 For the Leader. [A Psalm] of David. / In the Lord have I taken refuge; / How say ye to my soul: / 'Flee thou! to your mountain, ye birds'? / [2] For, lo, the wicked bend the bow, / They have made ready their arrow upon the string, / That they may shoot in darkness at the

10 לָמָה יְהוָה תַּעֲמֹד בְּרָחוֹק תַּעְלִים לְעִתּוֹת בַּצָּרָה: 2 בְּגַאֲוַת רָשָׁע יִדְלַק עָנִי יִתָּפְשׂוּ ׀ בִּמְזִמּוֹת זוּ חָשָׁבוּ: 3 כִּי־הִלֵּל רָשָׁע עַל־תַּאֲוַת נַפְשׁוֹ וּבֹצֵעַ בֵּרֵךְ נִאֵץ יְהוָה: 4 רָשָׁע כְּגֹבַהּ אַפּוֹ בַּל־יִדְרֹשׁ אֵין אֱלֹהִים כָּל־מְזִמּוֹתָיו: 5 יָחִילוּ דְרָכָו ׀ בְּכָל־עֵת מָרוֹם מִשְׁפָּטֶיךָ מִנֶּגְדּוֹ כָּל־צוֹרְרָיו יָפִיחַ בָּהֶם: 6 אָמַר בְּלִבּוֹ בַּל־אֶמּוֹט לְדֹר וָדֹר אֲשֶׁר לֹא־בְרָע: 7 אָלָה פִּיהוּ מָלֵא וּמִרְמוֹת וָתֹךְ תַּחַת לְשׁוֹנוֹ עָמָל וָאָוֶן: 8 יֵשֵׁב ׀ בְּמַאְרַב חֲצֵרִים בַּמִּסְתָּרִים יַהֲרֹג נָקִי עֵינָיו לְחֵלְכָה יִצְפֹּנוּ: 9 יֶאֱרֹב בַּמִּסְתָּר ׀ כְּאַרְיֵה בְסֻכֹּה יֶאֱרֹב לַחֲטוֹף עָנִי יַחְטֹף עָנִי בְּמָשְׁכוֹ בְרִשְׁתּוֹ: 10 וְדָכָה יָשֹׁחַ וְנָפַל בַּעֲצוּמָיו חֵלְכָּאִים חֵיל כָּאִים: 11 אָמַר בְּלִבּוֹ שָׁכַח אֵל הִסְתִּיר פָּנָיו בַּל־רָאָה לָנֶצַח: 12 קוּמָה יְהוָה אֵל נְשָׂא יָדֶךָ אַל־תִּשְׁכַּח עֲנָוִים עֲנָוִים: 13 עַל־מֶה ׀ נִאֵץ רָשָׁע ׀ אֱלֹהִים אָמַר בְּלִבּוֹ לֹא תִּדְרֹשׁ: 14 רָאִתָה כִּי־אַתָּה ׀ עָמָל וָכַעַס ׀ תַּבִּיט לָתֵת בְּיָדֶךָ עָלֶיךָ יַעֲזֹב חֵלְכָה יָתוֹם אַתָּה ׀ הָיִיתָ עוֹזֵר: 15 שְׁבֹר זְרוֹעַ רָשָׁע וָרָע תִּדְרוֹשׁ־רִשְׁעוֹ בַל־תִּמְצָא: 16 יְהוָה מֶלֶךְ עוֹלָם וָעֶד אָבְדוּ גוֹיִם מֵאַרְצוֹ: 17 תַּאֲוַת עֲנָוִים שָׁמַעְתָּ יְהוָה תָּכִין לִבָּם תַּקְשִׁיב אָזְנֶךָ: 18 לִשְׁפֹּט יָתוֹם וָדָךְ בַּל־יוֹסִיף עוֹד לַעֲרֹץ אֱנוֹשׁ מִן־הָאָרֶץ:

11 לַמְנַצֵּחַ לְדָוִד ׀ בַּיהוָה ׀ חָסִיתִי אֵיךְ תֹּאמְרוּ לְנַפְשִׁי נודו נוּדִי הַרְכֶם צִפּוֹר: 2 כִּי הִנֵּה הָרְשָׁעִים יִדְרְכוּן קֶשֶׁת כּוֹנְנוּ חִצָּם עַל־יֶתֶר לִירוֹת בְּמוֹ־אֹפֶל לְיִשְׁרֵי־

upright in heart. / [3] When the foundations are destroyed, / What hath the righteous wrought? / [4] The LORD is in His holy temple, / The LORD, His throne is in heaven; / His eyes behold, His eyelids try, the children of men. / [5] The LORD trieth the righteous; / But the wicked and him that loveth violence His soul hateth. / [6] Upon the wicked He will cause to rain coals; / Fire and brimstone and burning wind shall be the portion of their cup. / [7] For the LORD is righteous, He loveth righteousness, / The upright shall behold

12 For the Leader; on the Shemi-nith. / A Psalm of David. / [2] Help, LORD; for the godly man ceaseth; / For the faithful fail from among the children of men. / [3] They speak falsehood every one with his neighbour; / With flattering lip, and with a double heart, do they speak. / [4] May the LORD cut off all flattering lips, / The tongue that speaketh proud things! / [5] Who have said: 'Our tongue will we make mighty; / Our lips are with us: who is lord over us?' / [6] 'For the oppression of the poor, for the sighing of the needy, / Now will I arise', saith the LORD; / 'I will set him in safety at whom they puff.' / [7] The words of the LORD are pure words, / As silver tried in a crucible on the earth, refined seven times. / [8] Thou wilt keep them, O LORD, / Thou wilt preserve us from this generation for ever. / [9] The wicked walk on every side, / When vileness is exalted among the sons of men.

13 For the Leader. A Psalm of David. / [2] How long, O LORD, wilt Thou forget me for ever? / How long wilt Thou hide Thy face from me? / [3] How long shall I take counsel in my soul, / Having sorrow in my heart by day? / How long shall mine enemy be exalted over me? / [4] Behold Thou, and answer me, O LORD my God; / Lighten mine eyes, lest I sleep the sleep of death; / [5] Lest mine enemy say: 'I have prevailed against him'; / Lest mine adversaries rejoice when I am moved. / [6] But as for me, in Thy mercy do I trust; / My heart shall rejoice in Thy salvation. / I will sing unto the LORD, / Because He hath dealt bountifully with me.

לֵב: 3 כִּי הַשָּׁתוֹת יֵהָרֵסוּן צַדִּיק מַה־פָּעָל:
4 יְהוָה ׀ בְּהֵיכַל קָדְשׁוֹ יְהוָה בַּשָּׁמַיִם כִּסְאוֹ עֵינָיו יֶחֱזוּ עַפְעַפָּיו יִבְחֲנוּ בְּנֵי אָדָם:
5 יְהוָה צַדִּיק יִבְחָן וְרָשָׁע וְאֹהֵב חָמָס שָׂנְאָה נַפְשׁוֹ: 6 יַמְטֵר עַל־רְשָׁעִים פַּחִים אֵשׁ וְגָפְרִית וְרוּחַ זִלְעָפוֹת מְנָת כּוֹסָם:
7 כִּי־צַדִּיק יְהוָה צְדָקוֹת אָהֵב יָשָׁר יֶחֱזוּ פָנֵימוֹ:

12 לַמְנַצֵּחַ עַל־הַשְּׁמִינִית מִזְמוֹר לְדָוִד:
2 הוֹשִׁיעָה יְהוָה כִּי־גָמַר חָסִיד כִּי־פַסּוּ אֱמוּנִים מִבְּנֵי אָדָם: 3 שָׁוְא ׀ יְדַבְּרוּ אִישׁ אֶת־רֵעֵהוּ שְׂפַת חֲלָקוֹת בְּלֵב וָלֵב יְדַבֵּרוּ:
4 יַכְרֵת יְהוָה כָּל־שִׂפְתֵי חֲלָקוֹת לָשׁוֹן מְדַבֶּרֶת גְּדֹלוֹת: 5 אֲשֶׁר אָמְרוּ ׀ לִלְשֹׁנֵנוּ נַגְבִּיר שְׂפָתֵינוּ אִתָּנוּ מִי אָדוֹן לָנוּ: 6 מִשֹּׁד עֲנִיִּים מֵאַנְקַת אֶבְיוֹנִים עַתָּה אָקוּם יֹאמַר יְהוָה אָשִׁית בְּיֵשַׁע יָפִיחַ לוֹ: 7 אִמְרוֹת יְהוָה אֲמָרוֹת טְהֹרוֹת כֶּסֶף צָרוּף בַּעֲלִיל לָאָרֶץ מְזֻקָּק שִׁבְעָתָיִם: 8 אַתָּה־יְהוָה תִּשְׁמְרֵם תִּצְּרֶנּוּ ׀ מִן־הַדּוֹר זוּ לְעוֹלָם:
9 סָבִיב רְשָׁעִים יִתְהַלָּכוּן כְּרֻם זֻלּוּת לִבְנֵי אָדָם:

13 לַמְנַצֵּחַ מִזְמוֹר לְדָוִד: 2 עַד־אָנָה יְהוָה תִּשְׁכָּחֵנִי נֶצַח עַד־אָנָה ׀ תַּסְתִּיר אֶת־פָּנֶיךָ מִמֶּנִּי: 3 עַד־אָנָה אָשִׁית עֵצוֹת בְּנַפְשִׁי יָגוֹן בִּלְבָבִי יוֹמָם עַד־אָנָה ׀ יָרוּם אֹיְבִי עָלָי: 4 הַבִּיטָה עֲנֵנִי יְהוָה אֱלֹהָי הָאִירָה עֵינַי פֶּן־אִישַׁן הַמָּוֶת: 5 פֶּן־יֹאמַר אֹיְבִי יְכָלְתִּיו צָרַי יָגִילוּ כִּי אֶמּוֹט: 6 וַאֲנִי ׀ בְּחַסְדְּךָ בָטַחְתִּי יָגֵל לִבִּי בִּישׁוּעָתֶךָ אָשִׁירָה לַיהוָה כִּי גָמַל עָלָי:

14 For the Leader. [A Psalm] of David. / The fool hath said in his heart: 'There is no God'; / They have dealt corruptly, they have done abominably; / There is none that doeth good. / [2] The LORD looked forth from heaven upon the children of men, / To see if there were any man of understanding, that did seek after God. / [3] They are all corrupt, they are together become impure; / There is none that doeth good, no, not one. / [4] 'Shall not all the workers of iniquity know it, / Who eat up My people as they eat bread, / And call not upon the LORD?' / [5] There are they in great fear; / For God is with the righteous generation. / [6] Ye would put to shame the counsel of the poor, / But the LORD is his refuge. / [7] Oh that the salvation of Israel were come out of Zion! / When the LORD turneth the captivity of His people, / Let Jacob rejoice, let Israel be glad.

15 A Psalm of David. / LORD, who shall sojourn in Thy tabernacle? / Who shall dwell upon Thy holy mountain? / [2] He that walketh uprightly, and worketh righteousness, / And speaketh truth in his heart; / [3] That hath no slander upon his tongue, / Nor doeth evil to his fellow, / Nor taketh up a reproach against his neighbour; / [4] In whose eyes a vile person is despised, / But he honoureth them that fear the LORD; / He that sweareth to his own hurt, and changeth not; / [5] He that putteth not out his money on interest, / Nor taketh a bribe against the innocent. / He that doeth these things shall never be moved.

16 Michtam of David. / Keep me, O God, for I have taken refuge in Thee. / [2] I have said unto the LORD 'Thou art my Lord; / I have no good but in Thee'; / [3] As for the holy that are in the earth, / They are the excellent in whom is all my delight. / [4] Let the idols of them be multiplied that make suit unto another; / Their drink-offerings of blood will I not offer, / Nor take their names upon my lips. / [5] O LORD, the portion of mine inheritance and of my cup, / Thou maintainest my lot. / [6] The lines are fallen unto me in pleasant places; / Yea, I have a goodly heritage / [7] I will bless the LORD, who hath given me counsel; / Yea, in the night seasons my reins instruct me. / [8] I have set the LORD always

14 לַמְנַצֵּחַ לְדָוִד אָמַר נָבָל בְּלִבּוֹ אֵין אֱלֹהִים הִשְׁחִיתוּ הִתְעִיבוּ עֲלִילָה אֵין עֹשֵׂה־טוֹב: 2 יְהוָה מִשָּׁמַיִם הִשְׁקִיף עַל־בְּנֵי־אָדָם לִרְאוֹת הֲיֵשׁ מַשְׂכִּיל דֹּרֵשׁ אֶת־אֱלֹהִים: 3 הַכֹּל סָר יַחְדָּו נֶאֱלָחוּ אֵין עֹשֵׂה־טוֹב אֵין גַּם־אֶחָד: 4 הֲלֹא יָדְעוּ כָּל־פֹּעֲלֵי אָוֶן אֹכְלֵי עַמִּי אָכְלוּ לֶחֶם יְהוָה לֹא קָרָאוּ: 5 שָׁם פָּחֲדוּ פָחַד כִּי־אֱלֹהִים בְּדוֹר צַדִּיק: 6 עֲצַת־עָנִי תָבִישׁוּ כִּי יְהוָה מַחְסֵהוּ: 7 מִי יִתֵּן מִצִּיּוֹן יְשׁוּעַת יִשְׂרָאֵל בְּשׁוּב יְהוָה שְׁבוּת עַמּוֹ יָגֵל יַעֲקֹב יִשְׂמַח יִשְׂרָאֵל:

15 מִזְמוֹר לְדָוִד יְהוָה מִי־יָגוּר בְּאָהֳלֶךָ מִי־יִשְׁכֹּן בְּהַר קָדְשֶׁךָ: 2 הוֹלֵךְ תָּמִים וּפֹעֵל צֶדֶק וְדֹבֵר אֱמֶת בִּלְבָבוֹ: 3 לֹא־רָגַל עַל־לְשֹׁנוֹ לֹא־עָשָׂה לְרֵעֵהוּ רָעָה וְחֶרְפָּה לֹא־נָשָׂא עַל־קְרֹבוֹ: 4 נִבְזֶה בְּעֵינָיו נִמְאָס וְאֶת־יִרְאֵי יְהוָה יְכַבֵּד נִשְׁבַּע לְהָרַע וְלֹא יָמִר: 5 כַּסְפּוֹ לֹא־נָתַן בְּנֶשֶׁךְ וְשֹׁחַד עַל־נָקִי לֹא לָקָח עֹשֵׂה־אֵלֶּה לֹא יִמּוֹט לְעוֹלָם:

16 מִכְתָּם לְדָוִד שָׁמְרֵנִי אֵל כִּי־חָסִיתִי בָךְ: 2 אָמַרְתְּ לַיהוָה אֲדֹנָי אָתָּה טוֹבָתִי בַּל־עָלֶיךָ: 3 לִקְדוֹשִׁים אֲשֶׁר־בָּאָרֶץ הֵמָּה וְאַדִּירֵי כָּל־חֶפְצִי־בָם: 4 יִרְבּוּ עַצְּבוֹתָם אַחֵר מָהָרוּ בַּל־אַסִּיךְ נִסְכֵּיהֶם מִדָּם וּבַל־אֶשָּׂא אֶת־שְׁמוֹתָם עַל־שְׂפָתָי: 5 יְהוָה מְנָת־חֶלְקִי וְכוֹסִי אַתָּה תּוֹמִיךְ גּוֹרָלִי: 6 חֲבָלִים נָפְלוּ־לִי בַּנְּעִמִים אַף־נַחֲלָת שָׁפְרָה עָלָי: 7 אֲבָרֵךְ אֶת־יְהוָה אֲשֶׁר יְעָצָנִי אַף־לֵילוֹת יִסְּרוּנִי כִלְיוֹתָי: 8 שִׁוִּיתִי

before me; / Surely He is at my right hand, I shall not be moved. / [9] Therefore my heart is glad, and my glory rejoiceth; / My flesh also dwelleth in safety; / [10] For Thou wilt not abandon my soul to the nether-world; / Neither wilt Thou suffer Thy godly one to see the pit. / [11] Thou makest me to know the path of life; / In Thy presence is fulness of joy, / In Thy right hand bliss for evermore.

17 A Prayer of David. / Hear the right, O LORD, attend unto my cry; / Give ear unto my prayer from lips without deceit. / [2] Let my judgment come forth from Thy presence; / Let Thine eyes behold equity. / [3] Thou hast tried my heart, Thou hast visited it in the night; / Thou hast tested me, and Thou findest not / That I had a thought which should not pass my mouth. / [4] As for the doings of men, by the word of Thy lips / I have kept me from the ways of the violent. / [5] My steps have held fast to Thy paths, / My feet have not slipped / [6] As for me, I call upon Thee, for Thou wilt answer me, O God; / Incline Thine ear unto me, hear my speech. / [7] Make passing great Thy mercies, O Thou that savest by Thy right hand / From assailants them that take refuge in Thee. / [8] Keep me as the apple of the eye, / Hide me in the shadow of Thy wings, / [9] From the wicked that oppress, / My deadly enemies, that compass me about. / [10] Their gross heart they have shut tight, / With their mouth they speak proudly. / [11] At our every step they have now encompassed us; / They set their eyes to cast us down to the earth. / [12] He is like a lion that is eager to tear in pieces, / And like a young lion lurking in secret places. / [13] Arise, O LORD, confront him, cast him down; / Deliver my soul from the wicked, by Thy sword; / [14] From men, by Thy hand, O LORD, / From men of the world, whose portion is in this life, / And whose belly Thou fillest with Thy treasure; / Who have children in plenty, / And leave their abundance to their babes / [15] As for me, I shall behold Thy face in righteousness, / I shall be satisfied, when I awake, with Thy likeness.

יְהוָה לְנֶגְדִּי תָמִיד כִּי מִימִינִי בַּל־אֶמּוֹט:
9 לָכֵן ׀ שָׂמַח לִבִּי וַיָּגֶל כְּבוֹדִי אַף־בְּשָׂרִי יִשְׁכֹּן לָבֶטַח: 10 כִּי ׀ לֹא־תַעֲזֹב נַפְשִׁי לִשְׁאוֹל לֹא־תִתֵּן חֲסִידְךָ לִרְאוֹת שָׁחַת:
11 תּוֹדִיעֵנִי אֹרַח חַיִּים שֹׂבַע שְׂמָחוֹת אֶת־פָּנֶיךָ נְעִמוֹת בִּימִינְךָ נֶצַח:

17 תְּפִלָּה לְדָוִד שִׁמְעָה יְהוָה ׀ צֶדֶק הַקְשִׁיבָה רִנָּתִי הַאֲזִינָה תְפִלָּתִי בְּלֹא שִׂפְתֵי מִרְמָה: 2 מִלְּפָנֶיךָ מִשְׁפָּטִי יֵצֵא עֵינֶיךָ תֶּחֱזֶינָה מֵישָׁרִים: 3 בָּחַנְתָּ לִבִּי ׀ פָּקַדְתָּ לַּיְלָה צְרַפְתַּנִי בַל־תִּמְצָא זַמֹּתִי בַּל־יַעֲבָר־פִּי: 4 לִפְעֻלּוֹת אָדָם בִּדְבַר שְׂפָתֶיךָ אֲנִי שָׁמַרְתִּי אָרְחוֹת פָּרִיץ: 5 תָּמֹךְ אֲשֻׁרַי בְּמַעְגְּלוֹתֶיךָ בַּל־נָמוֹטּוּ פְעָמָי: 6 אֲנִי־קְרָאתִיךָ כִי־תַעֲנֵנִי אֵל הַט־אָזְנְךָ לִי שְׁמַע אִמְרָתִי: 7 הַפְלֵה חֲסָדֶיךָ מוֹשִׁיעַ חוֹסִים מִמִּתְקוֹמְמִים בִּימִינֶךָ: 8 שָׁמְרֵנִי כְּאִישׁוֹן בַּת־עָיִן בְּצֵל כְּנָפֶיךָ תַּסְתִּירֵנִי: 9 מִפְּנֵי רְשָׁעִים זוּ שַׁדּוּנִי אֹיְבַי בְּנֶפֶשׁ יַקִּיפוּ עָלָי: 10 חֶלְבָּמוֹ סָגְרוּ פִּימוֹ דִּבְּרוּ בְגֵאוּת: 11 אַשֻּׁרֵינוּ עַתָּה סבבוני סְבָבוּנוּ עֵינֵיהֶם יָשִׁיתוּ לִנְטוֹת בָּאָרֶץ: 12 דִּמְיֹנוֹ כְּאַרְיֵה יִכְסוֹף לִטְרוֹף וְכִכְפִיר יֹשֵׁב בְּמִסְתָּרִים: 13 קוּמָה יְהוָה קַדְּמָה פָנָיו הַכְרִיעֵהוּ פַּלְּטָה נַפְשִׁי מֵרָשָׁע חַרְבֶּךָ: 14 מִמְתִים יָדְךָ ׀ יְהוָה מִמְתִים מֵחֶלֶד חֶלְקָם בַּחַיִּים וּצְפִינְךָ וּצְפוּנְךָ תְּמַלֵּא בִטְנָם יִשְׂבְּעוּ בָנִים וְהִנִּיחוּ יִתְרָם לְעוֹלְלֵיהֶם: 15 אֲנִי בְּצֶדֶק אֶחֱזֶה פָנֶיךָ אֶשְׂבְּעָה בְהָקִיץ תְּמוּנָתֶךָ:

18 For the Leader [A Psalm] of David the servant of the LORD, who spoke unto the LORD the words of this song in the day that the LORD delivered him from the hand of all his enemies, and from the hand of Saul;[2] and he said / I love Thee, O LORD, my strength. / [8] The LORD is my rock, and my fortress, and my deliverer; / My God, my rock, in Him I take refuge; / My shield, and my horn of salvation, my high tower. / [4] Praised, I cry, is the LORD, / And I am saved from mine enemies. / [5] The cords of Death compassed me, / And the floods of [a]Belial assailed me. / [6] The cords of [a]Sheol surrounded me; / The snares of Death confronted me. / [7] In my distress I called upon the LORD, / And cried unto my God; / Out of His temple He heard my voice, / And my cry came before Him into His ears. / [8] Then the earth did shake and quake, / The foundations also of the mountains did tremble; / They were shaken, because He was wroth. / [9] Smoke arose up in His nostrils, / And fire out of His mouth did devour; / Coals flamed forth from Him. / [10] He bowed the heavens also, and came down; / And thick darkness was under His feet. / [11] And He rode upon a cherub, and did fly; / Yea, He did swoop down upon the wings of the wind. / [12] He made darkness His hiding-place, His pavilion round about Him; / Darkness of waters, thick clouds of the skies. / [13] At the brightness before Him, there passed through His thick clouds / Hailstones and coals of fire. / [14] The LORD also thundered in the heavens, / And the Most High gave forth His voice: / Hailstones and coals of fire. / [15] And He sent out His arrows, and scattered them; / And He shot forth lightnings, and discomfited them.' / [16] And the channels of waters appeared, / And the foundations of the world were laid bare, / At Thy rebuke, O LORD, / At the blast of the breath of Thy nostrils. / [17] He sent from on high, He took me; / He drew me out of many waters. / [18] He delivered me from mine enemy most strong, / And from them that hated me, for they were too mighty for me. / [19] They confronted me in the day of my calamity; / But the LORD was a stay unto me. / [20] He brought me forth also into a large place; / He delivered me, because He delighted in me. / [21] The LORD rewarded me according to my righteousness; / According to the cleanness of my hands hath He recompensed me. / [22] For I have kept the ways of the LORD, / And have not wickedly departed from my God. / [23] For all His ordinances were before me, / And I put not away His statutes from me. / [24] And I was single-hearted with Him, / And I kept myself from mine iniquity. /

a That is, the nether-world.

18 לַמְנַצֵּחַ ׀ לְעֶבֶד יְהֹוָה לְדָוִד אֲשֶׁר דִּבֶּר ׀ לַיהֹוָה אֶת־דִּבְרֵי הַשִּׁירָה הַזֹּאת בְּיוֹם הִצִּיל־יְהֹוָה אוֹתוֹ מִכַּף כָּל־אֹיְבָיו וּמִיַּד שָׁאוּל: 2 וַיֹּאמַר אֶרְחָמְךָ יְהֹוָה חִזְקִי: 3 יְהֹוָה ׀ סַלְעִי וּמְצוּדָתִי וּמְפַלְטִי אֵלִי צוּרִי אֶחֱסֶה־בּוֹ מָגִנִּי וְקֶרֶן־יִשְׁעִי מִשְׂגַּבִּי: 4 מְהֻלָּל אֶקְרָא יְהֹוָה וּמִן־אֹיְבַי אִוָּשֵׁעַ: 5 אֲפָפוּנִי חֶבְלֵי־מָוֶת וְנַחֲלֵי בְלִיַּעַל יְבַעֲתוּנִי: 6 חֶבְלֵי שְׁאוֹל סְבָבוּנִי קִדְּמוּנִי מוֹקְשֵׁי מָוֶת: 7 בַּצַּר־לִי ׀ אֶקְרָא יְהֹוָה וְאֶל־אֱלֹהַי אֲשַׁוֵּעַ יִשְׁמַע מֵהֵיכָלוֹ קוֹלִי וְשַׁוְעָתִי לְפָנָיו ׀ תָּבוֹא בְאָזְנָיו: 8 וַתִּגְעַשׁ וַתִּרְעַשׁ ׀ הָאָרֶץ וּמוֹסְדֵי הָרִים יִרְגָּזוּ וַיִּתְגָּעֲשׁוּ כִּי־חָרָה לוֹ: 9 עָלָה עָשָׁן ׀ בְּאַפּוֹ וְאֵשׁ־מִפִּיו תֹּאכֵל גֶּחָלִים בָּעֲרוּ מִמֶּנּוּ: 10 וַיֵּט שָׁמַיִם וַיֵּרַד וַעֲרָפֶל תַּחַת רַגְלָיו: 11 וַיִּרְכַּב עַל־כְּרוּב וַיָּעֹף וַיֵּדֶא עַל־כַּנְפֵי־רוּחַ: 12 יָשֶׁת חֹשֶׁךְ ׀ סִתְרוֹ סְבִיבוֹתָיו סֻכָּתוֹ חֶשְׁכַת־מַיִם עָבֵי שְׁחָקִים: 13 מִנֹּגַהּ נֶגְדּוֹ עָבָיו עָבְרוּ בָּרָד וְגַחֲלֵי־אֵשׁ: 14 וַיַּרְעֵם בַּשָּׁמַיִם ׀ יְהֹוָה וְעֶלְיוֹן יִתֵּן קֹלוֹ בָּרָד וְגַחֲלֵי־אֵשׁ: 15 וַיִּשְׁלַח חִצָּיו וַיְפִיצֵם וּבְרָקִים רָב וַיְהֻמֵּם: 16 וַיֵּרָאוּ ׀ אֲפִיקֵי מַיִם וַיִּגָּלוּ מוֹסְדוֹת תֵּבֵל מִגַּעֲרָתְךָ יְהֹוָה מִנִּשְׁמַת רוּחַ אַפֶּךָ: 17 יִשְׁלַח מִמָּרוֹם יִקָּחֵנִי יַמְשֵׁנִי מִמַּיִם רַבִּים: 18 יַצִּילֵנִי מֵאֹיְבִי עָז וּמִשֹּׂנְאַי כִּי־אָמְצוּ מִמֶּנִּי: 19 יְקַדְּמוּנִי בְיוֹם־אֵידִי וַיְהִי־יְהֹוָה לְמִשְׁעָן לִי: 20 וַיּוֹצִיאֵנִי לַמֶּרְחָב יְחַלְּצֵנִי כִּי חָפֵץ בִּי: 21 יִגְמְלֵנִי יְהֹוָה כְּצִדְקִי כְּבֹר יָדַי יָשִׁיב לִי: 22 כִּי־שָׁמַרְתִּי דַּרְכֵי יְהֹוָה וְלֹא־רָשַׁעְתִּי מֵאֱלֹהָי: 23 כִּי כָל־מִשְׁפָּטָיו לְנֶגְדִּי וְחֻקֹּתָיו לֹא־אָסִיר מֶנִּי: 24 וָאֱהִי תָמִים

[25] Therefore hath the LORD recompensed me according to my righteousness, / According to the cleanness of my hands in His eyes. / [26] With the merciful Thou dost show Thyself merciful, / With the upright man Thou dost show Thyself upright, / [27] With the pure Thou dost show Thyself pure, / And with the crooked Thou dost show Thyself subtle. / [28] For Thou dost save the afflicted people; / But the haughty eyes Thou dost humble. / [29] For Thou dost light my lamp; / The LORD my God doth lighten my darkness. / [30] For by Thee I run upon a troop; / And by my God do I scale a wall. / [31] As for God, His way is perfect; / The word of the LORD is tried; / He is a shield unto all them that take refuge in Him. / [32] For who is God, save the LORD? / And who is a Rock, except our God? / [33] The God that girdeth me with strength, / And maketh my way straight; / [34] Who maketh my feet like hinds', / And setteth me upon my high places, / [35] Who traineth my hands for war, / So that mine arms do bend a bow of brass. / [36] Thou hast also given me Thy shield of salvation, / And Thy right hand hath holden me up; / And Thy condescension hath made me great. / [37] Thou hast enlarged my steps under me, / And my feet have not slipped. / [38] I have pursued mine enemies, and overtaken them; / Neither did I turn back till they were consumed. / [39] I have smitten them through, so that they are not able to rise, / They are fallen under my feet. / [40] For Thou hast girded me with strength unto the battle; / Thou hast subdued under me those that rose up against me. / [41] Thou hast also made mine enemies turn their backs unto me, / And I did cut off them that hate me / [42] They cried, but there was none to save; / Even unto the LORD, but He answered them not. / [43] Then did I beat them small as the dust before the wind, / I did cast them out as the mire of the streets. / [44] Thou hast delivered me from the contentions of the people; / Thou hast made me the head of the nations; / A people whom I have not known serve me. / [45] As soon as they hear of me, they obey me; / The sons of the stranger dwindle away before me. / [46] The sons of the stranger fade away, / And come trembling out of their close places. / [47] The Lord liveth, and blessed be my Rock; / And exalted be the God of my salvation; / [48] Even the God that executeth vengeance for me, / And subdueth peoples under me. / [49] He delivereth me from mine enemies; / Yea, Thou liftest me up above them that rise up against me; / Thou deliverest me from the violent man. / [50] Therefore I will give thanks unto Thee, O LORD, among the nations, /

עַמּוֹ וָאֶשְׁתַּמֵּר מֵעֲוֹנִי׃ 25 וַיָּשֶׁב־יְהוָה לִי
כְצִדְקִי כְּבֹר יָדַי לְנֶגֶד עֵינָיו׃ 26 עִם־חָסִיד
תִּתְחַסָּד עִם־גְּבַר תָּמִים תִּתַּמָּם׃ 27 עִם־
נָבָר תִּתְבָּרָר וְעִם־עִקֵּשׁ תִּתְפַּתָּל׃ 28 כִּי־
אַתָּה עַם־עָנִי תוֹשִׁיעַ וְעֵינַיִם רָמוֹת
תַּשְׁפִּיל׃ 29 כִּי־אַתָּה תָּאִיר נֵרִי יְהוָה
אֱלֹהַי יַגִּיהַּ חָשְׁכִּי׃ 30 כִּי־בְךָ אָרֻץ גְּדוּד
וּבֵאלֹהַי אֲדַלֶּג־שׁוּר׃ 31 הָאֵל תָּמִים דַּרְכּוֹ
אִמְרַת־יְהוָה צְרוּפָה מָגֵן הוּא לְכֹל
הַחֹסִים בּוֹ׃ 32 כִּי מִי אֱלוֹהַּ מִבַּלְעֲדֵי יְהוָה
וּמִי צוּר זוּלָתִי אֱלֹהֵינוּ׃ 33 הָאֵל הַמְאַזְּרֵנִי
חָיִל וַיִּתֵּן תָּמִים דַּרְכִּי׃ 34 מְשַׁוֶּה רַגְלַי
כָּאַיָּלוֹת וְעַל בָּמֹתַי יַעֲמִידֵנִי׃ 35 מְלַמֵּד
יָדַי לַמִּלְחָמָה וְנִחֲתָה קֶשֶׁת־נְחוּשָׁה
זְרוֹעֹתָי׃ 36 וַתִּתֶּן־לִי מָגֵן יִשְׁעֶךָ וִימִינְךָ
תִסְעָדֵנִי וְעַנְוַתְךָ תַרְבֵּנִי׃ 37 תַּרְחִיב צַעֲדִי
תַחְתָּי וְלֹא מָעֲדוּ קַרְסֻלָּי׃ 38 אֶרְדּוֹף אוֹיְבַי
וְאַשִּׂיגֵם וְלֹא־אָשׁוּב עַד־כַּלּוֹתָם׃
39 אֶמְחָצֵם וְלֹא־יֻכְלוּ קוּם יִפְּלוּ תַּחַת
רַגְלָי׃ 40 וַתְּאַזְּרֵנִי חַיִל לַמִּלְחָמָה תַּכְרִיעַ
קָמַי תַּחְתָּי׃ 41 וְאֹיְבַי נָתַתָּה לִּי עֹרֶף
וּמְשַׂנְאַי אַצְמִיתֵם׃ 42 יְשַׁוְּעוּ וְאֵין־מוֹשִׁיעַ
עַל־יְהוָה וְלֹא עָנָם׃ 43 וְאֶשְׁחָקֵם כְּעָפָר
עַל־פְּנֵי־רוּחַ כְּטִיט חוּצוֹת אֲרִיקֵם׃
44 תְּפַלְּטֵנִי מֵרִיבֵי עָם תְּשִׂימֵנִי לְרֹאשׁ
גּוֹיִם עַם לֹא־יָדַעְתִּי יַעַבְדוּנִי׃ 45 לְשֵׁמַע
אֹזֶן יִשָּׁמְעוּ לִי בְּנֵי־נֵכָר יְכַחֲשׁוּ־לִי׃ 46 בְּנֵי־
נֵכָר יִבֹּלוּ וְיַחְרְגוּ מִמִּסְגְּרוֹתֵיהֶם׃ 47 חַי־
יְהוָה וּבָרוּךְ צוּרִי וְיָרוּם אֱלוֹהֵי יִשְׁעִי׃
48 הָאֵל הַנּוֹתֵן נְקָמוֹת לִי וַיַּדְבֵּר עַמִּים
תַּחְתָּי׃ 49 מְפַלְּטִי מֵאֹיְבָי אַף מִן־קָמַי
תְּרוֹמְמֵנִי מֵאִישׁ חָמָס תַּצִּילֵנִי׃ 50 עַל־כֵּן
אוֹדְךָ בַגּוֹיִם ׀ יְהוָה וּלְשִׁמְךָ אֲזַמֵּרָה׃

And will sing praises unto Thy name. / [51] Great salvation giveth He to His king; / And showeth mercy to His anointed, / To David and to his seed, for evermore.

19 For the Leader. A Psalm of David. / [2] The heavens declare the glory of God, / And the firmament showeth His handiwork; / [3] Day unto day uttereth speech, / And night unto night revealeth knowledge; / [4] There is no speech, there are no words, / Neither is their voice heard. / [5] Their line is gone out through all the earth, / And their words to the end of the world. / In them hath He set a tent for the sun, / [6] Which is as a bridegroom coming out of his chamber, / And rejoiceth as a strong man to run his course. / [7] His going forth is from the end of the heaven, / And his circuit unto the ends of it; / And there is nothing hid from the heat thereof. / [8] The law of the LORD is perfect, restoring the soul; / The testimony of the LORD is sure, making wise the simple. / [9] The precepts of the LORD are right, rejoicing the heart; / The commandment of the LORD is pure, enlightening the eyes. / [10] The fear of the LORD is clean, enduring for ever; / The ordinances of the LORD are true, they are righteous altogether; / [11] More to be desired are they than gold, yea, than much fine gold, / Sweeter also than honey and the honeycomb. / [12] Moreover by them is Thy servant warned; / In keeping of them there is great reward. / [13] Who can discern errors? / Clear Thou me from hidden faults / [14] Keep back Thy servant also from presumptuous sins, / That they may not have dominion over me; then shall I be faultless, / And I shall be clear from great transgression. / [15] Let the words of my mouth and the meditation of my heart be acceptable before Thee, / O LORD, my Rock, and my Redeemer.

20 For the Leader. A Psalm of David. / [2] The LORD answer thee in the day of trouble; / The name of the God of Jacob set thee up on high; / [3] Send forth thy help from the sanctuary, / And support thee out of Zion; / [4] Receive the memorial of all thy meal-offerings, / And accept the fat of thy burnt-sacrifice; Selah / [5] Grant thee according to thine own heart, / And fulfil all thy counsel. / [6] We will shout for joy in thy victory, / And in the name of our God we will set up our standards; / The LORD fulfil all thy petitions. / [7] Now know I that the LORD saveth His nointed; / He will answer him from His holy heaven / With the

51 מַגְדִּל יְשׁוּעוֹת מַלְכּוֹ וְעֹשֶׂה חֶסֶד | לִמְשִׁיחוֹ לְדָוִד וּלְזַרְעוֹ עַד־עוֹלָם:

19 לַמְנַצֵּחַ מִזְמוֹר לְדָוִד: 2 הַשָּׁמַיִם מְסַפְּרִים כְּבוֹד־אֵל וּמַעֲשֵׂה יָדָיו מַגִּיד הָרָקִיעַ: 3 יוֹם לְיוֹם יַבִּיעַ אֹמֶר וְלַיְלָה לְּלַיְלָה יְחַוֶּה־דָּעַת: 4 אֵין־אֹמֶר וְאֵין דְּבָרִים בְּלִי נִשְׁמָע קוֹלָם: 5 בְּכָל־הָאָרֶץ | יָצָא קַוָּם וּבִקְצֵה תֵבֵל מִלֵּיהֶם לַשֶּׁמֶשׁ שָׂם־אֹהֶל בָּהֶם: 6 וְהוּא כְּחָתָן יֹצֵא מֵחֻפָּתוֹ יָשִׂישׂ כְּגִבּוֹר לָרוּץ אֹרַח: 7 מִקְצֵה הַשָּׁמַיִם | מוֹצָאוֹ וּתְקוּפָתוֹ עַל־קְצוֹתָם וְאֵין נִסְתָּר מֵחַמָּתוֹ: 8 תּוֹרַת יְהוָה תְּמִימָה מְשִׁיבַת נָפֶשׁ עֵדוּת יְהוָה נֶאֱמָנָה מַחְכִּימַת פֶּתִי: 9 פִּקּוּדֵי יְהוָה יְשָׁרִים מְשַׂמְּחֵי־לֵב מִצְוַת יְהוָה בָּרָה מְאִירַת עֵינָיִם: 10 יִרְאַת יְהוָה | טְהוֹרָה עוֹמֶדֶת לָעַד מִשְׁפְּטֵי־יְהוָה אֱמֶת צָדְקוּ יַחְדָּו: 11 הַנֶּחֱמָדִים מִזָּהָב וּמִפַּז רָב וּמְתוּקִים מִדְּבַשׁ וְנֹפֶת צוּפִים: 12 גַּם־עַבְדְּךָ נִזְהָר בָּהֶם בְּשָׁמְרָם עֵקֶב רָב: 13 שְׁגִיאוֹת מִי־יָבִין מִנִּסְתָּרוֹת נַקֵּנִי: 14 גַּם מִזֵּדִים | חֲשֹׂךְ עַבְדֶּךָ אַל־יִמְשְׁלוּ־בִי אָז אֵיתָם וְנִקֵּיתִי מִפֶּשַׁע רָב: 15 יִהְיוּ לְרָצוֹן | אִמְרֵי־פִי וְהֶגְיוֹן לִבִּי לְפָנֶיךָ יְהוָה צוּרִי וְגֹאֲלִי:

20 לַמְנַצֵּחַ מִזְמוֹר לְדָוִד: 2 יַעַנְךָ יְהוָה בְּיוֹם צָרָה יְשַׂגֶּבְךָ שֵׁם | אֱלֹהֵי יַעֲקֹב: 3 יִשְׁלַח־עֶזְרְךָ מִקֹּדֶשׁ וּמִצִּיּוֹן יִסְעָדֶךָּ: 4 יִזְכֹּר כָּל־מִנְחֹתֶךָ וְעוֹלָתְךָ יְדַשְּׁנֶה סֶלָה: 5 יִתֶּן־לְךָ כִלְבָבֶךָ וְכָל־עֲצָתְךָ יְמַלֵּא: 6 נְרַנְּנָה | בִּישׁוּעָתֶךָ וּבְשֵׁם־אֱלֹהֵינוּ נִדְגֹּל יְמַלֵּא יְהוָה כָּל־מִשְׁאֲלוֹתֶיךָ: 7 עַתָּה

mighty acts of His saving right hand. / [8] Some trust in chariots, and some in horses; / But we will make mention of the name of the LORD our God. / [9] They are bowed down and fallen; / But we are risen, and stand upright. / [10] Save, LORD; / Let the King answer us in the day that we call.

21 For the Leader. A Psalm of David. / [2] O LORD, in Thy strength the king rejoiceth; / And in Thy salvation how greatly doth he exult! / [3] Thou hast given him his heart's desire, / And the request of his lips Thou hast not withholden. Selah / [4] For Thou meetest him with choicest blessings; / Thou settest a crown of fine gold on his head. / [5] He asked life of Thee, Thou gavest it him; / Even length of days for ever and ever. / [6] His glory is great through Thy salvation; / Honour and majesty dost Thou lay upon him. / [7] For Thou makest him most blessed for ever; / Thou makest him glad with joy in Thy presence. / [8] For the king trusteth in the LORD, / Yea, in the mercy of the Most High; he shall not be moved. / [9] Thy hand shall be equal to all thine enemies; / Thy right hand shall overtake those that hate thee. / [10] Thou shalt make them as a fiery furnace in the time of thine anger; / The Lord shall swallow them up in His wrath, / And the fire shall devour them. / [11] Their fruit shalt thou destroy from the earth, / And their seed from among the children of men. / [12] For they intended evil against thee, / They imagined a device, wherewith they shall not prevail. / [13] For thou shalt make them turn their back, / Thou shalt make ready with thy bowstrings against the face of them. / [14] Be Thou exalted, O LORD, in Thy strength; / So will we sing and praise Thy power.

22 For the Leader; upon Aijeleth ha-Shahar. A Psalm of David. / [2] My God, my God, why hast Thou forsaken me, / And art far from my help at the words of my cry? / [3] O my God, I call by day, but Thou answerest not; / And at night, and there is no surcease for me. / [4] Yet Thou art holy, / O Thou that art enthroned upon the praises of Israel. / [5] In Thee did our fathers trust; / They trusted, and Thou didst deliver them. / [6] Unto Thee they cried, and escaped; / In Thee did they trust,

יָדַעְתִּי כִּי הוֹשִׁיעַ | יְהֹוָה מְשִׁיחוֹ יַעֲנֵהוּ מִשְּׁמֵי קָדְשׁוֹ בִּגְבֻרוֹת יֵשַׁע יְמִינוֹ: 8 אֵלֶּה בָרֶכֶב וְאֵלֶּה בַסּוּסִים | וַאֲנַחְנוּ בְּשֵׁם־יְהֹוָה אֱלֹהֵינוּ נַזְכִּיר: 9 הֵמָּה כָּרְעוּ וְנָפָלוּ וַאֲנַחְנוּ קַּמְנוּ וַנִּתְעוֹדָד: 10 יְהֹוָה הוֹשִׁיעָה הַמֶּלֶךְ יַעֲנֵנוּ בְיוֹם־קָרְאֵנוּ:

21 לַמְנַצֵּחַ מִזְמוֹר לְדָוִד: 2 יְהֹוָה בְּעָזְּךָ יִשְׂמַח־מֶלֶךְ וּבִישׁוּעָתְךָ מַה־יָּגֶל מְאֹד: 3 תַּאֲוַת לִבּוֹ נָתַתָּה לּוֹ וַאֲרֶשֶׁת שְׂפָתָיו בַּל־מָנַעְתָּ סֶּלָה: 4 כִּי־תְקַדְּמֶנּוּ בִּרְכוֹת טוֹב תָּשִׁית לְרֹאשׁוֹ עֲטֶרֶת פָּז: 5 חַיִּים | שָׁאַל מִמְּךָ נָתַתָּה לּוֹ אֹרֶךְ יָמִים עוֹלָם וָעֶד: 6 גָּדוֹל כְּבוֹדוֹ בִּישׁוּעָתֶךָ הוֹד וְהָדָר תְּשַׁוֶּה עָלָיו: 7 כִּי־תְשִׁיתֵהוּ בְרָכוֹת לָעַד תְּחַדֵּהוּ בְשִׂמְחָה אֶת־פָּנֶיךָ: 8 כִּי־הַמֶּלֶךְ בֹּטֵחַ בַּיהֹוָה וּבְחֶסֶד עֶלְיוֹן בַּל־יִמּוֹט: 9 תִּמְצָא יָדְךָ לְכָל־אֹיְבֶיךָ יְמִינְךָ תִּמְצָא שֹׂנְאֶיךָ: 10 תְּשִׁיתֵמוֹ | כְּתַנּוּר אֵשׁ לְעֵת פָּנֶיךָ יְהֹוָה בְּאַפּוֹ יְבַלְּעֵם וְתֹאכְלֵם אֵשׁ: 11 פִּרְיָמוֹ מֵאֶרֶץ תְּאַבֵּד וְזַרְעָם מִבְּנֵי אָדָם: 12 כִּי־נָטוּ עָלֶיךָ רָעָה חָשְׁבוּ מְזִמָּה בַּל־יוּכָלוּ: 13 כִּי תְּשִׁיתֵמוֹ שֶׁכֶם בְּמֵיתָרֶיךָ תְּכוֹנֵן עַל־פְּנֵיהֶם: 14 רוּמָה יְהֹוָה בְעֻזֶּךָ נָשִׁירָה וּנְזַמְּרָה גְּבוּרָתֶךָ:

22 לַמְנַצֵּחַ עַל־אַיֶּלֶת הַשַּׁחַר מִזְמוֹר לְדָוִד: 2 אֵלִי אֵלִי לָמָה עֲזַבְתָּנִי רָחוֹק מִישׁוּעָתִי דִּבְרֵי שַׁאֲגָתִי: 3 אֱלֹהַי אֶקְרָא יוֹמָם וְלֹא תַעֲנֶה וְלַיְלָה וְלֹא־דוּמִיָּה לִי: 4 וְאַתָּה קָדוֹשׁ יוֹשֵׁב תְּהִלּוֹת יִשְׂרָאֵל: 5 בְּךָ בָּטְחוּ אֲבֹתֵינוּ בָּטְחוּ וַתְּפַלְּטֵמוֹ: 6 אֵלֶיךָ זָעֲקוּ וְנִמְלָטוּ בְּךָ בָטְחוּ וְלֹא־בוֹשׁוּ:

and were not ashamed. / [7] But I am a worm, and no man, / A reproach of men, and despised of the people. / [8] All they that see me laugh me to scorn, / They shoot out the lip, they shake the head: / [9] 'Let him commit himself unto the Lord! let Him rescue him; / Let Him deliver him, seeing He delighteth in him.' / [10] For Thou art He that took me out of the womb, / Thou madest me trust when I was upon my mother's breasts. / [11] Upon Thee I have been cast from my birth; / Thou art my God from my mother's womb / [12] Be not far from me; for trouble is near; / For there is none to help. / [13] Many bulls have encompassed me; / Strong bulls of Bashan have beset me round. / [14] They open wide their mouth against me, / As a ravening and a roaring lion. / [15] I am poured out like water, / And all my bones are out of joint; / My heart is become like wax; / It is melted in mine inmost parts. / [16] My strength is dried up like a potsherd; / And my tongue cleaveth to my throat; / And Thou layest me in the dust of death. / [17] For dogs have encompassed me, / A company of evil-doers have inclosed me; / Like a lion, they are at my hands and my feet / [18] I may count all my bones; / They look and gloat over me / [19] They part my garments among them, / And for my vesture do they cast lots. / [20] But Thou, O Lord, be not far off; / O Thou my strength, hasten to help me. / [21] Deliver my soul from the sword; / Mine only one from the power of the dog. / [22] Save me from the lion's mouth; / Yea, from the horns of the wild-oxen do Thou answer me. / [23] I will declare Thy name unto my brethren; / In the midst of the congregation will I praise Thee: / [24] 'Ye that fear the Lord, praise Him; / All ye the seed of Jacob, glorify Him; / And stand in awe of Him, all ye the seed of Israel. / [25] For He hath not despised nor abhorred the lowliness of the poor; / Neither hath He hid His face from him; / But when he cried unto Him, He heard.' / [26] From Thee cometh my praise in the great congregation, / I will pay my vows before them that fear Him. / [27] Let the humble eat and be satisfied; / Let them praise the Lord that seek after Him; / May your heart be quickened for ever! / [28] All the ends of the earth shall remember and turn unto the Lord; / And all the kindreds of the nations shall worship before Thee. / [29] For the kingdom is the Lord's; / And He is the ruler over the nations. / [30] All the fat ones of the earth shall eat and worship; / All they that go down to the dust shall kneel before Him, / Even

וְאָנֹכִי תוֹלַעַת וְלֹא־אִישׁ חֶרְפַּת אָדָם 7
וּבְזוּי עָם: 8 כָּל־רֹאַי יַלְעִגוּ לִי יַפְטִירוּ
בְשָׂפָה יָנִיעוּ רֹאשׁ: 9 גֹּל אֶל־יְהוָה יְפַלְּטֵהוּ
יַצִּילֵהוּ כִּי חָפֵץ בּוֹ: 10 כִּי־אַתָּה גֹחִי מִבָּטֶן
מַבְטִיחִי עַל־שְׁדֵי אִמִּי: 11 עָלֶיךָ הָשְׁלַכְתִּי
מֵרָחֶם מִבֶּטֶן אִמִּי אֵלִי אָתָּה: 12 אַל־
תִּרְחַק מִמֶּנִּי כִּי־צָרָה קְרוֹבָה כִּי־אֵין
עוֹזֵר: 13 סְבָבוּנִי פָּרִים רַבִּים אַבִּירֵי בָשָׁן
כִּתְּרוּנִי: 14 פָּצוּ עָלַי פִּיהֶם אַרְיֵה טֹרֵף
וְשֹׁאֵג: 15 כַּמַּיִם נִשְׁפַּכְתִּי וְהִתְפָּרְדוּ כָּל־
עַצְמוֹתָי הָיָה לִבִּי כַּדּוֹנָג נָמֵס בְּתוֹךְ מֵעָי:
16 יָבֵשׁ כַּחֶרֶשׂ | כֹּחִי וּלְשׁוֹנִי מֻדְבָּק
מַלְקוֹחָי וְלַעֲפַר־מָוֶת תִּשְׁפְּתֵנִי: 17 כִּי
סְבָבוּנִי כְּלָבִים עֲדַת מְרֵעִים הִקִּיפוּנִי
כָּאֲרִי יָדַי וְרַגְלָי: 18 אֲסַפֵּר כָּל־עַצְמוֹתָי
הֵמָּה יַבִּיטוּ יִרְאוּ־בִי: 19 יְחַלְּקוּ בְגָדַי לָהֶם
וְעַל־לְבוּשִׁי יַפִּילוּ גוֹרָל: 20 וְאַתָּה יְהוָה
אַל־תִּרְחָק אֱיָלוּתִי לְעֶזְרָתִי חוּשָׁה:
21 הַצִּילָה מֵחֶרֶב נַפְשִׁי מִיַּד־כֶּלֶב יְחִידָתִי:
22 הוֹשִׁיעֵנִי מִפִּי אַרְיֵה וּמִקַּרְנֵי רֵמִים
עֲנִיתָנִי: 23 אֲסַפְּרָה שִׁמְךָ לְאֶחָי בְּתוֹךְ
קָהָל אֲהַלְלֶךָּ: 24 יִרְאֵי יְהוָה | הַלְלוּהוּ
כָּל־זֶרַע יַעֲקֹב כַּבְּדוּהוּ וְגוּרוּ מִמֶּנּוּ כָּל־
זֶרַע יִשְׂרָאֵל: 25 כִּי לֹא־בָזָה וְלֹא שִׁקַּץ
עֱנוּת עָנִי וְלֹא־הִסְתִּיר פָּנָיו מִמֶּנּוּ וּבְשַׁוְּעוֹ
אֵלָיו שָׁמֵעַ: 26 מֵאִתְּךָ תְּהִלָּתִי בְּקָהָל רָב
נְדָרַי אֲשַׁלֵּם נֶגֶד יְרֵאָיו: 27 יֹאכְלוּ עֲנָוִים |
וְיִשְׂבָּעוּ יְהַלְלוּ יְהוָה דֹּרְשָׁיו יְחִי לְבַבְכֶם
לָעַד: 28 יִזְכְּרוּ | וְיָשֻׁבוּ אֶל־יְהוָה כָּל־
אַפְסֵי־אָרֶץ וְיִשְׁתַּחֲווּ לְפָנֶיךָ כָּל־מִשְׁפְּחוֹת
גּוֹיִם: 29 כִּי לַיהוָה הַמְּלוּכָה וּמֹשֵׁל בַּגּוֹיִם:
30 אָכְלוּ וַיִּשְׁתַּחֲווּ | כָּל־דִּשְׁנֵי־אֶרֶץ לְפָנָיו
יִכְרְעוּ כָּל־יוֹרְדֵי עָפָר וְנַפְשׁוֹ לֹא חִיָּה:

he that cannot keep his soul alive. / [31] A seed shall serve him, / It shall be told of the Lord unto the next generation. / [32] They shall come and shall declare His righteousness / Unto a people that shall be born, that He hath done it.

23 A Psalm of David. / The Lord is my shepherd; I shall not want. / [2] He maketh me to lie down in green pastures; / He leadeth me beside the still waters. / [3] He restoreth my soul; / He guideth me in straight paths for His name's sake. / [4] Yea, though I walk through the valley of the shadow of death, / I will fear no evil, / For Thou art with me; / Thy rod and Thy staff, they comfort me. / [5] Thou preparest a table before me in the presence of mine enemies; / Thou hast anointed my head with oil; my cup runneth over. / [6] Surely goodness and mercy shall follow me all the days of my life; / And I shall dwell in the house of the Lord for ever.

24 A Psalm of David. / The earth is the Lord's, and the fulness thereof; / The world, and they that dwell therein. / [2] For He hath founded it upon the seas, / And established it upon the floods. / [3] Who shall ascend into the mountain of the Lord? / And who shall stand in His holy place? / [4] He that hath clean hands, and a pure heart; / Who hath not taken My name in vain, / And hath not sworn deceitfully / [5] He shall receive a blessing from the Lord, / And righteousness from the God of his salvation. / [6] Such is the generation of them that seek after Him, / That seek Thy face, even Jacob. Selah / [7] Lift up your heads, O ye gates, / And be ye lifted up, ye everlasting doors; / That the King of glory may come in. / [8] 'Who is the King of glory?' / 'The Lord strong and mighty,' / The Lord mighty in battle. / [9] Lift up your heads, O ye gates, / Yea, lift them up, ye everlasting doors; / That the King of glory may come in. / [10] 'Who then is the King of glory?' / 'The Lord of hosts; / He is the King of glory.' Selah

25 [A Psalm] of David. / א Unto Thee,. O Lord, do I lift up my soul. / ב [2] O my God, in Thee have I trusted, let me not be ashamed; / Let not mine enemies triumph over me. / ג [3] Yea, none that wait for Thee shall be ashamed; / They shall be ashamed that deal

זֶרַע יַעַבְדֶנּוּ יְסֻפַּר לַאדֹנָי לַדּוֹר: 32 יָבֹאוּ וְיַגִּידוּ צִדְקָתוֹ לְעַם נוֹלָד כִּי עָשָׂה:

23 מִזְמוֹר לְדָוִד יְהוָה רֹעִי לֹא אֶחְסָר: 2 בִּנְאוֹת דֶּשֶׁא יַרְבִּיצֵנִי עַל־מֵי מְנֻחוֹת יְנַהֲלֵנִי: 3 נַפְשִׁי יְשׁוֹבֵב יַנְחֵנִי בְמַעְגְּלֵי־צֶדֶק לְמַעַן שְׁמוֹ: 4 גַּם כִּי־אֵלֵךְ בְּגֵיא צַלְמָוֶת לֹא־אִירָא רָע כִּי־אַתָּה עִמָּדִי שִׁבְטְךָ וּמִשְׁעַנְתֶּךָ הֵמָּה יְנַחֲמֻנִי: 5 תַּעֲרֹךְ לְפָנַי | שֻׁלְחָן נֶגֶד צֹרְרָי דִּשַּׁנְתָּ בַשֶּׁמֶן רֹאשִׁי כּוֹסִי רְוָיָה: 6 אַךְ | טוֹב וָחֶסֶד יִרְדְּפוּנִי כָּל־יְמֵי חַיָּי וְשַׁבְתִּי בְּבֵית־יְהוָה לְאֹרֶךְ יָמִים:

24 לְדָוִד מִזְמוֹר לַיהוָה הָאָרֶץ וּמְלוֹאָהּ תֵּבֵל וְיֹשְׁבֵי בָהּ: 2 כִּי־הוּא עַל־יַמִּים יְסָדָהּ וְעַל־נְהָרוֹת יְכוֹנְנֶהָ: 3 מִי־יַעֲלֶה בְהַר־יְהוָה וּמִי־יָקוּם בִּמְקוֹם קָדְשׁוֹ: 4 נְקִי כַפַּיִם וּבַר־לֵבָב אֲשֶׁר | לֹא־נָשָׂא לַשָּׁוְא נַפְשִׁי וְלֹא נִשְׁבַּע לְמִרְמָה: 5 יִשָּׂא בְרָכָה מֵאֵת יְהוָה וּצְדָקָה מֵאֱלֹהֵי יִשְׁעוֹ: 6 זֶה דּוֹר דֹּרְשָׁו מְבַקְשֵׁי פָנֶיךָ יַעֲקֹב סֶלָה: 7 שְׂאוּ שְׁעָרִים | רָאשֵׁיכֶם וְהִנָּשְׂאוּ פִּתְחֵי עוֹלָם וְיָבוֹא מֶלֶךְ הַכָּבוֹד: 8 מִי זֶה מֶלֶךְ הַכָּבוֹד יְהוָה עִזּוּז וְגִבּוֹר יְהוָה גִּבּוֹר מִלְחָמָה: 9 שְׂאוּ שְׁעָרִים | רָאשֵׁיכֶם וּשְׂאוּ פִּתְחֵי עוֹלָם וְיָבֹא מֶלֶךְ הַכָּבוֹד: 10 מִי הוּא זֶה מֶלֶךְ הַכָּבוֹד יְהוָה צְבָאוֹת הוּא מֶלֶךְ הַכָּבוֹד סֶלָה:

25 לְדָוִד אֵלֶיךָ יְהוָה נַפְשִׁי אֶשָּׂא: 2 אֱלֹהַי בְּךָ בָטַחְתִּי אַל־אֵבוֹשָׁה אַל־יַעַלְצוּ אֹיְבַי לִי: 3 גַּם כָּל־קֹוֶיךָ לֹא יֵבֹשׁוּ יֵבֹשׁוּ

treacherously without cause. / ד [4] Show me Thy ways, O LORD; / Teach me Thy paths. / הה [5] Guide me in Thy truth, and teach me; / For Thou art the God of my salvation; / For Thee do I wait all the day. / ז [6] Remember, O LORD, Thy compassions and Thy mercies; / For they have been from of old. / ח [7] Remember not the sins of my youth, nor my transgressions; / According to Thy mercy remember Thou me, / For thy goodness sake, O LORD. / ט [8] Good and upright is the LORD; / Therefore doth He instruct sinners in the way, / י [9] He guideth the humble in justice; / And He teacheth the humble His way. / כ [10] All the paths of the LORD are mercy and truth / Unto such as keep His covenant and His testimonies. / ל [11] For Thy name's sake, O LORD, / Pardon mine iniquity, for it is great. / מ [12] What man is he that feareth the LORD? / Him will He instruct in the way that he should choose. / נ [13] His soul shall abide in prosperity, / And his seed shall inherit the land. / ס [14] The counsel of the LORD is with them that fear Him; / And His covenant, to make them know it. / ע [15] Mine eyes are ever toward the LORD; / For He will bring forth my feet out of the net. / פ [16] Turn Thee unto me, and be gracious unto me; / For I am solitary and afflicted. / צ [17] The troubles of my heart are enlarged; / O bring Thou me out of my distresses, / ר [18] See mine affliction and my travail; / And forgive all my sins. / [19] Consider how many are mine enemies, / And the cruel hatred wherewith they hate me. / ש [20] O keep my soul, and deliver me; / Let me not be ashamed, for I have taken refuge in Thee. / ת [21] Let integrity and uprightness preserve me, / Because I wait for Thee. / [22] Redeem Israel, O God, / Out of all his troubles.

26 [A Psalm] of David. / Judge me, O LORD, for I have walked in mine integrity, / And I have trusted in the LORD without wavering. / [2] Examine me, O LORD, and try me, / Test my reins and my heart. / [3] For Thy mercy is before mine eyes; / And I have walked in Thy truth. / [4] I have not sat with men of falsehood; / Neither will I go in with dissemblers. / [5] I hate the gathering of evil-doers, / And will not sit with the wicked / [6] I will wash my hands in innocency; / So will

הַבּוֹגְדִים רֵיקָם: 4 דְּרָכֶיךָ יְהוָה הוֹדִיעֵנִי אֹרְחוֹתֶיךָ לַמְּדֵנִי: 5 הַדְרִיכֵנִי בַאֲמִתֶּךָ | וְלַמְּדֵנִי כִּי־אַתָּה אֱלֹהֵי יִשְׁעִי אוֹתְךָ קִוִּיתִי כָּל־הַיּוֹם: 6 זְכֹר־רַחֲמֶיךָ יְהוָה וַחֲסָדֶיךָ כִּי מֵעוֹלָם הֵמָּה: 7 חַטֹּאות נְעוּרַי | וּפְשָׁעַי אַל־תִּזְכֹּר כְּחַסְדְּךָ זְכָר־לִי־אַתָּה לְמַעַן טוּבְךָ יְהוָה: 8 טוֹב־וְיָשָׁר יְהוָה עַל־כֵּן יוֹרֶה חַטָּאִים בַּדָּרֶךְ: 9 יַדְרֵךְ עֲנָוִים בַּמִּשְׁפָּט וִילַמֵּד עֲנָוִים דַּרְכּוֹ: 10 כָּל־אָרְחוֹת יְהוָה חֶסֶד וֶאֱמֶת לְנֹצְרֵי בְרִיתוֹ וְעֵדֹתָיו: 11 לְמַעַן־שִׁמְךָ יְהוָה וְסָלַחְתָּ לַעֲוֹנִי כִּי רַב־הוּא: 12 מִי־זֶה הָאִישׁ יְרֵא יְהוָה יוֹרֶנּוּ בְּדֶרֶךְ יִבְחָר: 13 נַפְשׁוֹ בְּטוֹב תָּלִין וְזַרְעוֹ יִירַשׁ אָרֶץ: 14 סוֹד יְהוָה לִירֵאָיו וּבְרִיתוֹ לְהוֹדִיעָם: 15 עֵינַי תָּמִיד אֶל־יְהוָה כִּי הוּא־יוֹצִיא מֵרֶשֶׁת רַגְלָי: 16 פְּנֵה־אֵלַי וְחָנֵּנִי כִּי־יָחִיד וְעָנִי אָנִי: 17 צָרוֹת לְבָבִי הִרְחִיבוּ מִמְּצוּקוֹתַי הוֹצִיאֵנִי: 18 רְאֵה עָנְיִי וַעֲמָלִי וְשָׂא לְכָל־חַטֹּאותָי: 19 רְאֵה־אוֹיְבַי כִּי־רָבּוּ וְשִׂנְאַת חָמָס שְׂנֵאוּנִי: 20 שָׁמְרָה נַפְשִׁי וְהַצִּילֵנִי אַל־אֵבוֹשׁ כִּי־חָסִיתִי בָךְ: 21 תֹּם־וָיֹשֶׁר יִצְּרוּנִי כִּי קִוִּיתִיךָ: 22 פְּדֵה אֱלֹהִים אֶת־יִשְׂרָאֵל מִכֹּל צָרוֹתָיו:

26 לְדָוִד | שָׁפְטֵנִי יְהוָה כִּי־אֲנִי בְּתֻמִּי הָלַכְתִּי וּבַיהוָה בָּטַחְתִּי לֹא אֶמְעָד: 2 בְּחָנֵנִי יְהוָה וְנַסֵּנִי צָרְפָה כִלְיוֹתַי וְלִבִּי: 3 כִּי־חַסְדְּךָ לְנֶגֶד עֵינָי וְהִתְהַלַּכְתִּי בַּאֲמִתֶּךָ: 4 לֹא־יָשַׁבְתִּי עִם־מְתֵי־שָׁוְא וְעִם נַעֲלָמִים לֹא אָבוֹא: 5 שָׂנֵאתִי קְהַל מְרֵעִים וְעִם־רְשָׁעִים לֹא אֵשֵׁב: 6 אֶרְחַץ בְּנִקָּיוֹן כַּפָּי וַאֲסֹבְבָה אֶת־מִזְבַּחֲךָ יְהוָה:

I compass Thine altar, O Lord, / [7] That I may make the voice of thanksgiving to be heard, / And tell of all Thy wondrous works. / [8] Lord, I love the habitation of Thy house, / And the place where Thy glory dwelleth. / [9] Gather not my soul with sinners, / Nor my life with men of blood; / [10] In whose hands is craftiness, / And their right hand is full of bribes. / [11] But as for me, I will walk in mine integrity; / Redeem me, and be gracious unto me. / [12] My foot standeth in an even place, / In the congregations will I bless the Lord.

27 [A Psalm] of David. / The Lord is my light and my salvation; whom shall I fear? / The Lord is the stronghold of my life; of whom shall I be afraid? / [2] When evil-doers came upon me to eat up my flesh, / Even mine adversaries and my foes, they stumbled and fell. / [3] Though a host should encamp against me, / My heart shall not fear; / Though war should rise up against me, / Even then will I be confident. / [4] One thing have I asked of the Lord, that will I seek after: / That I may dwell in the house of the Lord all the days of my life, / To behold the graciousness of the Lord, and to visit early in His temple. / [5] For He concealeth me in His pavilion in the day of evil; / He hideth me in the covert of His tent; / He lifteth me up upon a rock. / [6] And now shall my head be lifted up above mine enemies round about me; / And I will offer in His tabernacle sacrifices with trumpet-sound; / I will sing, yea, I will sing praises unto the Lord. / [7] Hear, O Lord, when I call with my voice, / And be gracious unto me, and answer me. / [8] In Thy behalf my heart hath said: 'Seek ye My face'; / Thy face, Lord, will I seek. / [9] Hide not Thy face from me; / Put not Thy servant away in anger; / Thou hast been my help; / Cast me not off, neither forsake me, O God of my salvation. / [10] For though my father and my mother have forsaken me, / The Lord will take me up. / [11] Teach me Thy way, O Lord; / And lead me in an even path, / Because of them that lie in wait for me. / [12] Deliver me not over unto the will of mine adversaries; / For false witnesses are risen up against me, and such as breathe out violence. / [13] If I had not believed to look upon the goodness of the Lord / In the land of the living!— / [14] Wait for the Lord; / Be strong, and let thy heart take courage; / Yea, wait thou for the Lord.

7 לִשְׁמֹעַ בְּקוֹל תּוֹדָה וּלְסַפֵּר כָּל־נִפְלְאוֹתֶיךָ: 8 יְהוָה אָהַבְתִּי מְעוֹן בֵּיתֶךָ וּמְקוֹם מִשְׁכַּן כְּבוֹדֶךָ: 9 אַל־תֶּאֱסֹף עִם־חַטָּאִים נַפְשִׁי וְעִם־אַנְשֵׁי דָמִים חַיָּי: 10 אֲשֶׁר־בִּידֵיהֶם זִמָּה וִימִינָם מָלְאָה שֹּׁחַד: 11 וַאֲנִי בְּתֻמִּי אֵלֵךְ פְּדֵנִי וְחָנֵּנִי: 12 רַגְלִי עָמְדָה בְמִישׁוֹר בְּמַקְהֵלִים אֲבָרֵךְ יְהוָה:

27 לְדָוִד ׀ יְהוָה ׀ אוֹרִי וְיִשְׁעִי מִמִּי אִירָא יְהוָה מָעוֹז־חַיַּי מִמִּי אֶפְחָד: 2 בִּקְרֹב עָלַי ׀ מְרֵעִים לֶאֱכֹל אֶת־בְּשָׂרִי צָרַי וְאֹיְבַי לִי הֵמָּה כָשְׁלוּ וְנָפָלוּ: 3 אִם־תַּחֲנֶה עָלַי ׀ מַחֲנֶה לֹא־יִירָא לִבִּי אִם־תָּקוּם עָלַי מִלְחָמָה בְּזֹאת אֲנִי בוֹטֵחַ: 4 אַחַת ׀ שָׁאַלְתִּי מֵאֵת־יְהוָה אוֹתָהּ אֲבַקֵּשׁ שִׁבְתִּי בְּבֵית־יְהוָה כָּל־יְמֵי חַיַּי לַחֲזוֹת בְּנֹעַם־יְהוָה וּלְבַקֵּר בְּהֵיכָלוֹ: 5 כִּי יִצְפְּנֵנִי ׀ בְּסֻכֹּה בְּיוֹם רָעָה יַסְתִּרֵנִי בְּסֵתֶר אָהֳלוֹ בְּצוּר יְרוֹמְמֵנִי: 6 וְעַתָּה יָרוּם רֹאשִׁי עַל אֹיְבַי סְבִיבוֹתַי וְאֶזְבְּחָה בְאָהֳלוֹ זִבְחֵי תְרוּעָה אָשִׁירָה וַאֲזַמְּרָה לַיהוָה: 7 שְׁמַע־יְהוָה קוֹלִי אֶקְרָא וְחָנֵּנִי וַעֲנֵנִי: 8 לְךָ ׀ אָמַר לִבִּי בַּקְּשׁוּ פָנָי אֶת־פָּנֶיךָ יְהוָה אֲבַקֵּשׁ: 9 אַל־תַּסְתֵּר פָּנֶיךָ ׀ מִמֶּנִּי אַל־תַּט־בְּאַף עַבְדֶּךָ עֶזְרָתִי הָיִיתָ אַל־תִּטְּשֵׁנִי וְאַל־תַּעַזְבֵנִי אֱלֹהֵי יִשְׁעִי: 10 כִּי־אָבִי וְאִמִּי עֲזָבוּנִי וַיהוָה יַאַסְפֵנִי: 11 הוֹרֵנִי יְהוָה דַּרְכֶּךָ וּנְחֵנִי בְּאֹרַח מִישׁוֹר לְמַעַן שׁוֹרְרָי: 12 אַל־תִּתְּנֵנִי בְּנֶפֶשׁ צָרָי כִּי קָמוּ־בִי עֵדֵי־שֶׁקֶר וִיפֵחַ חָמָס: 13 לוּלֵא הֶאֱמַנְתִּי לִרְאוֹת בְּטוּב־יְהוָה בְּאֶרֶץ חַיִּים: 14 קַוֵּה אֶל־יְהוָה חֲזַק וְיַאֲמֵץ לִבֶּךָ וְקַוֵּה אֶל־יְהוָה:

28 [A Psalm] of David. / Unto thee, O Lord, do I call; / My Rock, be not Thou deaf unto me; / Lest, if Thou be silent unto me, / I become like them that go down into the pit. / [2] Hear the voice of my supplications, when I cry unto Thee, / When I lift up my hands toward Thy holy Sanctuary. / [3] Draw me not away with the wicked, / And with the workers of iniquity; / Who speak peace with their neighbours, / But evil is in their hearts. / [4] Give them according to their deeds, and according to the evil of their endeavours, / Give them after the work of their hands; / Render to them their desert. / [5] Because they give no heed to the works of the Lord, / Nor to the operation of His hands, / He will break them down and not build them up. / [6] Blessed be the Lord, / Because He hath heard the voice of my supplications / [7] The Lord is my strength and my shield, / In Him hath my heart trusted, / And I am helped; / Therefore my heart greatly re-joiceth, / And with my song will I praise Him. / [8] The Lord is a strength unto them; / And He is a stronghold of salvation to His anointed. / [9] Save Thy people, and bless Thine inheritance; / And tend them, and carry them for ever.

29 A Psalm of David. / Ascribe unto the Lord, O ye sons of might, / Ascribe unto the Lord glory and strength. / [2] Ascribe unto the Lord the glory due unto His name; / Worship the Lord in the beauty of holiness. / [3] The voice of the Lord is upon the waters; / The God of glory thundereth, / Even the Lord upon many waters. / [4] The voice of the Lord is powerful, / The voice of the Lord is full of majesty. / [5] The voice of the Lord breaketh the cedars; / Yea, the Lord breaketh in pieces the cedars of Lebanon. / [6] He maketh them also to skip like a calf; / Lebanon and Sirion like a young wild-ox. / [7] The voice of the Lord heweth out flames of fire / [8] The voice of the Lord shaketh the wilderness; / The Lord shaketh the wilderness of Kadesh. / [9] The voice of the Lord maketh the hinds to calve, / And strippeth the forests bare; / And, in His temple all say 'Glory.' / [10] The Lord sat enthroned at the flood; / Yea, the Lord sitteth as King for ever. / [11] The Lord will give strength unto His people; / The Lord will bless His people with peace.

28 לְדָוִד אֵלֶיךָ יְהוָה | אֶקְרָא צוּרִי אַל־תֶּחֱרַשׁ מִמֶּנִּי פֶּן־תֶּחֱשֶׁה מִמֶּנִּי וְנִמְשַׁלְתִּי עִם־יוֹרְדֵי בוֹר: 2 שְׁמַע קוֹל תַּחֲנוּנַי בְּשַׁוְּעִי אֵלֶיךָ בְּנָשְׂאִי יָדַי אֶל־דְּבִיר קָדְשֶׁךָ: 3 אַל־תִּמְשְׁכֵנִי עִם־רְשָׁעִים וְעִם־פֹּעֲלֵי אָוֶן דֹּבְרֵי שָׁלוֹם עִם־רֵעֵיהֶם וְרָעָה בִּלְבָבָם: 4 תֶּן־לָהֶם כְּפָעֳלָם וּכְרֹעַ מַעַלְלֵיהֶם כְּמַעֲשֵׂה יְדֵיהֶם תֵּן לָהֶם הָשֵׁב גְּמוּלָם לָהֶם: 5 כִּי לֹא יָבִינוּ אֶל־פְּעֻלֹּת יְהוָה וְאֶל־מַעֲשֵׂה יָדָיו יֶהֶרְסֵם וְלֹא יִבְנֵם: 6 בָּרוּךְ יְהוָה כִּי־שָׁמַע קוֹל תַּחֲנוּנָי: 7 יְהוָה | עֻזִּי וּמָגִנִּי בּוֹ בָטַח לִבִּי וְנֶעֱזָרְתִּי וַיַּעֲלֹז לִבִּי וּמִשִּׁירִי אֲהוֹדֶנּוּ: 8 יְהוָה עֹז לָמוֹ וּמָעוֹז יְשׁוּעוֹת מְשִׁיחוֹ הוּא: 9 הוֹשִׁיעָה | אֶת־עַמֶּךָ וּבָרֵךְ אֶת־נַחֲלָתֶךָ וּרְעֵם וְנַשְּׂאֵם עַד־הָעוֹלָם:

29 מִזְמוֹר לְדָוִד הָבוּ לַיהוָה בְּנֵי אֵלִים הָבוּ לַיהוָה כָּבוֹד וָעֹז: 2 הָבוּ לַיהוָה כְּבוֹד שְׁמוֹ הִשְׁתַּחֲווּ לַיהוָה בְּהַדְרַת־קֹדֶשׁ: 3 קוֹל יְהוָה עַל־הַמָּיִם אֵל־הַכָּבוֹד הִרְעִים יְהוָה עַל־מַיִם רַבִּים: 4 קוֹל־יְהוָה בַּכֹּחַ קוֹל יְהוָה בֶּהָדָר: 5 קוֹל יְהוָה שֹׁבֵר אֲרָזִים וַיְשַׁבֵּר יְהוָה אֶת־אַרְזֵי הַלְּבָנוֹן: 6 וַיַּרְקִידֵם כְּמוֹ־עֵגֶל לְבָנוֹן וְשִׂרְיֹן כְּמוֹ בֶן־רְאֵמִים: 7 קוֹל־יְהוָה חֹצֵב לַהֲבוֹת אֵשׁ: 8 קוֹל יְהוָה יָחִיל מִדְבָּר יָחִיל יְהוָה מִדְבַּר קָדֵשׁ: 9 קוֹל יְהוָה | יְחוֹלֵל אַיָּלוֹת וַיֶּחֱשֹׂף יְעָרוֹת וּבְהֵיכָלוֹ כֻּלּוֹ אֹמֵר כָּבוֹד: 10 יְהוָה לַמַּבּוּל יָשָׁב וַיֵּשֶׁב יְהוָה מֶלֶךְ לְעוֹלָם: 11 יְהוָה עֹז לְעַמּוֹ יִתֵּן יְהוָה | יְבָרֵךְ אֶת־עַמּוֹ בַשָּׁלוֹם:

30 A Psalm, a Song at the Dedication of the House; of David. / [2] I will extol Thee, O Lord, for Thou hast raised me up, / And hast not suffered mine enemies to rejoice over me. / [3] O Lord my God, / I cried unto Thee, and Thou didst heal me, / [4] O Lord, Thou broughtest up my soul from the nether-world; / Thou didst keep me alive, that I should not go down to the pit. / [5] Sing praise unto the Lord, O ye His godly ones, / And give thanks to His holy name. / [6] For His anger is but for a moment, / His favour is for a life-time; / Weeping may tarry for the night, / But joy cometh in the morning. / [7] Now I had said in my security: / 'I shall never be moved.' / [8] Thou hadst established, O Lord, in / Thy favour my mountain as a stronghold— / Thou didst hide Thy face; I was affrighted / [9] Unto thee, O Lord, did I call, / And unto the Lord I made supplication: / [10] 'What profit is there in my blood, when I go down to the pit? / Shall the dust praise Thee? shall it declare Thy truth? / [11] Hear, O Lord, and be gracious unto me; / Lord, be Thou my helper.' / [12] Thou didst turn for me my mourning into dancing; / Thou didst loose my sackcloth, and gird me with gladness; / [13] So that my glory may sing praise to Thee, and not be silent, / O Lord my God, I will give thanks unto Thee for ever.

31 For the Leader. A Psalm of David. / [2] In Thee, O Lord, have I taken refuge; let me never be ashamed; / Deliver me in Thy righteousness. / [3] Incline Thine ear unto me, deliver me speedily; / Be Thou to me a rock of refuge, even a fortress of defence, to save me. / [4] For Thou art my rock and my fortress; / Therefore for Thy name's sake lead me and guide me. / [5] Bring me forth out of the net that they have hidden for me; / For Thou art my stronghold. / [6] Into Thy hand I commit my spirit, / Thou hast redeemed me, O Lord, Thou God of truth. / [7] I hate them that regard lying vanities; / But I trust in the Lord. / [8] I will be glad and rejoice in Thy lovingkindness; / For Thou hast seen mine affliction, / Thou hast taken cognizance of the troubles of my soul, / [9] And Thou hast not given me over into the hand of the enemy; / Thou hast set my feet in a broad place. / [10] Be gracious unto me, O Lord, for I am in distress; / Mine eye wasteth away with vexation, yea, my soul and my body. / [11] For my life is spent in sorrow, and my years in sighing; / My

30 מִזְמֹור שִׁיר־חֲנֻכַּת הַבַּיִת לְדָוִד: ²אֲרֹומִמְךָ יְהוָה כִּי דִלִּיתָנִי וְלֹא־שִׂמַּחְתָּ אֹיְבַי לִי: ³יְהוָה אֱלֹהָי שִׁוַּעְתִּי אֵלֶיךָ וַתִּרְפָּאֵנִי: ⁴יְהוָה הֶעֱלִיתָ מִן־שְׁאֹול נַפְשִׁי חִיִּיתַנִי מִיּוׄרְדִי־בֹור: ⁵זַמְּרוּ לַיהוָה חֲסִידָיו וְהֹודוּ לְזֵכֶר קָדְשֹׁו: ⁶כִּי רֶגַע | בְּאַפֹּו חַיִּים בִּרְצֹונֹו בָּעֶרֶב יָלִין בֶּכִי וְלַבֹּקֶר רִנָּה: ⁷וַאֲנִי אָמַרְתִּי בְשַׁלְוִי בַּל־אֶמֹּוט לְעֹולָם: ⁸יְהוָה בִּרְצֹונְךָ הֶעֱמַדְתָּה לְהַרְרִי עֹז הִסְתַּרְתָּ פָנֶיךָ הָיִיתִי נִבְהָל: ⁹אֵלֶיךָ יְהוָה אֶקְרָא וְאֶל־אֲדֹנָי אֶתְחַנָּן: ¹⁰מַה־בֶּצַע בְּדָמִי בְּרִדְתִּי אֶל־שָׁחַת הֲיֹודְךָ עָפָר הֲיַגִּיד אֲמִתֶּךָ: ¹¹שְׁמַע־יְהוָה וְחָנֵּנִי יְהוָה הֱיֵה־עֹזֵר לִי: ¹²הָפַכְתָּ מִסְפְּדִי לְמָחֹול לִי פִּתַּחְתָּ שַׂקִּי וַתְּאַזְּרֵנִי שִׂמְחָה: ¹³לְמַעַן | יְזַמֶּרְךָ כָבֹוד וְלֹא יִדֹּם יְהוָה אֱלֹהַי לְעֹולָם אֹודֶךָּ:

31 לַמְנַצֵּחַ מִזְמֹור לְדָוִד: ²בְּךָ יְהוָה חָסִיתִי אַל־אֵבֹושָׁה לְעֹולָם בְּצִדְקָתְךָ פַלְּטֵנִי: ³הַטֵּה אֵלַי | אָזְנְךָ מְהֵרָה הַצִּילֵנִי הֱיֵה לִי | לְצוּר־מָעֹוז לְבֵית מְצוּדֹות לְהֹושִׁיעֵנִי: ⁴כִּי־סַלְעִי וּמְצוּדָתִי אָתָּה וּלְמַעַן שִׁמְךָ תַּנְחֵנִי וּתְנַהֲלֵנִי: ⁵תֹּוצִיאֵנִי מֵרֶשֶׁת זוּ טָמְנוּ לִי כִּי־אַתָּה מָעוּזִּי: ⁶בְּיָדְךָ אַפְקִיד רוּחִי פָּדִיתָה אֹותִי יְהוָה אֵל אֱמֶת: ⁷שָׂנֵאתִי הַשֹּׁמְרִים הַבְלֵי־שָׁוְא וַאֲנִי אֶל־יְהוָה בָּטָחְתִּי: ⁸אָגִילָה וְאֶשְׂמְחָה בְּחַסְדֶּךָ אֲשֶׁר רָאִיתָ אֶת־עָנְיִי יָדַעְתָּ בְּצָרֹות נַפְשִׁי: ⁹וְלֹא הִסְגַּרְתַּנִי בְּיַד־אֹויֵב הֶעֱמַדְתָּ בַמֶּרְחָב רַגְלָי: ¹⁰חָנֵּנִי יְהוָה כִּי צַר־לִי עָשְׁשָׁה בְכַעַס עֵינִי נַפְשִׁי וּבִטְנִי: ¹¹כִּי כָלוּ בְיָגֹון חַיַּי וּשְׁנֹותַי

strength faileth because of mine iniquity, and my bones are wasted away. / [12] Because of all mine adversaries I am become a reproach, / Yea, unto my neighbours exceedingly, and a dread to mine acquaintance; / They that see me without flee from me. / [13] I am forgotten as a dead man out of mind; / I am like a useless vessel. / [14] For I have heard the whispering of many, / Terror on every side; / While they took counsel together against me, / They devised to take away my life. / [15] But as for me, I have trusted in Thee, O LORD; / I have said: 'Thou art my God' / [16] My times are in Thy hand; / Deliver me from the hand of mine enemies, and from them that persecute me. / [17] Make Thy face to shine upon Thy servant; / Save me in Thy lovingkindness. / [18] O LORD, let me not be ashamed, for I have called upon Thee; / Let the wicked be ashamed, let them be put to silence in the nether-world. / [19] Let the lying lips be dumb, / Which speak arrogantly against the righteous, / With pride and contempt. / [20] Oh how abundant is Thy goodness, which Thou hast laid up for them that fear Thee; / Which Thou hast wrought for them that take their refuge in Thee, in the sight of the sons of men! / [21] Thou hidest them in the covert of Thy presence from the plottings of man; / Thou concealest them in a pavilion from the strife of tongues. / [22] Blessed be the LORD; / For He hath shown me His wondrous lovingkindness in an entrenched city. / [23] As for me, I said in my haste: 'I am cut off from before Thine eyes'; / Nevertheless Thou heardest the voice of my supplications when I cried unto Thee. / [24] O love the LORD, all ye His godly ones; / The LORD preserveth the faithful, / And plentifully repayeth him that acteth haughtily. / [25] Be strong, and let your heart take courage, / All ye that wait for the LORD.

32 [A Psalm] of David, Maschil. / Happy is he whose transgression is forgiven, whose sin is pardoned. / [2] Happy is the man unto whom the LORD counteth not iniquity, / And in whose spirit there is no guile. / [3] When I kept silence, my bones wore away / Through my groaning all the day long. / [4] For day and night Thy hand was heavy upon me; / My sap was turned as in the droughts of summer. Selah / [5] I acknowledged my sin unto Thee, and mine iniquity have I not hid; / I said: 'I will make confession concerning my transgressions unto the LORD'— / And Thou, Thou forgavest the iniquity of my sin. Selah / [6] For this let every one that is godly pray unto Thee in a time when Thou mayest be found; / Surely, when the

בָּאַנְחָה כָּשַׁל בַּעֲוֹנִי כֹחִי וַעֲצָמַי עָשֵׁשׁוּ:

12 מִכָּל־צֹרְרַי הָיִיתִי חֶרְפָּה וְלִשֲׁכֵנַי ׀ מְאֹד וּפַחַד לִמְיֻדָּעָי רֹאַי בַּחוּץ נָדְדוּ מִמֶּנִּי:

13 נִשְׁכַּחְתִּי כְּמֵת מִלֵּב הָיִיתִי כִּכְלִי אֹבֵד:

14 כִּי שָׁמַעְתִּי ׀ דִּבַּת רַבִּים מָגוֹר מִסָּבִיב בְּהִוָּסְדָם יַחַד עָלַי לָקַחַת נַפְשִׁי זָמָמוּ:

15 וַאֲנִי ׀ עָלֶיךָ בָטַחְתִּי יְהֹוָה אָמַרְתִּי אֱלֹהַי אָתָּה: 16 בְּיָדְךָ עִתֹּתָי הַצִּילֵנִי מִיַּד־אוֹיְבַי וּמֵרֹדְפָי: 17 הָאִירָה פָנֶיךָ עַל־עַבְדֶּךָ הוֹשִׁיעֵנִי בְחַסְדֶּךָ: 18 יְהֹוָה אַל־אֵבוֹשָׁה כִּי קְרָאתִיךָ יֵבֹשׁוּ רְשָׁעִים יִדְּמוּ לִשְׁאוֹל:

19 תֵּאָלַמְנָה שִׂפְתֵי שָׁקֶר הַדֹּבְרוֹת עַל־צַדִּיק עָתָק בְּגַאֲוָה וָבוּז: 20 מָה רַב־טוּבְךָ אֲשֶׁר־צָפַנְתָּ לִּירֵאֶיךָ פָּעַלְתָּ לַחֹסִים בָּךְ נֶגֶד בְּנֵי אָדָם: 21 תַּסְתִּירֵם ׀ בְּסֵתֶר פָּנֶיךָ מֵרֻכְסֵי אִישׁ תִּצְפְּנֵם בְּסֻכָּה מֵרִיב לְשֹׁנוֹת: 22 בָּרוּךְ יְהֹוָה כִּי הִפְלִיא חַסְדּוֹ לִי בְּעִיר מָצוֹר: 23 וַאֲנִי ׀ אָמַרְתִּי בְחָפְזִי נִגְרַזְתִּי מִנֶּגֶד עֵינֶיךָ אָכֵן שָׁמַעְתָּ קוֹל תַּחֲנוּנַי בְּשַׁוְּעִי אֵלֶיךָ: 24 אֶהֱבוּ אֶת־יְהֹוָה כָּל־חֲסִידָיו אֱמוּנִים נֹצֵר יְהֹוָה וּמְשַׁלֵּם עַל־יֶתֶר עֹשֵׂה גַאֲוָה: 25 חִזְקוּ וְיַאֲמֵץ לְבַבְכֶם כָּל־הַמְיַחֲלִים לַיהֹוָה:

32 לְדָוִד מַשְׂכִּיל אַשְׁרֵי נְשׂוּי־פֶּשַׁע כְּסוּי חֲטָאָה: 2 אַשְׁרֵי אָדָם לֹא יַחְשֹׁב יְהֹוָה לוֹ עָוֹן וְאֵין בְּרוּחוֹ רְמִיָּה: 3 כִּי־הֶחֱרַשְׁתִּי בָּלוּ עֲצָמָי בְּשַׁאֲגָתִי כָּל־הַיּוֹם: 4 כִּי ׀ יוֹמָם וָלַיְלָה תִּכְבַּד עָלַי יָדֶךָ נֶהְפַּךְ לְשַׁדִּי בְּחַרְבֹנֵי קַיִץ סֶלָה: 5 חַטָּאתִי אוֹדִיעֲךָ וַעֲוֹנִי לֹא־כִסִּיתִי אָמַרְתִּי אוֹדֶה עֲלֵי פְשָׁעַי לַיהֹוָה וְאַתָּה נָשָׂאתָ עֲוֹן חַטָּאתִי סֶלָה: 6 עַל־זֹאת יִתְפַּלֵּל כָּל־חָסִיד ׀ אֵלֶיךָ לְעֵת

great waters overflow, they will not reach unto him. / [7] Thou art my hiding-place; Thou wilt preserve me from the adversary; / With songs of deliverance Thou wilt compass me about. Selah / [8] 'I will instruct thee and teach thee in the way which thou shalt go; / I will give counsel, Mine eye being upon thee.' / [9] Be ye not as the horse, or as the mule, which have no understanding; / Whose mouth must be held in with bit and bridle, / That they come not near unto thee. / [10] Many are the sorrows of the wicked; / But he that trusteth in the LORD, mercy compasseth him about. / [11] Be glad in the LORD, and rejoice, ye righteous, / And shout for joy, all ye that are upright in heart.

33 Rejoice in the LORD, O ye righteous, Praise is comely for the upright. / [2] Give thanks unto the LORD with harp, / Sing praises unto Him with the psaltery of ten strings. / [3] Sing unto Him a new song; / Play skilfully amid shouts of joy. / [4] For the word of the LORD is upright; / And all His work is done in faithfulness. / [5] He loveth righteousness and justice, / The earth is full of the loving-kindness of the LORD. / [6] By the word of the LORD were the heavens made; / And all the host of them by the breath of His mouth. / [7] He gathereth the waters of the sea together as a heap; / He layeth up the deeps in storehouses. / [8] Let all the earth fear the LORD; / Let all the inhabitants of the world stand in awe of Him. / [9] For He spoke, and it was; / He commanded, and it stood. / [10] The LORD bringeth the counsel of the nations to nought; / He maketh the thoughts of the peoples to be of no effect. / [11] The counsel of the LORD standeth for ever, / The thoughts of His heart to all generations. / [12] Happy is the nation whose God is the LORD; / The people whom He hath chosen for His own inheritance. / [13] The LORD looketh from heaven; / He beholdeth all the sons of men; / [14] From the place of His habitation He looketh intently / Upon all the inhabitants of the earth; / [15] He that fashioneth the hearts of them all, / That considereth all their doings. / [16] A king is not saved by the multitude of a host; / A mighty man is not delivered by great strength. / [17] A horse is a vain thing for safety; / Neither doth it afford escape by its great strength. / [18] Behold, the eye of the LORD is toward them that fear Him, / Toward them that wait for His mercy; / [19] To deliver their soul from death, / And to keep them alive in famine. /

מָצֹא רַק לְשֵׁטֶף מַיִם רַבִּים אֵלָיו לֹא יַגִּיעוּ: 7 אַתָּה ׀ סֵתֶר לִי מִצַּר תִּצְּרֵנִי רָנֵּי פַלֵּט תְּסוֹבְבֵנִי סֶלָה: 8 אַשְׂכִּילְךָ ׀ וְאוֹרְךָ בְּדֶרֶךְ־זוּ תֵלֵךְ אִיעֲצָה עָלֶיךָ עֵינִי: 9 אַל־תִּהְיוּ ׀ כְּסוּס כְּפֶרֶד אֵין הָבִין בְּמֶתֶג־ וָרֶסֶן עֶדְיוֹ לִבְלוֹם בַּל קְרֹב אֵלֶיךָ: 10 רַבִּים מַכְאוֹבִים לָרָשָׁע וְהַבּוֹטֵחַ בַּיהוָה חֶסֶד יְסוֹבְבֶנּוּ: 11 שִׂמְחוּ בַיהוָה וְגִילוּ צַדִּיקִים וְהַרְנִינוּ כָּל־יִשְׁרֵי־לֵב:

33 רַנְּנוּ צַדִּיקִים בַּיהוָה לַיְשָׁרִים נָאוָה תְהִלָּה: 2 הוֹדוּ לַיהוָה בְּכִנּוֹר בְּנֵבֶל עָשׂוֹר זַמְּרוּ־לוֹ: 3 שִׁירוּ־לוֹ שִׁיר חָדָשׁ הֵיטִיבוּ נַגֵּן בִּתְרוּעָה: 4 כִּי־יָשָׁר דְּבַר־יְהוָה וְכָל־ מַעֲשֵׂהוּ בֶּאֱמוּנָה: 5 אֹהֵב צְדָקָה וּמִשְׁפָּט חֶסֶד יְהוָה מָלְאָה הָאָרֶץ: 6 בִּדְבַר יְהוָה שָׁמַיִם נַעֲשׂוּ וּבְרוּחַ פִּיו כָּל־צְבָאָם: 7 כֹּנֵס כַּנֵּד מֵי הַיָּם נֹתֵן בְּאֹצָרוֹת תְּהוֹמוֹת: 8 יִירְאוּ מֵיהוָה כָּל־הָאָרֶץ מִמֶּנּוּ יָגוּרוּ כָּל־יֹשְׁבֵי תֵבֵל: 9 כִּי הוּא אָמַר וַיֶּהִי הוּא־צִוָּה וַיַּעֲמֹד: 10 יְהוָה הֵפִיר עֲצַת־ גּוֹיִם הֵנִיא מַחְשְׁבוֹת עַמִּים: 11 עֲצַת יְהוָה לְעוֹלָם תַּעֲמֹד מַחְשְׁבוֹת לִבּוֹ לְדֹר וָדֹר: 12 אַשְׁרֵי הַגּוֹי אֲשֶׁר־יְהוָה אֱלֹהָיו הָעָם ׀ בָּחַר לְנַחֲלָה לוֹ: 13 מִשָּׁמַיִם הִבִּיט יְהוָה רָאָה אֶת־כָּל־בְּנֵי הָאָדָם: 14 מִמְּכוֹן־ שִׁבְתּוֹ הִשְׁגִּיחַ אֶל כָּל־יֹשְׁבֵי הָאָרֶץ: 15 הַיֹּצֵר יַחַד לִבָּם הַמֵּבִין אֶל־כָּל־ מַעֲשֵׂיהֶם: 16 אֵין־הַמֶּלֶךְ נוֹשָׁע בְּרָב־חָיִל גִּבּוֹר לֹא־יִנָּצֵל בְּרָב־כֹּחַ: 17 שֶׁקֶר הַסּוּס לִתְשׁוּעָה וּבְרֹב חֵילוֹ לֹא יְמַלֵּט: 18 הִנֵּה עֵין יְהוָה אֶל־יְרֵאָיו לַמְיַחֲלִים לְחַסְדּוֹ: 19 לְהַצִּיל מִמָּוֶת נַפְשָׁם וּלְחַיּוֹתָם בָּרָעָב:

[20] Our soul hath waited for the Lord; / He is our help and our shield. / [21] For in Him doth our heart rejoice, / Because we have trusted in His holy name. / [22] Let Thy mercy, O Lord, be upon us, / According as we have waited for Thee.

34 [A Psalm] of David; when he changed his demeanour before Abimelech, who drove him away, and he departed. / א [2] I will bless the Lord at all times, / His praise shall continually be in my mouth. / ב [3] My soul shall glory in the Lord; / The humble shall hear thereof, and be glad. / ג [4] O magnify the Lord with me, / And let us exalt His name together. / ד [5] I sought the Lord, and He answered me, / And delivered me from all my fears. / ה [6] They looked unto Him, and were radiant; / ו And their faces shall never be abashed. / ז [7] This poor man cried, and the Lord heard, / And saved him out of all his troubles. / ח [8] The angel of the Lord encampeth round about them that fear Him, / And delivereth them. / ט [9] O consider and see that the Lord is good; / Happy is the man that taketh refuge in Him. / י [10] O fear the Lord, ye His holy ones, / For there is no want to them that fear Him. / כ [11] The young lions do lack, and suffer hunger; / But they that seek the Lord want not any good thing. / ל [12] Come, ye children, hearken unto me; / I will teach you the fear of the Lord / מ [13] Who is the man that desireth life, / And loveth days, that he may see good therein? / נ [14] Keep thy tongue from evil, / And thy lips from speaking guile. / ס [15] Depart from evil, and do good; / Seek peace, and pursue it. ע [16] The eyes of the Lord are toward the righteous, / And His ears are open unto their cry. / פ [17] The face of the Lord is against them that do evil, / To cut off the remembrance of them from the earth. / צ [18] [a]They cried, and the Lord heard, / And delivered them out of all their troubles. / ק [19] The Lord is nigh unto them that are of a broken heart, / And saveth such as are of a contrite spirit. / ר [20] Many are the ills of the righteous, / But the Lord delivereth him out of them all. / ש [21] He keepeth all his bones; / Not one of them is broken. / ת [22] Evil shall kill the wicked; / And they that hate the righteous

a   That is, the righteous.

20 נַפְשֵׁנוּ חִכְּתָה לַיהוָה עֶזְרֵנוּ וּמָגִנֵּנוּ הוּא: 21 כִּי־בוֹ יִשְׂמַח לִבֵּנוּ כִּי בְשֵׁם קָדְשׁוֹ בָטָחְנוּ: 22 יְהִי־חַסְדְּךָ יְהוָה עָלֵינוּ כַּאֲשֶׁר יִחַלְנוּ לָךְ:

34 לְדָוִד בְּשַׁנּוֹתוֹ אֶת־טַעְמוֹ לִפְנֵי אֲבִימֶלֶךְ וַיְגָרֲשֵׁהוּ וַיֵּלַךְ: 2 אֲבָרֲכָה אֶת־יְהוָה בְּכָל־עֵת תָּמִיד תְּהִלָּתוֹ בְּפִי: 3 בַּיהוָה תִּתְהַלֵּל נַפְשִׁי יִשְׁמְעוּ עֲנָוִים וְיִשְׂמָחוּ: 4 גַּדְּלוּ לַיהוָה אִתִּי וּנְרוֹמְמָה שְׁמוֹ יַחְדָּו: 5 דָּרַשְׁתִּי אֶת־יְהוָה וְעָנָנִי וּמִכָּל־מְגוּרוֹתַי הִצִּילָנִי: 6 הִבִּיטוּ אֵלָיו וְנָהָרוּ וּפְנֵיהֶם אַל־יֶחְפָּרוּ: 7 זֶה עָנִי קָרָא וַיהוָה שָׁמֵעַ וּמִכָּל־צָרוֹתָיו הוֹשִׁיעוֹ: 8 חֹנֶה מַלְאַךְ־יְהוָה סָבִיב לִירֵאָיו וַיְחַלְּצֵם: 9 טַעֲמוּ וּרְאוּ כִּי־טוֹב יְהוָה אַשְׁרֵי הַגֶּבֶר יֶחֱסֶה־בּוֹ: 10 יְראוּ אֶת־יְהוָה קְדֹשָׁיו כִּי־אֵין מַחְסוֹר לִירֵאָיו: 11 כְּפִירִים רָשׁוּ וְרָעֵבוּ וְדֹרְשֵׁי יְהוָה לֹא־יַחְסְרוּ כָל־טוֹב: 12 לְכוּ־בָנִים שִׁמְעוּ־לִי יִרְאַת יְהוָה אֲלַמֶּדְכֶם: 13 מִי־הָאִישׁ הֶחָפֵץ חַיִּים אֹהֵב יָמִים לִרְאוֹת טוֹב: 14 נְצֹר לְשׁוֹנְךָ מֵרָע וּשְׂפָתֶיךָ מִדַּבֵּר מִרְמָה: 15 סוּר מֵרָע וַעֲשֵׂה־טוֹב בַּקֵּשׁ שָׁלוֹם וְרָדְפֵהוּ: 16 עֵינֵי יְהוָה אֶל־צַדִּיקִים וְאָזְנָיו אֶל־שַׁוְעָתָם: 17 פְּנֵי יְהוָה בְּעֹשֵׂי רָע לְהַכְרִית מֵאֶרֶץ זִכְרָם: 18 צָעֲקוּ וַיהוָה שָׁמֵעַ וּמִכָּל־צָרוֹתָם הִצִּילָם: 19 קָרוֹב יְהוָה לְנִשְׁבְּרֵי־לֵב וְאֶת־דַּכְּאֵי־רוּחַ יוֹשִׁיעַ: 20 רַבּוֹת רָעוֹת צַדִּיק וּמִכֻּלָּם יַצִּילֶנּוּ יְהוָה: 21 שֹׁמֵר כָּל־עַצְמוֹתָיו אַחַת מֵהֵנָּה לֹא נִשְׁבָּרָה: 22 תְּמוֹתֵת רָשָׁע רָעָה וְשֹׂנְאֵי צַדִּיק

shall be held guilty. / [23] The LORD redeemeth the soul of His servants; / And none of them that take refuge in Him shall be desolate.

35 [A Psalm] of David. / Strive, O LORD, with them that strive with me; / Fight against them that fight against me. / [2] Take hold of shield and buckler, / And rise up to my help. / [3] Draw out also the spear, and the battle-axe, against them that pursue me; / Say unto my soul: 'I am thy salvation. [4] Let them be ashamed and brought to confusion that seek after my soul; / Let them be turned back and be abashed that devise my hurt. / [5] Let them be as chaff before the wind, / The angel of the LORD thrusting them. / [6] Let their way be dark and slippery, / The angel of the LORD pursuing them. / [7] For without cause have they hid for me the pit, even their net, / Without cause have they digged for my soul. / [8] Let destruction come upon him unawares; / And let his net that he hath hid catch himself, / With destruction let him fall therein. / [9] And my soul shall be joyful in the LORD; / It shall rejoice in His salvation. / [10] All my bones shall say: 'LORD, who is like unto Thee, / Who deliverest the poor from him that is too strong for him, / Yea, the poor and the needy from him that spoileth him?' / [11] Unrighteous witnesses rise up; / They ask me of things that I know not. / [12] They repay me evil for good; / Bereavement is come to my soul. / [13] But as for me, when they were sick, my clothing was sackcloth, / I afflicted my soul with fasting; / And my prayer, may it return into mine own bosom. / [14] I went about as though it had been my friend or my brother; / I bowed down mournful, as one that mourneth for his mother. / [15] But when I halt they rejoice, and gather themselves together; / The abjects gather themselves together against me, and those whom I know not; / They tear me, and cease not; / [16] With the profanest mockeries of backbiting / They gnash at me with their teeth. / [17] Lord, how long wilt Thou look on? / Rescue my soul from their destructions, / Mine only one from the lions. / [18] I will give Thee thanks in the great congregation; / I will praise Thee among a numerous people. / [19] Let not them that are wrongfully mine enemies rejoice over me; / Neither let them wink with the eye that hate me without a cause. / [20] For they speak not peace; / But they devise deceitful matters against them that are quiet in the land. / [21] Yea, they open their mouth wide against me; / They say. 'Aha, aha, our eye hath seen it.' / [22] Thou hast seen, O LORD; keep not silence; /

יֵאָשֵׁמוּ׃ 23 פּוֹדֶה יְהוָה נֶפֶשׁ עֲבָדָיו וְלֹא יֶאְשְׁמוּ כָּל־הַחֹסִים בּוֹ׃

35 לְדָוִד ׀ רִיבָה יְהוָה אֶת־יְרִיבַי לְחַם אֶת־לֹחֲמָי׃ 2 הַחֲזֵק מָגֵן וְצִנָּה וְקוּמָה בְּעֶזְרָתִי׃ 3 וְהָרֵק חֲנִית וּסְגֹר לִקְרַאת רֹדְפָי אֱמֹר לְנַפְשִׁי יְשֻׁעָתֵךְ אָנִי׃ 4 יֵבֹשׁוּ וְיִכָּלְמוּ מְבַקְשֵׁי נַפְשִׁי יִסֹּגוּ אָחוֹר וְיַחְפְּרוּ חֹשְׁבֵי רָעָתִי׃ 5 יִהְיוּ כְּמֹץ לִפְנֵי־רוּחַ וּמַלְאַךְ יְהוָה דּוֹחֶה׃ 6 יְהִי־דַרְכָּם חֹשֶׁךְ וַחֲלַקְלַקּוֹת וּמַלְאַךְ יְהוָה רֹדְפָם׃ 7 כִּי־חִנָּם טָמְנוּ־לִי שַׁחַת רִשְׁתָּם חִנָּם חָפְרוּ לְנַפְשִׁי׃ 8 תְּבוֹאֵהוּ שׁוֹאָה לֹא־יֵדָע וְרִשְׁתּוֹ אֲשֶׁר־טָמַן תִּלְכְּדוֹ בְּשׁוֹאָה יִפָּל־בָּהּ׃ 9 וְנַפְשִׁי תָּגִיל בַּיהוָה תָּשִׂישׂ בִּישׁוּעָתוֹ׃ 10 כָּל עַצְמוֹתַי ׀ תֹּאמַרְנָה יְהוָה מִי כָמוֹךָ מַצִּיל עָנִי מֵחָזָק מִמֶּנּוּ וְעָנִי וְאֶבְיוֹן מִגֹּזְלוֹ׃ 11 יְקוּמוּן עֵדֵי חָמָס אֲשֶׁר לֹא־יָדַעְתִּי יִשְׁאָלוּנִי׃ 12 יְשַׁלְּמוּנִי רָעָה תַּחַת טוֹבָה שְׁכוֹל לְנַפְשִׁי׃ 13 וַאֲנִי ׀ בַּחֲלוֹתָם לְבוּשִׁי שָׂק עִנֵּיתִי בַצּוֹם נַפְשִׁי וּתְפִלָּתִי עַל־חֵיקִי תָשׁוּב׃ 14 כְּרֵעַ־כְּאָח לִי הִתְהַלָּכְתִּי כַּאֲבֶל־אֵם קֹדֵר שַׁחוֹתִי׃ 15 וּבְצַלְעִי שָׂמְחוּ וְנֶאֱסָפוּ נֶאֶסְפוּ עָלַי נֵכִים וְלֹא יָדַעְתִּי קָרְעוּ וְלֹא־דָמּוּ׃ 16 בְּחַנְפֵי לַעֲגֵי מָעוֹג חָרֹק עָלַי שִׁנֵּימוֹ׃ 17 אֲדֹנָי כַּמָּה תִּרְאֶה הָשִׁיבָה נַפְשִׁי מִשֹּׁאֵיהֶם מִכְּפִירִים יְחִידָתִי׃ 18 אוֹדְךָ בְּקָהָל רָב בְּעַם עָצוּם אֲהַלְלֶךָּ׃ 19 אַל־יִשְׂמְחוּ־לִי אֹיְבַי שֶׁקֶר שֹׂנְאַי חִנָּם יִקְרְצוּ־עָיִן׃ 20 כִּי לֹא שָׁלוֹם יְדַבֵּרוּ וְעַל רִגְעֵי־אֶרֶץ דִּבְרֵי מִרְמוֹת יַחֲשֹׁבוּן׃ 21 וַיַּרְחִיבוּ עָלַי פִּיהֶם אָמְרוּ הֶאָח ׀ הֶאָח רָאֲתָה עֵינֵינוּ׃ 22 רָאִיתָה

O Lord, be not far from me. / [23] Rouse Thee, and awake to my judgment, / Even unto my cause, my God and my Lord. / [24] Judge me, O LORD my God, according to Thy righteousness; / And let them not rejoice over me. / [25] Let them not say in their heart. 'Aha, we have our desire'; / Let them not say: 'We have swallowed him up.' / [26] Let them be ashamed and abashed together that rejoice at my hurt; / Let them be clothed with shame and confusion that magnify themselves against me. / [27] Let them shout for joy, and be glad, that delight in my righteousness, / Yea, let them say continually: 'Magnified be the LORD, / Who delighteth in the peace of His servant.' / [28] And my tongue shall speak of Thy righteousness, / And of Thy praise all the day.

36 For the Leader. [A Psalm] of David the servant of the LORD. / [2] Transgression speaketh to the wicked, methinks— / There is no fear of God before his eyes. / [3] For it flattereth him in his eyes, / Until his iniquity be found, and he be hated. / [4] The words of his mouth are iniquity and deceit; / He hath left off to be wise, to do good. / [5] He deviseth iniquity upon his bed; / He setteth himself in a way that is not good; / He abhorreth not evil. / [6] Thy lovingkindness, O LORD, is in the heavens; / Thy faithfulness reacheth unto the skies. / [7] Thy righteousness is like the mighty mountains; / Thy judgments are like the great deep; / Man and beast Thou preservest, O LORD. / [8] How precious is Thy lovingkindness. O God! / And the children of men take refuge in the shadow of Thy wings. / [9] They are abundantly satisfied with the fatness of Thy house; / And Thou makest them drink of the river of Thy pleasures. / [10] For with Thee is the fountain of life; / In Thy light do we see light. / [11] O continue Thy lovingkindness unto them that know Thee; / And Thy righteousness to the upright in heart. / [12] Let not the foot of pride overtake me, / And let not the hand of the wicked drive me away. / [13] There are the workers of iniquity fallen; / They are thrust down, and are not able to rise.

37 [A Psalm] of David. / א Fret not thyself because of evildoers, / Neither be thou envious against them that work unrighteousness. / [2] For they shall soon wither like the grass, / And fade as the green herb. / ב [3] Trust in the LORD, and do good; / Dwell in

יְהוָה אַל־תֶּחֱרַשׁ אֲדֹנָי אַל־תִּרְחַק מִמֶּנִּי:
23 הָעִירָה וְהָקִיצָה לְמִשְׁפָּטִי אֱלֹהַי וַאדֹנָי
לְרִיבִי: 24 שָׁפְטֵנִי כְצִדְקְךָ יְהוָה אֱלֹהָי
וְאַל־יִשְׂמְחוּ־לִי: 25 אַל־יֹאמְרוּ בְלִבָּם
הֶאָח נַפְשֵׁנוּ אַל־יֹאמְרוּ בִּלַּעֲנוּהוּ: 26 יֵבֹשׁוּ
וְיַחְפְּרוּ | יַחְדָּו שְׂמֵחֵי רָעָתִי יִלְבְּשׁוּ־בֹשֶׁת
וּכְלִמָּה הַמַּגְדִּילִים עָלָי: 27 יָרֹנּוּ וְיִשְׂמְחוּ
חֲפֵצֵי צִדְקִי וְיֹאמְרוּ תָמִיד יִגְדַּל יְהוָה
הֶחָפֵץ שְׁלוֹם עַבְדּוֹ: 28 וּלְשׁוֹנִי תֶּהְגֶּה
צִדְקֶךָ כָּל־הַיּוֹם תְּהִלָּתֶךָ:

36 לַמְנַצֵּחַ | לְעֶבֶד־יְהוָה לְדָוִד: 2 נְאֻם־
פֶּשַׁע לָרָשָׁע בְּקֶרֶב לִבִּי אֵין־פַּחַד אֱלֹהִים
לְנֶגֶד עֵינָיו: 3 כִּי־הֶחֱלִיק אֵלָיו בְּעֵינָיו
לִמְצֹא עֲוֹנוֹ לִשְׂנֹא: 4 דִּבְרֵי־פִיו אָוֶן
וּמִרְמָה חָדַל לְהַשְׂכִּיל לְהֵיטִיב: 5 אָוֶן |
יַחְשֹׁב עַל־מִשְׁכָּבוֹ יִתְיַצֵּב עַל־דֶּרֶךְ לֹא־
טוֹב רָע לֹא יִמְאָס: 6 יְהוָה בְּהַשָּׁמַיִם
חַסְדֶּךָ אֱמוּנָתְךָ עַד־שְׁחָקִים: 7 צִדְקָתְךָ |
כְּהַרְרֵי־אֵל מִשְׁפָּטֶךָ תְּהוֹם רַבָּה אָדָם־
וּבְהֵמָה תוֹשִׁיעַ יְהוָה: 8 מַה־יָּקָר חַסְדְּךָ
אֱלֹהִים וּבְנֵי אָדָם בְּצֵל כְּנָפֶיךָ יֶחֱסָיוּן:
9 יִרְוְיֻן מִדֶּשֶׁן בֵּיתֶךָ וְנַחַל עֲדָנֶיךָ תַשְׁקֵם:
10 כִּי־עִמְּךָ מְקוֹר חַיִּים בְּאוֹרְךָ נִרְאֶה־
אוֹר: 11 מְשֹׁךְ חַסְדְּךָ לְיֹדְעֶיךָ וְצִדְקָתְךָ
לְיִשְׁרֵי־לֵב: 12 אַל־תְּבוֹאֵנִי רֶגֶל גַּאֲוָה וְיַד־
רְשָׁעִים אַל־תְּנִדֵנִי: 13 שָׁם נָפְלוּ פֹּעֲלֵי אָוֶן
דֹּחוּ וְלֹא־יָכְלוּ קוּם:

37 לְדָוִד | אַל־תִּתְחַר בַּמְּרֵעִים אַל־
תְּקַנֵּא בְּעֹשֵׂי עַוְלָה: 2 כִּי כֶחָצִיר מְהֵרָה
יִמָּלוּ וּכְיֶרֶק דֶּשֶׁא יִבּוֹלוּן: 3 בְּטַח בַּיהוָה
וַעֲשֵׂה־טוֹב שְׁכָן־אֶרֶץ וּרְעֵה אֱמוּנָה:

the land, and cherish faithfulness. / [4] So shalt thou delight thyself in the Lord; / And He shall give thee the petitions of thy heart. ג [5] Commit thy way unto the Lord; / Trust also in Him, and He will bring it to pass. / [6] And He will make thy righteousness to go forth as the light, / And thy right as the noonday. / ד [7] Resign thyself unto the Lord, and, wait patiently for Him; / Fret not thyself because of him who prospereth in his way, / Because of the man who bringeth wicked devices to pass. / ה [8] Cease from anger, and forsake wrath; / Fret not thyself, it tendeth only o evil-doing. / [9] For evil-doers shall be cut off, / But those that wait for the Lord, they shall inherit the land. / ו [10] And yet a little while, and the wicked is no more; / Yea, thou shalt look well at his place, and he is not. / [11] But the humble shall inherit the land, / And delight themselves in the abundance of peace. / ז [12] The wicked plotteth against the righteous, / And gnasheth at him with his teeth. / [13] The Lord doth laugh at him; / For He seeth that his day is coming. / ח [14] The wicked have drawn out the sword, and have bent their bow; / To cast down the poor and needy, / To slay such as are upright in the way; / [15] Their sword shall enter into their own heart, / And their bows shall be broken. / ט [16] Better is a little that the righteous hath / Than the abundance of many wicked. / [17] For the arms of the wicked shall be broken; / But the Lord upholdeth the righteous. / י [18] The Lord knoweth the days of them that are whole-hearted; / And their inheritance shall be for ever. / [19] They shall not be ashamed in the time of evil; / And in the days of famine they shall be satisfied. / כ [20] For the wicked shall perish, / And the enemies of the Lord shall be as the fat of lambs— / They shall pass away in smoke, they shall pass away. / ל [21] The wicked borroweth, and payeth not; / But the righteous dealeth graciously, and giveth. / [22] For such as are blessed of Him shall inherit the land; / And they that are cursed of Him shall be cut off. / מ [23] It is of the Lord that a man's goings are established; / And He delighteth in his way. / [24] Though he fall, he shall not be utterly cast down; / For the Lord upholdeth his hand. / נ [25] I have been young, and now am old; / Yet have I not seen the righteous forsaken, / Nor his seed begging bread. / [26] All the day long he dealeth graciously, and lendeth; / And his seed is blessed. / ס [27] Depart from evil, and do good; / And dwell for evermore. / [28] For the Lord loveth justice, / And forsaketh not His saints; / They are preserved for ever; / But the seed of the wicked shall be cut off. / [29] The righteous shall inherit the land, / And dwell therein for ever. /

וְהִתְעַנַּג עַל־יְהֹוָה וְיִתֶּן־לְךָ מִשְׁאֲלֹת 4
לִבֶּךָ: 5 גּוֹל עַל־יְהֹוָה דַּרְכֶּךָ וּבְטַח עָלָיו
וְהוּא יַעֲשֶׂה: 6 וְהוֹצִיא כָאוֹר צִדְקֶךָ
וּמִשְׁפָּטֶךָ כַּצָּהֳרָיִם: 7 דּוֹם | לַיהֹוָה
וְהִתְחוֹלֵל לוֹ אַל־תִּתְחַר בְּמַצְלִיחַ דַּרְכּוֹ
בְּאִישׁ עֹשֶׂה מְזִמּוֹת: 8 הֶרֶף מֵאַף וַעֲזֹב
חֵמָה אַל־תִּתְחַר אַךְ־לְהָרֵעַ: 9 כִּי־מְרֵעִים
יִכָּרֵתוּן וְקֹוֵי יְהֹוָה הֵמָּה יִירְשׁוּ־אָרֶץ:
10 וְעוֹד מְעַט וְאֵין רָשָׁע וְהִתְבּוֹנַנְתָּ עַל־
מְקוֹמוֹ וְאֵינֶנּוּ: 11 וַעֲנָוִים יִירְשׁוּ־אָרֶץ
וְהִתְעַנְּגוּ עַל־רֹב שָׁלוֹם: 12 זֹמֵם רָשָׁע
לַצַּדִּיק וְחֹרֵק עָלָיו שִׁנָּיו: 13 אֲדֹנָי יִשְׂחַק־
לוֹ כִּי־רָאָה כִּי־יָבֹא יוֹמוֹ: 14 חֶרֶב | פָּתְחוּ
רְשָׁעִים וְדָרְכוּ קַשְׁתָּם לְהַפִּיל עָנִי וְאֶבְיוֹן
לִטְבוֹחַ יִשְׁרֵי־דָרֶךְ: 15 חַרְבָּם תָּבוֹא בְלִבָּם
וְקַשְּׁתוֹתָם תִּשָּׁבַרְנָה: 16 טוֹב־מְעַט לַצַּדִּיק
מֵהֲמוֹן רְשָׁעִים רַבִּים: 17 כִּי זְרוֹעוֹת
רְשָׁעִים תִּשָּׁבַרְנָה וְסוֹמֵךְ צַדִּיקִים יְהֹוָה:
18 יוֹדֵעַ יְהֹוָה יְמֵי תְמִימִם וְנַחֲלָתָם
לְעוֹלָם תִּהְיֶה: 19 לֹא־יֵבֹשׁוּ בְּעֵת רָעָה
וּבִימֵי רְעָבוֹן יִשְׂבָּעוּ: 20 כִּי רְשָׁעִים |
יֹאבֵדוּ וְאֹיְבֵי יְהֹוָה כִּיקַר כָּרִים כָּלוּ בֶעָשָׁן
כָּלוּ: 21 לֹוֶה רָשָׁע וְלֹא יְשַׁלֵּם וְצַדִּיק חוֹנֵן
וְנוֹתֵן: 22 כִּי מְבֹרָכָיו יִירְשׁוּ אָרֶץ וּמְקֻלָּלָיו
יִכָּרֵתוּ: 23 מֵיְהֹוָה מִצְעֲדֵי־גֶבֶר כּוֹנָנוּ
וְדַרְכּוֹ יֶחְפָּץ: 24 כִּי־יִפֹּל לֹא־יוּטָל כִּי־
יְהֹוָה סוֹמֵךְ יָדוֹ: 25 נַעַר | הָיִיתִי גַּם־זָקַנְתִּי
וְלֹא־רָאִיתִי צַדִּיק נֶעֱזָב וְזַרְעוֹ מְבַקֶּשׁ־
לָחֶם: 26 כָּל־הַיּוֹם חוֹנֵן וּמַלְוֶה וְזַרְעוֹ
לִבְרָכָה: 27 סוּר מֵרָע וַעֲשֵׂה־טוֹב וּשְׁכֹן
לְעוֹלָם: 28 כִּי יְהֹוָה | אֹהֵב מִשְׁפָּט וְלֹא־
יַעֲזֹב אֶת־חֲסִידָיו לְעוֹלָם נִשְׁמָרוּ וְזֶרַע
רְשָׁעִים נִכְרָת: 29 צַדִּיקִים יִירְשׁוּ־אָרֶ

פ [30] The mouth of the righteous ut-tereth wisdom, / And his tongue speaketh justice. / [31] The law of his God is in his heart, / None of his steps slide. / ע [32] The wicked watcheth the righteous, / And seeketh to slay him. / [33] The LORD will not leave him in his hand, / Nor suffer him to be condemned when he is judged. / ק [34] Wait for the LORD, and keep His way, / And He will exalt thee to inherit the land; / When the wicked are cut off, thou shalt see it. / ר [35] I have seen the wicked in great power, / And spreading himself like a leafy tree in its native soil. / [36] But one passed by, and, lo, he was not; / Yea, I sought him, but he could not be found. / ש [37] Mark the man of integrity, and behold the upright; / For there is a future for the man of peace. / [38] But transgressors shall be destroyed together; / The future of the wicked shall be cut off. / ת [39] But the salvation of the righteous is of the LORD; / He is their stronghold in the time of trouble. / [40] And the LORD helpeth them, and delivereth them; / He delivereth them from the wicked, and saveth them, / Because they have taken refuge in Him.

38 A Psalm of David, to make memorial. / [2] O LORD, rebuke me not in Thine anger; / Neither chasten me in Thy wrath. / [3] For Thine arrows are gone deep into me, / And Thy hand is come down upon me / [4] There is no soundness in my flesh because of Thine indignation; / Neither is there any health in my bones because of my sin. / [5] For mine iniquities are gone over my head; / As a heavy burden they are too heavy for me. / [6] My wounds are noisome, they fester, / Because of my foolishness. / [7] I am bent and bowed down greatly; / I go mourning all the day. / [8] For my loins are filled with burning; / And there is no soundness in my flesh. / [9] I am benumbed and sore crushed, / I groan by reason of the moaning of my heart. / [10] Lord, all my desire is before Thee; / And my sighing is not hid from Thee. / [11] My heart fluttereth, my strength faileth me; / As for the light of mine eyes, it also is gone from me. / [12] My friends and my companions stand aloof from my plague; / And my kinsmen stand afar off. / [13] They also that seek after my life lay snares for me; / And they that seek my hurt speak crafty devices. / And utter deceits all the day. /

30 כִּי־צַדִּיק יֶהְגֶּה וִישְׁכְּנוּ לָעַד עָלֶיהָ: 31 תּוֹרַת חָכְמָה וּלְשׁוֹנוֹ תְּדַבֵּר מִשְׁפָּט: אֱלֹהָיו בְּלִבּוֹ לֹא תִמְעַד אֲשֻׁרָיו: 32 צוֹפֶה רָשָׁע לַצַּדִּיק וּמְבַקֵּשׁ לַהֲמִיתוֹ: 33 יְהוָה לֹא־יַעַזְבֶנּוּ בְיָדוֹ וְלֹא יַרְשִׁיעֶנּוּ בְּהִשָּׁפְטוֹ: 34 קַוֵּה אֶל־יְהוָה | וּשְׁמֹר דַּרְכּוֹ וִירוֹמִמְךָ לָרֶשֶׁת אָרֶץ בְּהִכָּרֵת רְשָׁעִים תִּרְאֶה: 35 רָאִיתִי רָשָׁע עָרִיץ וּמִתְעָרֶה כְּאֶזְרָח רַעֲנָן: 36 וַיַּעֲבֹר וְהִנֵּה אֵינֶנּוּ וָאֲבַקְשֵׁהוּ וְלֹא נִמְצָא: 37 שְׁמָר־תָּם וּרְאֵה יָשָׁר כִּי־אַחֲרִית לְאִישׁ שָׁלוֹם: 38 וּפֹשְׁעִים נִשְׁמְדוּ יַחְדָּו אַחֲרִית רְשָׁעִים נִכְרָתָה: 39 וּתְשׁוּעַת צַדִּיקִים מֵיהוָה מָעוּזָּם בְּעֵת צָרָה: 40 וַיַּעְזְרֵם יְהוָה וַיְפַלְּטֵם יְפַלְּטֵם מֵרְשָׁעִים וְיוֹשִׁיעֵם כִּי־חָסוּ בוֹ:

38 מִזְמוֹר לְדָוִד לְהַזְכִּיר: 2 יְהוָה אַל־בְּקֶצְפְּךָ תוֹכִיחֵנִי וּבַחֲמָתְךָ תְיַסְּרֵנִי: 3 כִּי־חִצֶּיךָ נִחֲתוּ בִי וַתִּנְחַת עָלַי יָדֶךָ: 4 אֵין־מְתֹם בִּבְשָׂרִי מִפְּנֵי זַעְמֶךָ אֵין־שָׁלוֹם בַּעֲצָמַי מִפְּנֵי חַטָּאתִי: 5 כִּי עֲוֹנֹתַי עָבְרוּ רֹאשִׁי כְּמַשָּׂא כָבֵד יִכְבְּדוּ מִמֶּנִּי: 6 הִבְאִישׁוּ נָמַקּוּ חַבּוּרֹתָי מִפְּנֵי אִוַּלְתִּי: 7 נַעֲוֵיתִי שַׁחֹתִי עַד־מְאֹד כָּל־הַיּוֹם קֹדֵר הִלָּכְתִּי: 8 כִּי־כְסָלַי מָלְאוּ נִקְלֶה וְאֵין מְתֹם בִּבְשָׂרִי: 9 נְפוּגוֹתִי וְנִדְכֵּיתִי עַד־מְאֹד שָׁאַגְתִּי מִנַּהֲמַת לִבִּי: 10 אֲדֹנָי נֶגְדְּךָ כָל־תַּאֲוָתִי וְאַנְחָתִי מִמְּךָ לֹא־נִסְתָּרָה: 11 לִבִּי סְחַרְחַר עֲזָבַנִי כֹחִי וְאוֹר־עֵינַי גַּם־הֵם אֵין אִתִּי: 12 אֹהֲבַי | וְרֵעַי מִנֶּגֶד נִגְעִי יַעֲמֹדוּ וּקְרוֹבַי מֵרָחֹק עָמָדוּ: 13 וַיְנַקְשׁוּ | מְבַקְשֵׁי נַפְשִׁי וְדֹרְשֵׁי רָעָתִי דִּבְּרוּ הַוּוֹת וּמִרְמוֹת כָּל־הַיּוֹם יֶהְגּוּ:

[14] But I am as a deaf man, I hear not; / And I am as a dumb man that open-eth not his mouth. / [15] Yea, I am become as a man that heareth not, / And in whose mouth are no arguments. / [16] For in Thee, O LORD, do I hope; / Thou wilt answer, O Lord my God. / [17] For I said: 'Lest they rejoice over me; / When my foot slippeth, they magnify themselves against me.' / [18] For I am ready to halt, / And my pain is continually before me. / [19] For I do declare mine iniquity; / I am full of care because of my sin. / [20] But mine enemies are strong in health; / And they that hate me wrongfully are multiplied. / [21] They also that repay evil for good / Are adversaries unto me, because I follow the thing that is good. / [22] Forsake me not, O LORD; / O my God, be not far from me. / [23] Make haste to help me, / O Lord, my salvation.

39 For the Leader, for Jeduthun. / A Psalm of David. / [2] I said: 'I will take heed to my ways, / That I sin not with my tongue; / I will keep a curb upon my mouth, / While the wicked is before me.' / [3] I was dumb with silence, I held my peace, had no comfort; / And my pain was held in check. / [4] My heart waxed hot within me; / While I was musing, the fire kindled; / Then spoke I with my tongue: / [5] 'LORD, make me to know mine end, / And the measure of my days, what it is; / Let me know how short-lived I am. / [6] Behold, Thou hast made my days as hand-breadths; / And mine age is as nothing before Thee; / Surely every man at his best estate is altogether vanity. Selah / [7] Surely man walketh as a mere semblance; / Surely for vanity they are in turmoil; / He heapeth up riches, and knoweth not who shall gather them. / [8] And now, Lord, what wait I for? / My hope, it is in Thee. / [9] Deliver me from all my transgressions; / Make me not the reproach of the base. / [10] I am dumb, I open not my mouth; / Because Thou hast done it. / [11] Remove Thy stroke from off me; / I am consumed by the blow of Thy hand. / [12] With rebukes dost Thou chasten man for iniquity, / And like a moth Thou makest his beauty to consume away; / Surely every man is vanity. Selah / [13] Hear my prayer, O LORD, and give ear unto my cry; / Keep not silence at my tears; / For I am a stranger with Thee, / A

14 וַאֲנִי כְחֵרֵשׁ לֹא אֶשְׁמָע וּכְאִלֵּם לֹא יִפְתַּח־פִּיו: 15 וָאֱהִי כְּאִישׁ אֲשֶׁר לֹא־שֹׁמֵעַ וְאֵין בְּפִיו תּוֹכָחוֹת: 16 כִּי־לְךָ יְהוָה הוֹחָלְתִּי אַתָּה תַעֲנֶה אֲדֹנָי אֱלֹהָי: 17 כִּי־אָמַרְתִּי פֶּן־יִשְׂמְחוּ־לִי בְּמוֹט רַגְלִי עָלַי הִגְדִּילוּ: 18 כִּי־אֲנִי לְצֶלַע נָכוֹן וּמַכְאוֹבִי נֶגְדִּי תָמִיד: 19 כִּי־עֲוֹנִי אַגִּיד אֶדְאַג מֵחַטָּאתִי: 20 וְאֹיְבַי חַיִּים עָצֵמוּ וְרַבּוּ שֹׂנְאַי שָׁקֶר: 21 וּמְשַׁלְּמֵי רָעָה תַּחַת טוֹבָה יִשְׂטְנוּנִי תַּחַת רדופי רָדְפִי־טוֹב: 22 אַל־תַּעַזְבֵנִי יְהוָה אֱלֹהַי אַל־תִּרְחַק מִמֶּנִּי: 23 חוּשָׁה לְעֶזְרָתִי אֲדֹנָי תְּשׁוּעָתִי:

39 לַמְנַצֵּחַ לידיתון לִידוּתוּן מִזְמוֹר לְדָוִד: 2 אָמַרְתִּי אֶשְׁמְרָה דְרָכַי מֵחֲטוֹא בִלְשׁוֹנִי אֶשְׁמְרָה לְפִי מַחְסוֹם בְּעֹד רָשָׁע לְנֶגְדִּי: 3 נֶאֱלַמְתִּי דוּמִיָּה הֶחֱשֵׁיתִי מִטּוֹב וּכְאֵבִי נֶעְכָּר: 4 חַם־לִבִּי בְּקִרְבִּי בַּהֲגִיגִי תִבְעַר־אֵשׁ דִּבַּרְתִּי בִּלְשׁוֹנִי: 5 הוֹדִיעֵנִי יְהוָה קִצִּי וּמִדַּת יָמַי מַה־הִיא אֵדְעָה מֶה־חָדֵל אָנִי: 6 הִנֵּה טְפָחוֹת נָתַתָּה יָמַי וְחֶלְדִּי כְאַיִן נֶגְדֶּךָ אַךְ כָּל־הֶבֶל כָּל־אָדָם נִצָּב סֶלָה: 7 אַךְ־בְּצֶלֶם יִתְהַלֶּךְ־אִישׁ אַךְ־הֶבֶל יֶהֱמָיוּן יִצְבֹּר וְלֹא־יֵדַע מִי־אֹסְפָם: 8 וְעַתָּה מַה־קִּוִּיתִי אֲדֹנָי תּוֹחַלְתִּי לְךָ הִיא: 9 מִכָּל־פְּשָׁעַי הַצִּילֵנִי חֶרְפַּת נָבָל אַל־תְּשִׂימֵנִי: 10 נֶאֱלַמְתִּי לֹא אֶפְתַּח־פִּי כִּי אַתָּה עָשִׂיתָ: 11 הָסֵר מֵעָלַי נִגְעֶךָ מִתִּגְרַת יָדְךָ אֲנִי כָלִיתִי: 12 בְּתוֹכָחוֹת עַל־עָוֹן יִסַּרְתָּ אִישׁ וַתֶּמֶס כָּעָשׁ חֲמוּדוֹ אַךְ הֶבֶל כָּל־אָדָם סֶלָה: 13 שִׁמְעָה־תְפִלָּתִי יְהוָה וְשַׁוְעָתִי הַאֲזִינָה אֶל־דִּמְעָתִי אַל־תֶּחֱרַשׁ כִּי גֵר

sojourner, as all my fathers were. / [14] Look away from me, that I may take comfort, / Before I go hence, and be no more.'

40 For the Leader. A Psalm of David. / [2] I waited patiently for the LORD; / And He inclined unto me, and heard my cry. / [3] He brought me up also out of the tumultuous pit, out of the miry clay; / And He set my feet upon a rock, He established my goings. / [4] And He hath put a new song in my mouth, even praise unto our God, / Many shall see, and fear, / And shall trust in the LORD. / [5] Happy is the man that hath made the LORD his trust, / And hath not turned unto the arrogant, nor unto such as fall away treacherously. / [6] Many things hast Thou done, O LORD my God, / Even Thy wondrous works, and Thy thoughts toward us; / There is none to be compared unto Thee! / If I would declare and speak of them, / They are more than can be told / [7] Sacrifice and meal-offering Thou hast no delight in; / Mine ears hast Thou opened; / Burnt-offering and sin-offering hast Thou not required. / [8] Then said I: 'Lo, I am come / With the roll of a book which is prescribed for me; / [9] I delight to do Thy will, O my God; / Yea, Thy law is in my inmost parts.' / [10] I have preached righteousness in the great congregation, / Lo, I did not refrain my lips; / O LORD, Thou knowest. / [11] I have not hid Thy righteousness within my heart; / I have declared Thy faithfulness and Thy salvation, / I have not concealed Thy mercy and Thy truth from the great congregation. / [12] Thou, O LORD, wilt not withhold Thy compassions from me; / Let Thy mercy and Thy truth continually preserve me. / [13] For innumerable evils have compassed me about, / Mine iniquities have overtaken me, so that I am not able to look up; / They are more than the hairs of my head, and my heart hath failed me. / [14] Be pleased, O LORD, to deliver me; / O LORD, make haste to help me / [15] Let them be ashamed and abashed together / That seek after my soul to sweep it away; / Let them be turned backward and brought to confusion / That delight in my hurt. / [16] Let them be appalled by reason of their shame / That say unto me: 'Aha, aha.' / [17] Let all those that seek Thee rejoice and be glad in Thee; / Let such as love Thy salvation say continually: / 'The LORD be magnified.' / [18] But, as for me, that am poor

אָנֹכִי עִמָּךְ תּוֹשָׁב כְּכָל־אֲבוֹתָי: 14 הָשַׁע מִמֶּנִּי וְאַבְלִיגָה בְּטֶרֶם אֵלֵךְ וְאֵינֶנִּי:

40 לַמְנַצֵּחַ לְדָוִד מִזְמוֹר: 2 קַוֹּה קִוִּיתִי יְהוָה וַיֵּט אֵלַי וַיִּשְׁמַע שַׁוְעָתִי: 3 וַיַּעֲלֵנִי מִבּוֹר שָׁאוֹן מִטִּיט הַיָּוֵן וַיָּקֶם עַל־סֶלַע רַגְלַי כּוֹנֵן אֲשֻׁרָי: 4 וַיִּתֵּן בְּפִי שִׁיר חָדָשׁ תְּהִלָּה לֵאלֹהֵינוּ יִרְאוּ רַבִּים וְיִירָאוּ וְיִבְטְחוּ בַּיהוָה: 5 אַשְׁרֵי הַגֶּבֶר אֲשֶׁר־שָׂם יְהוָה מִבְטַחוֹ וְלֹא־פָנָה אֶל־רְהָבִים וְשָׂטֵי כָזָב: 6 רַבּוֹת עָשִׂיתָ אַתָּה יְהוָה אֱלֹהַי נִפְלְאֹתֶיךָ וּמַחְשְׁבֹתֶיךָ אֵלֵינוּ אֵין עֲרֹךְ אֵלֶיךָ אַגִּידָה וַאֲדַבֵּרָה עָצְמוּ מִסַּפֵּר: 7 זֶבַח וּמִנְחָה לֹא־חָפַצְתָּ אָזְנַיִם כָּרִיתָ לִּי עוֹלָה וַחֲטָאָה לֹא שָׁאָלְתָּ: 8 אָז אָמַרְתִּי הִנֵּה־בָאתִי בִּמְגִלַּת־סֵפֶר כָּתוּב עָלָי: 9 לַעֲשׂוֹת־רְצוֹנְךָ אֱלֹהַי חָפָצְתִּי וְתוֹרָתְךָ בְּתוֹךְ מֵעָי: 10 בִּשַּׂרְתִּי צֶדֶק בְּקָהָל רָב הִנֵּה שְׂפָתַי לֹא אֶכְלָא יְהוָה אַתָּה יָדָעְתָּ: 11 צִדְקָתְךָ לֹא־כִסִּיתִי בְּתוֹךְ לִבִּי אֱמוּנָתְךָ וּתְשׁוּעָתְךָ אָמָרְתִּי לֹא־כִחַדְתִּי חַסְדְּךָ וַאֲמִתְּךָ לְקָהָל רָב: 12 אַתָּה יְהוָה לֹא־תִכְלָא רַחֲמֶיךָ מִמֶּנִּי חַסְדְּךָ וַאֲמִתְּךָ תָּמִיד יִצְּרוּנִי: 13 כִּי אָפְפוּ־עָלַי רָעוֹת עַד־אֵין מִסְפָּר הִשִּׂיגוּנִי עֲוֹנֹתַי וְלֹא־יָכֹלְתִּי לִרְאוֹת עָצְמוּ מִשַּׂעֲרוֹת רֹאשִׁי וְלִבִּי עֲזָבָנִי: 14 רְצֵה יְהוָה לְהַצִּילֵנִי יְהוָה לְעֶזְרָתִי חוּשָׁה: 15 יֵבֹשׁוּ וְיַחְפְּרוּ יַחַד מְבַקְשֵׁי נַפְשִׁי לִסְפּוֹתָהּ יִסֹּגוּ אָחוֹר וְיִכָּלְמוּ חֲפֵצֵי רָעָתִי: 16 יָשֹׁמּוּ עַל־עֵקֶב בָּשְׁתָּם הָאֹמְרִים לִי הֶאָח הֶאָח: 17 יָשִׂישׂוּ וְיִשְׂמְחוּ בְּךָ כָּל־מְבַקְשֶׁיךָ יֹאמְרוּ תָמִיד יִגְדַּל יְהוָה אֹהֲבֵי תְּשׁוּעָתֶךָ: 18 וַאֲנִי עָנִי וְאֶבְיוֹן

and needy, / The Lord will account it unto me; / Thou art my help and my deliverer; / O my God, tarry not.

41 For the Leader. A Psalm of David. / [2] Happy is he that considereth the poor; / The LORD will deliver him in the day of evil. / [3] The LORD preserve him, and keep him alive, let him be called happy in the land; / And deliver not Thou him unto the greed of his enemies. / [4] The LORD support him upon the bed of illness; / Mayest Thou turn all his lying down in his sickness. / [5] As for me, I said: 'O LORD, be gracious unto me; / Heal my soul; for I have sinned against Thee.' / [6] Mine enemies speak evil of me: / 'When shall he die, and his name perish?' / [7] And if one come to see me, he speaketh falsehood, / His heart gathereth iniquity to itself; / When he goeth abroad, he speaketh of it / [8] All that hate me whisper together against me, / Against me do they devise my hurt / [9] 'An evil thing cleaveth fast unto him; / And now that he lieth, he shall rise up no more.' / [10] Yea, mine own familiar friend, in whom I trusted, who did eat of my bread, / Hath lifted up his heel against me. / [11] But Thou, O LORD, be gracious unto me, and raise me up, / That I may requite them. / [12] By this I know that Thou delightest in me, / That mine enemy doth not triumph over me. / [13] And as for me, Thou upholdest me because of mine integrity, / And settest me before Thy face for ever / [14] Blessed be the LORD, the God of Israel, / From everlasting and to everlasting. / Amen, and Amen.

BOOK II

42 For the Leader; Maschil of the sons of Korah. / [2] As the hart panteth after the water brooks, / So panteth my soul after Thee, O God. / [3] My soul thirsteth for God, for the living God: / 'When shall I come and appear before God?' / [4] My tears have been my food day and night, / While they say unto me all the day: 'Where is thy God?' / [5] These things I remember, and pour out my soul within me, / How I passed on with the throng, and led them to the house of God, / With the voice of joy and praise, a multitude keeping holyday. / [6] Why art thou cast down, O my soul? / And why moanest thou within me? / Hope thou in

אֲדֹנָי יַחֲשָׁב לִי עֶזְרָתִי וּמְפַלְטִי אַתָּה אֱלֹהַי אַל־תְּאַחַר:

41 לַמְנַצֵּחַ מִזְמוֹר לְדָוִד: 2 אַשְׁרֵי מַשְׂכִּיל אֶל־דָּל בְּיוֹם רָעָה יְמַלְּטֵהוּ יְהוָה | 3 יְהוָה | יִשְׁמְרֵהוּ וִיחַיֵּהוּ יֻאֻשַּׁר בָּאָרֶץ וְאַל־תִּתְּנֵהוּ בְּנֶפֶשׁ אֹיְבָיו: 4 יְהוָה יִסְעָדֶנּוּ עַל־עֶרֶשׂ דְּוָי כָּל־מִשְׁכָּבוֹ הָפַכְתָּ בְחָלְיוֹ: 5 אֲנִי־אָמַרְתִּי יְהוָה חָנֵּנִי רְפָאָה נַפְשִׁי כִּי־חָטָאתִי לָךְ: 6 אוֹיְבַי יֹאמְרוּ רַע לִי מָתַי יָמוּת וְאָבַד שְׁמוֹ: 7 וְאִם־בָּא לִרְאוֹת שָׁוְא יְדַבֵּר לִבּוֹ יִקְבָּץ־אָוֶן לוֹ יֵצֵא לַחוּץ יְדַבֵּר: 8 יַחַד עָלַי יִתְלַחֲשׁוּ כָּל־שֹׂנְאָי עָלַי יַחְשְׁבוּ רָעָה לִי: 9 דְּבַר־בְּלִיַּעַל יָצוּק בּוֹ וַאֲשֶׁר שָׁכַב לֹא־יוֹסִיף לָקוּם: 10 גַּם־אִישׁ שְׁלוֹמִי | אֲשֶׁר־בָּטַחְתִּי בוֹ אוֹכֵל לַחְמִי הִגְדִּיל עָלַי עָקֵב: 11 וְאַתָּה יְהוָה חָנֵּנִי וַהֲקִימֵנִי וַאֲשַׁלְּמָה לָהֶם: 12 בְּזֹאת יָדַעְתִּי כִּי־חָפַצְתָּ בִּי כִּי לֹא־יָרִיעַ אֹיְבִי עָלָי: 13 וַאֲנִי בְּתֻמִּי תָּמַכְתָּ בִּי וַתַּצִּיבֵנִי לְפָנֶיךָ לְעוֹלָם: 14 בָּרוּךְ יְהוָה | אֱלֹהֵי יִשְׂרָאֵל מֵהָעוֹלָם וְעַד הָעוֹלָם אָמֵן | וְאָמֵן:

ספר שני

42 לַמְנַצֵּחַ מַשְׂכִּיל לִבְנֵי־קֹרַח: 2 כְּאַיָּל תַּעֲרֹג עַל־אֲפִיקֵי־מָיִם כֵּן נַפְשִׁי תַעֲרֹג אֵלֶיךָ אֱלֹהִים: 3 צָמְאָה נַפְשִׁי | לֵאלֹהִים לְאֵל חָי מָתַי אָבוֹא וְאֵרָאֶה פְּנֵי אֱלֹהִים: 4 הָיְתָה־לִּי דִמְעָתִי לֶחֶם יוֹמָם וָלָיְלָה בֶּאֱמֹר אֵלַי כָּל־הַיּוֹם אַיֵּה אֱלֹהֶיךָ: 5 אֵלֶּה אֶזְכְּרָה | וְאֶשְׁפְּכָה עָלַי | נַפְשִׁי כִּי אֶעֱבֹר | בַּסָּךְ אֶדַּדֵּם עַד־בֵּית אֱלֹהִים בְּקוֹל־רִנָּה וְתוֹדָה הָמוֹן חוֹגֵג: 6 מַה־תִּשְׁתּוֹחֲחִי |

God; for I shall yet praise Him / For the salvation of His countenance. / [7] O my God, my soul is cast down within me; / Therefore do I remember Thee from the land of Jordan, / And the Hermons, from the hill Mizar. / [8] Deep calleth unto deep at the voice of Thy cataracts; / All Thy waves and Thy billows are gone over me. / [9] By day the LORD will command His lovingkindness, / And in the night His song shall be with me, / Even a prayer unto the God of my life. / [10] I will say unto God my Rock: 'Why hast Thou forgotten me? / Why go I mourning under the oppression of the enemy?' / [11] As with a crushing in my bones, mine adversaries taunt me; / While they say unto me all the day: 'Where is thy God?' / [12] Why art thou cast down, O my soul? / And why moanest thou within me? / Hope thou in God; for I shall yet praise Him, / The salvation of my countenance, and my God.

43 Be Thou my judge, O God, and plead my cause against an ungodly nation; / O deliver me from the deceitful and unjust man. / [2] For Thou art the God of my strength; why hast Thou cast me off? / Why go I mourning under the oppression of the enemy? / [3] O send out Thy light and Thy truth; let them lead me; / Let them bring me unto Thy holy mountain, and to Thy dwelling-place; / [4] Then will I go unto the altar of God, unto God, my exceeding joy; / And praise Thee upon the harp, O God, my God. / [5] Why art thou cast down, O my soul? / And why moanest thou within me? / Hope thou in God; for I shall yet praise Him, / The salvation of my countenanc, and my God.

44 For the Leader; [a Psalm] of the sons of Korah. Maschil. / [2] O God, we have heard with our ears, our fathers have told us; / A work Thou didst in their days, in the days of old. / [3] Thou with Thy hand didst drive out the nations, and didst plant them in; / Thou didst break the peoples, and didst spread them abroad. / [4] For not by their own sword did they get the land in possession, / Neither did their own arm save them; / But Thy right hand, and Thine

נַפְשִׁי וַתֶּהֱמִי עָלָי הוֹחִילִי לֵאלֹהִים כִּי־
עוֹד אוֹדֶנּוּ יְשׁוּעֹת פָּנָיו: 7 אֱלֹהַי עָלַי
נַפְשִׁי תִשְׁתּוֹחָח עַל־כֵּן אֶזְכָּרְךָ מֵאֶרֶץ
יַרְדֵּן וְחֶרְמוֹנִים מֵהַר מִצְעָר: 8 תְּהוֹם־
אֶל־תְּהוֹם קוֹרֵא לְקוֹל צִנּוֹרֶיךָ כָּל־
מִשְׁבָּרֶיךָ וְגַלֶּיךָ עָלַי עָבָרוּ: 9 יוֹמָם יְצַוֶּה
יְהוָה חַסְדּוֹ וּבַלַּיְלָה שִׁירֹה עִמִּי
תְּפִלָּה לְאֵל חַיָּי: 10 אוֹמְרָה לְאֵל סַלְעִי
לָמָה שְׁכַחְתָּנִי לָמָּה־קֹדֵר אֵלֵךְ בְּלַחַץ
אוֹיֵב: 11 בְּרֶצַח בְּעַצְמוֹתַי חֵרְפוּנִי צוֹרְרָי
בְּאָמְרָם אֵלַי כָּל־הַיּוֹם אַיֵּה אֱלֹהֶיךָ:
12 מַה־תִּשְׁתּוֹחֲחִי נַפְשִׁי וּמַה־תֶּהֱמִי עָלָי
הוֹחִילִי לֵאלֹהִים כִּי־עוֹד אוֹדֶנּוּ יְשׁוּעֹת
פָּנַי וֵאלֹהָי:

43 שָׁפְטֵנִי אֱלֹהִים וְרִיבָה רִיבִי מִגּוֹי
לֹא־חָסִיד מֵאִישׁ־מִרְמָה וְעַוְלָה תְפַלְּטֵנִי:
2 כִּי־אַתָּה אֱלֹהֵי מָעוּזִּי לָמָה זְנַחְתָּנִי
לָמָּה־קֹדֵר אֶתְהַלֵּךְ בְּלַחַץ אוֹיֵב: 3 שְׁלַח־
אוֹרְךָ וַאֲמִתְּךָ הֵמָּה יַנְחוּנִי יְבִיאוּנִי אֶל־
הַר־קָדְשְׁךָ וְאֶל־מִשְׁכְּנוֹתֶיךָ: 4 וְאָבוֹאָה
אֶל־מִזְבַּח אֱלֹהִים אֶל־אֵל שִׂמְחַת גִּילִי
וְאוֹדְךָ בְכִנּוֹר אֱלֹהִים אֱלֹהָי:
5 מַה־תִּשְׁתּוֹחֲחִי נַפְשִׁי וּמַה־תֶּהֱמִי עָלָי
הוֹחִילִי לֵאלֹהִים כִּי־עוֹד אוֹדֶנּוּ יְשׁוּעֹת
פָּנַי וֵאלֹהָי:

44 לַמְנַצֵּחַ לִבְנֵי־קֹרַח מַשְׂכִּיל:
2 אֱלֹהִים בְּאָזְנֵינוּ שָׁמַעְנוּ אֲבוֹתֵינוּ
סִפְּרוּ־לָנוּ פֹּעַל פָּעַלְתָּ בִימֵיהֶם בִּימֵי
קֶדֶם: 3 אַתָּה יָדְךָ גּוֹיִם הוֹרַשְׁתָּ וַתִּטָּעֵם
תָּרַע לְאֻמִּים וַתְּשַׁלְּחֵם: 4 כִּי לֹא בְחַרְבָּם
יָרְשׁוּ אָרֶץ וּזְרוֹעָם לֹא־הוֹשִׁיעָה לָּמוֹ

arm, and the light of Thy countenance, / Because Thou wast favourable unto them. / [5] Thou art my King, O God; / Command the salvation of Jacob. / [6] Through Thee do we push down our adversaries; / Through Thy name do we tread them under that rise up against us. / [7] For I trust not in my bow, / Neither can my sword save me / [8] But Thou hast saved us from our adversaries, / And hast put them to shame that hate us. / [9] In God have we gloried all the day, / And we will give thanks unto Thy name for ever. Selah / [10] Yet Thou hast cast off, and brought us to confusion; / And goest not forth with our hosts / [11] Thou makest us to turn back from the adversary; / And they that hate us spoil at their will. / [12] Thou hast given us like sheep to be eaten; / And hast scattered us among the nations. / [13] Thou sellest Thy people for small gain, / And hast not set their prices high. / [14] Thou makest us a taunt to our neighbours, / A scorn and a derision to them that are round about us. / [15] Thou makest us a byword among the nations, / A shaking of the head among the peoples. / [16] All the day is my confusion before me, / And the shame of my face hath covered me, / [17] For the voice of him that taunteth and blasphemeth; / By reason of the enemy and the revengeful. / [18] All this is come upon us; yet have we not forgotten Thee, / Neither have we been false to Thy covenant. / [19] Our heart is not turned back, / Neither have our steps declined from Thy path; / [20] Though Thou hast crushed us into a place of jackals, / And covered us with the shadow of death. / [21] If we had forgotten the name of our God, / Or spread forth our hands to a strange god; / [22] Would not God search this out? / For He knoweth the secrets of the heart. / [23] Nay, but for Thy sake are we killed all the day; / We are accounted as sheep for the slaughter. / [24] Awake, why sleepest Thou, O Lord? / Arouse Thyself, cast not off for ever. / [25] Wherefore hidest Thou Thy face, / And forgettest our affliction and our oppression? / [26] For our soul is bowed down to the dust; / Our belly cleaveth unto the earth. / [27] Arise for our help, / And redeem us for Thy mercy's sake.

45 For the Leader; upon Shoshan-nim; [a Psalm] of the sons of Korah. Maschil. A Song of loves. / [2] My heart overfloweth with a goodly matter; / I say: 'My work is concerning a

כִּי־יְמִינְךָ וּזְרוֹעֲךָ וְאוֹר פָּנֶיךָ כִּי רְצִיתָם:
5 אַתָּה־הוּא מַלְכִּי אֱלֹהִים צַוֵּה יְשׁוּעוֹת
יַעֲקֹב: 6 בְּךָ צָרֵינוּ נְנַגֵּחַ בְּשִׁמְךָ נָבוּס
קָמֵינוּ: 7 כִּי לֹא בְקַשְׁתִּי אֶבְטָח וְחַרְבִּי
לֹא תוֹשִׁיעֵנִי: 8 כִּי הוֹשַׁעְתָּנוּ מִצָּרֵינוּ
וּמְשַׂנְאֵינוּ הֱבִישׁוֹתָ: 9 בֵּאלֹהִים הִלַּלְנוּ
כָל־הַיּוֹם וְשִׁמְךָ | לְעוֹלָם נוֹדֶה סֶלָה:
10 אַף־זָנַחְתָּ וַתַּכְלִימֵנוּ וְלֹא־תֵצֵא
בְּצִבְאוֹתֵינוּ: 11 תְּשִׁיבֵנוּ אָחוֹר מִנִּי־צָר
וּמְשַׂנְאֵינוּ שָׁסוּ לָמוֹ: 12 תִּתְּנֵנוּ כְּצֹאן
מַאֲכָל וּבַגּוֹיִם זֵרִיתָנוּ: 13 תִּמְכֹּר־עַמְּךָ
בְלֹא־הוֹן וְלֹא־רִבִּיתָ בִּמְחִירֵיהֶם:
14 תְּשִׂימֵנוּ חֶרְפָּה לִשְׁכֵנֵינוּ לַעַג וָקֶלֶס
לִסְבִיבוֹתֵינוּ: 15 תְּשִׂימֵנוּ מָשָׁל בַּגּוֹיִם
מְנוֹד־רֹאשׁ בַּל־אֻמִּים: 16 כָל־הַיּוֹם
כְּלִמָּתִי נֶגְדִּי וּבֹשֶׁת פָּנַי כִּסָּתְנִי: 17 מִקּוֹל
מְחָרֵף וּמְגַדֵּף מִפְּנֵי אוֹיֵב וּמִתְנַקֵּם: 18 כָּל־
זֹאת בָּאַתְנוּ וְלֹא שְׁכַחֲנוּךָ וְלֹא־שִׁקַּרְנוּ
בִּבְרִיתֶךָ: 19 לֹא־נָסוֹג אָחוֹר לִבֵּנוּ וַתֵּט
אֲשֻׁרֵינוּ מִנִּי אָרְחֶךָ: 20 כִּי דִכִּיתָנוּ בִּמְקוֹם
תַּנִּים וַתְּכַס עָלֵינוּ בְצַלְמָוֶת: 21 אִם־
שָׁכַחְנוּ שֵׁם אֱלֹהֵינוּ וַנִּפְרֹשׂ כַּפֵּינוּ לְאֵל
זָר: 22 הֲלֹא אֱלֹהִים יַחֲקָר־זֹאת כִּי־הוּא
יֹדֵעַ תַּעֲלֻמוֹת לֵב: 23 כִּי־עָלֶיךָ הֹרַגְנוּ
כָל־הַיּוֹם נֶחְשַׁבְנוּ כְּצֹאן טִבְחָה: 24 עוּרָה |
לָמָּה תִישַׁן | אֲדֹנָי הָקִיצָה אַל־תִּזְנַח
לָנֶצַח: 25 לָמָּה־פָנֶיךָ תַסְתִּיר תִּשְׁכַּח עָנְיֵנוּ
וְלַחֲצֵנוּ: 26 כִּי שָׁחָה לֶעָפָר נַפְשֵׁנוּ דָּבְקָה
לָאָרֶץ בִּטְנֵנוּ: 27 קוּמָה עֶזְרָתָה לָּנוּ וּפְדֵנוּ
לְמַעַן חַסְדֶּךָ:

45 לַמְנַצֵּחַ עַל־שֹׁשַׁנִּים לִבְנֵי־קֹרַח
מַשְׂכִּיל שִׁיר יְדִידֹת: 2 רָחַשׁ לִבִּי | דָּבָר

king'; / My tongue is the pen of a ready writer. / [3] Thou art fairer than the children of men; / Grace is poured upon thy lips; / Therefore God hath blessed thee for ever. / [4] Gird thy sword upon thy thigh, O mighty one, / Thy glory and thy majesty. / [5] And in thy majesty prosper, ride on, / In behalf of truth and meekness and righteousness; / And let thy right hand teach thee tremendous things. / [6] Thine arrows are sharp— / The peoples fall under thee— / [They sink] into the heart of the king's enemies. / [7] Thy throne given of God is for ever and ever; / A sceptre of equity is the sceptre of thy kingdom. / [8] Thou hast loved righteousness, and hated wickedness; / Therefore God, thy God, hath anointed thee / With the oil of gladness above thy fellows. / [9] Myrrh, and aloes, and cassia are all thy garments; / Out of ivory palaces stringed instruments have made thee glad. / [10] Kings' daughters are among thy favourites; / At thy right hand doth stand the queen in gold of Ophir. / [11] 'Hearken, O daughter, and consider, and incline thine ear; / Forget also thine own people, and thy father's house; / [12] So shall the king desire thy beauty; / For he is thy lord, and do homage unto him. / [13] And, O daughter of Tyre, the richest of the people / Shall entreat thy favour with a gift.' / [14] All glorious is the king's daughter within the palace; / Her raiment is of chequer work inwrought with gold. / [15] She shall be led unto the king on richly woven stuff; / The virgins her companions in her train being brought unto thee. / [16] They shall be led with gladness and rejoicing, / They shall enter into the king's palace. / [17] Instead of thy fathers shall be thy sons, / Whom thou shalt make princes in all the land. / [18] I will make thy name to be remembered in all generations; / Therefore shall the peoples praise thee for ever and ever.

46 For the Leader; [a Psalm] of the sons of Koran; upon Alamoth A Song. / [2] God is our refuge and strength, / A very present help in trouble. / [3] Therefore will we not fear, though the earth do change, / And though the mountains be moved into the heart of the seas; / [4] though the waters thereof roar and foam, / Though the mountains shake at the swelling thereof. Selah / [5] There is a river, the streams whereof make glad the city of God, / The holiest dwelling-place of the Most High. /

טוֹב אֹמֵר אָנִי מַעֲשַׂי לְמֶלֶךְ לְשׁוֹנִי עֵט |
סוֹפֵר מָהִיר: 3 יָפְיָפִיתָ מִבְּנֵי אָדָם הוּצַק
חֵן בְּשִׂפְתוֹתֶיךָ עַל־כֵּן בֵּרַכְךָ אֱלֹהִים
לְעוֹלָם: 4 חֲגוֹר־חַרְבְּךָ עַל־יָרֵךְ גִּבּוֹר הוֹדְךָ
וַהֲדָרֶךָ: 5 וַהֲדָרְךָ | צְלַח רְכַב עַל־דְּבַר־
אֱמֶת וְעַנְוָה־צֶדֶק וְתוֹרְךָ נוֹרָאוֹת יְמִינֶךָ:
6 חִצֶּיךָ שְׁנוּנִים עַמִּים תַּחְתֶּיךָ יִפְּלוּ בְּלֵב
אוֹיְבֵי הַמֶּלֶךְ: 7 כִּסְאֲךָ אֱלֹהִים עוֹלָם וָעֶד
שֵׁבֶט מִישֹׁר שֵׁבֶט מַלְכוּתֶךָ: 8 אָהַבְתָּ צֶּדֶק
וַתִּשְׂנָא רֶשַׁע עַל־כֵּן | מְשָׁחֲךָ אֱלֹהִים
אֱלֹהֶיךָ שֶׁמֶן שָׂשׂוֹן מֵחֲבֵרֶיךָ: 9 מֹר־
וַאֲהָלוֹת קְצִיעוֹת כָּל־בִּגְדֹתֶיךָ מִן־הֵיכְלֵי
שֵׁן מִנִּי שִׂמְּחוּךָ: 10 בְּנוֹת מְלָכִים
בְּיִקְּרוֹתֶיךָ נִצְּבָה שֵׁגַל לִימִינְךָ בְּכֶתֶם
אוֹפִיר: 11 שִׁמְעִי־בַת וּרְאִי וְהַטִּי אָזְנֵךְ
וְשִׁכְחִי עַמֵּךְ וּבֵית אָבִיךְ: 12 וְיִתְאָו הַמֶּלֶךְ
יָפְיֵךְ כִּי־הוּא אֲדֹנַיִךְ וְהִשְׁתַּחֲוִי־לוֹ:
13 וּבַת־צֹר | בְּמִנְחָה פָּנַיִךְ יְחַלּוּ עֲשִׁירֵי
עָם: 14 כָּל־כְּבוּדָּה בַת־מֶלֶךְ פְּנִימָה
מִמִּשְׁבְּצוֹת זָהָב לְבוּשָׁהּ: 15 לִרְקָמוֹת
תּוּבַל לַמֶּלֶךְ בְּתוּלוֹת אַחֲרֶיהָ רֵעוֹתֶיהָ
מוּבָאוֹת לָךְ: 16 תּוּבַלְנָה בִּשְׂמָחֹת וָגִיל
תְּבֹאֶינָה בְּהֵיכַל מֶלֶךְ: 17 תַּחַת אֲבֹתֶיךָ
יִהְיוּ בָנֶיךָ תְּשִׁיתֵמוֹ לְשָׂרִים בְּכָל־הָאָרֶץ:
18 אַזְכִּירָה שִׁמְךָ בְּכָל־דֹּר וָדֹר עַל־כֵּן
עַמִּים יְהוֹדֻךָ לְעֹלָם וָעֶד:

46 לַמְנַצֵּחַ לִבְנֵי־קֹרַח עַל־עֲלָמוֹת שִׁיר:
2 אֱלֹהִים לָנוּ מַחֲסֶה וָעֹז עֶזְרָה בְצָרוֹת
נִמְצָא מְאֹד: 3 עַל־כֵּן לֹא־נִירָא בְּהָמִיר
אָרֶץ וּבְמוֹט הָרִים בְּלֵב יַמִּים: 4 יֶהֱמוּ
יֶחְמְרוּ מֵימָיו יִרְעֲשׁוּ־הָרִים בְּגַאֲוָתוֹ
סֶלָה: 5 נָהָר פְּלָגָיו יְשַׂמְּחוּ עִיר־אֱלֹהִים

[6] God is in the midst of her, she shall not be moved; / God shall help her, at the approach of morning. / [7] Nations were in tumult, kingdoms were moved; / He uttered His voice, the earth melted. / [8] The LORD of hosts is with us; / The God of Jacob is our high tower. Selah / [9] Come, behold the works of the LORD, / Who hath made desolations in the earth. / [10] He maketh wars to cease unto the end of the earth; / He breaketh the bow, and cutteth the spear in sunder; / He burnetii the chariots in the fire. / [11] 'Let be, and know that I am God; / I will be exalted among the nations, I will be exalted in the earth.' / [12] The LORD of hosts is with us; / The God of Jacob is our high tower. Selah

47 For the Leader; a Psalm of the sons of Korah. / [2] O clap your hands, all ye peoples; / Shout unto God with the voice of triumph. / [3] For the LORD is most high, awful; / A great King over all the earth. / [4] He subdueth peoples under us, / And nations under our feet, / [5] He chooseth our inheritance for us, / The pride of Jacob whom He loveth. Selah / [6] God is gone up amidst shouting, / The LORD amidst the sound of the horn. / [7] Sing praises to God, sing praises; / Sing praises unto our King, sing Praises / [8] For God is the King of all the earth, / Sing ye praises in a skilful song. / [9] God reigneth over the nations; / God sitteth upon His holy throne. / [10] The princes of the peoples are gathered together, / The people of the God of Abraham; / For unto God belong the shields of the earth; / He is greatly exalted.

48 A Song; a Psalm of the sons of Korah. / [2] Great is the LORD, and highly to be praised, / In the city of our God, His holy mountain, / [3] Fair in situation, the joy of the whole earth; / Even mount Zion, the uttermost parts of the north, / The city of the great King. / [4] God in her palaces / Hath made Himself known for a stronghold. / [5] For, lo, the kings assembled themselves, / They came onward together. / [6] They saw, straightway they were amazed; / They were affrighted, they hasted away. / [7] Trembling took hold of them there, /

קֹדֶשׁ מִשְׁכְּנֵי עֶלְיוֹן: 6 אֱלֹהִים בְּקִרְבָּהּ
בַּל־תִּמּוֹט יַעְזְרֶהָ אֱלֹהִים לִפְנוֹת בֹּקֶר:
7 הָמוּ גוֹיִם מָטוּ מַמְלָכוֹת נָתַן בְּקוֹלוֹ
תָּמוּג אָרֶץ: 8 יְהוָה צְבָאוֹת עִמָּנוּ מִשְׂגָּב־
לָנוּ אֱלֹהֵי יַעֲקֹב סֶלָה: 9 לְכוּ־חֲזוּ מִפְעֲלוֹת
יְהוָה אֲשֶׁר־שָׂם שַׁמּוֹת בָּאָרֶץ: 10 מַשְׁבִּית
מִלְחָמוֹת עַד־קְצֵה הָאָרֶץ קֶשֶׁת יְשַׁבֵּר
וְקִצֵּץ חֲנִית עֲגָלוֹת יִשְׂרֹף בָּאֵשׁ: 11 הַרְפּוּ
וּדְעוּ כִּי־אָנֹכִי אֱלֹהִים אָרוּם בַּגּוֹיִם אָרוּם
בָּאָרֶץ: 12 יְהוָה צְבָאוֹת עִמָּנוּ מִשְׂגָּב־לָנוּ
אֱלֹהֵי יַעֲקֹב סֶלָה:

47 לַמְנַצֵּחַ | לִבְנֵי־קֹרַח מִזְמוֹר: 2 כָּל־
הָעַמִּים תִּקְעוּ־כָף הָרִיעוּ לֵאלֹהִים בְּקוֹל
רִנָּה: 3 כִּי־יְהוָה עֶלְיוֹן נוֹרָא מֶלֶךְ גָּדוֹל
עַל־כָּל־הָאָרֶץ: 4 יַדְבֵּר עַמִּים תַּחְתֵּינוּ
וּלְאֻמִּים תַּחַת רַגְלֵינוּ: 5 יִבְחַר־לָנוּ אֶת־
נַחֲלָתֵנוּ אֶת גְּאוֹן יַעֲקֹב אֲשֶׁר־אָהֵב
סֶלָה: 6 עָלָה אֱלֹהִים בִּתְרוּעָה יְהוָה בְּקוֹל
שׁוֹפָר: 7 זַמְּרוּ אֱלֹהִים זַמֵּרוּ זַמְּרוּ לְמַלְכֵּנוּ
זַמֵּרוּ: 8 כִּי מֶלֶךְ כָּל־הָאָרֶץ אֱלֹהִים זַמְּרוּ
מַשְׂכִּיל: 9 מָלַךְ אֱלֹהִים עַל־גּוֹיִם אֱלֹהִים
יָשַׁב | עַל־כִּסֵּא קָדְשׁוֹ: 10 נְדִיבֵי עַמִּים |
נֶאֱסָפוּ עַם אֱלֹהֵי אַבְרָהָם כִּי לֵאלֹהִים
מָגִנֵּי־אֶרֶץ מְאֹד נַעֲלָה:

48 שִׁיר מִזְמוֹר לִבְנֵי־קֹרַח: 2 גָּדוֹל יְהוָה
וּמְהֻלָּל מְאֹד בְּעִיר אֱלֹהֵינוּ הַר־קָדְשׁוֹ:
3 יְפֵה נוֹף מְשׂוֹשׂ כָּל־הָאָרֶץ הַר־צִיּוֹן
יַרְכְּתֵי צָפוֹן קִרְיַת מֶלֶךְ רָב: 4 אֱלֹהִים
בְּאַרְמְנוֹתֶיהָ נוֹדַע לְמִשְׂגָּב: 5 כִּי־הִנֵּה
הַמְּלָכִים נוֹעֲדוּ עָבְרוּ יַחְדָּו: 6 הֵמָּה רָאוּ
כֵּן תָּמָהוּ נִבְהֲלוּ נֶחְפָּזוּ: 7 רְעָדָה אֲחָזָתַם

Pangs, as of a woman in travail. / [8] With the east wind / Thou breakest the ships of Tarshish. / [9] As we have heard, so have we seen / In the city of the LORD of hosts, in the city of our God— / God establish it for ever. Selah / [10] We have thought on Thy loving-kindness, O God, / In the midst of Thy temple. / [11] As is Thy name, O God, / So is Thy praise unto the ends of the earth; / Thy right hand is full of righteousness. / [12] Let mount Zion be glad, / Let the daughters of Judah rejoice, / Because of Thy judgments. / [13] Walk about Zion, and go round about her; / Count the towers thereof. / [14] Mark ye well her ramparts, / Traverse her palaces; / That ye may tell it to the generation following. / [15] For such is God, our God, for ever and ever; / He will guide us eternally.

49 For the Leader; a Psalm of the sons of Korah. / [2] Hear this, all ye peoples; / Give ear, all ye inhabitants of the world, / [3] Both low and high, Rich and poor together. / [4] My mouth shall speak wisdom, / And the meditation of my heart shall be understanding. / [5] I will incline mine ear to a parable; / I will open my dark saying upon the harp. / [6] Wherefore should I fear in the days of evil, / When the iniquity of my supplanters compasseth me about, / [7] Of them that trust in their wealth, / And boast themselves in the multitude of their riches? / [8] No man can by any means redeem his brother, / Nor give to God a ransom for him— / [9] For too costly is the redemption of their soul, / And must be let alone for ever— / [10] That he should still live alway, / That he should not see the pit. / [11] For he seeth that wise men die, / The fool and the brutish together perish, / And leave their wealth to others. / [12] Their inward thought is, that their houses shall continue for ever, / And their dwelling-places to all generations; / They call their lands after their own names. / [13] But man abideth not in honour; / He is like the beasts that perish. / [14] This is the way of them that are foolish, / And of those who after them approve their sayings. Selah / [15] Like sheep they are appointed for the nether-world, / Death shall be their shepherd; / And the upright shall have dominion over them in the morning; / And their form shall be for the nether-world to wear away, / That there be no habitation for it. / [16] But God will redeem my soul from the power of the nether-world; / For He shall receive me. Selah /

שָׁם חִיל כַּיּוֹלֵדָה: 8 בְּרוּחַ קָדִים תְּשַׁבֵּר אֳנִיּוֹת תַּרְשִׁישׁ: 9 כַּאֲשֶׁר שָׁמַעְנוּ | כֵּן רָאִינוּ בְּעִיר־יְהוָה צְבָאוֹת בְּעִיר אֱלֹהֵינוּ אֱלֹהִים יְכוֹנְנֶהָ עַד־עוֹלָם סֶלָה: 10 דִּמִּינוּ אֱלֹהִים חַסְדֶּךָ בְּקֶרֶב הֵיכָלֶךָ: 11 כְּשִׁמְךָ אֱלֹהִים כֵּן תְּהִלָּתְךָ עַל־קַצְוֵי־אֶרֶץ צֶדֶק מָלְאָה יְמִינֶךָ: 12 יִשְׂמַח | הַר־צִיּוֹן תָּגֵלְנָה בְּנוֹת יְהוּדָה לְמַעַן מִשְׁפָּטֶיךָ: 13 סֹבּוּ צִיּוֹן וְהַקִּיפוּהָ סִפְרוּ מִגְדָּלֶיהָ: 14 שִׁיתוּ לִבְּכֶם | לְחֵילָה פַּסְּגוּ אַרְמְנוֹתֶיהָ לְמַעַן תְּסַפְּרוּ לְדוֹר אַחֲרוֹן: 15 כִּי זֶה | אֱלֹהִים אֱלֹהֵינוּ עוֹלָם וָעֶד הוּא יְנַהֲגֵנוּ עַל־מוּת:

49 לַמְנַצֵּחַ | לִבְנֵי־קֹרַח מִזְמוֹר: 2 שִׁמְעוּ־ זֹאת כָּל־הָעַמִּים הַאֲזִינוּ כָּל־יֹשְׁבֵי חָלֶד: 3 גַּם־בְּנֵי אָדָם גַּם־בְּנֵי־אִישׁ יַחַד עָשִׁיר וְאֶבְיוֹן: 4 פִּי יְדַבֵּר חָכְמוֹת וְהָגוּת לִבִּי תְבוּנוֹת: 5 אַטֶּה לְמָשָׁל אָזְנִי אֶפְתַּח בְּכִנּוֹר חִידָתִי: 6 לָמָּה אִירָא בִּימֵי רָע עֲוֹן עֲקֵבַי יְסוּבֵּנִי: 7 הַבֹּטְחִים עַל־חֵילָם וּבְרֹב עָשְׁרָם יִתְהַלָּלוּ: 8 אָח לֹא־פָדֹה יִפְדֶּה אִישׁ לֹא־יִתֵּן לֵאלֹהִים כָּפְרוֹ: 9 וְיֵקַר פִּדְיוֹן נַפְשָׁם וְחָדַל לְעוֹלָם: 10 וִיחִי־עוֹד לָנֶצַח לֹא יִרְאֶה הַשָּׁחַת: 11 כִּי יִרְאֶה | חֲכָמִים יָמוּתוּ יַחַד כְּסִיל וָבַעַר יֹאבֵדוּ וְעָזְבוּ לַאֲחֵרִים חֵילָם: 12 קִרְבָּם בָּתֵּימוֹ | לְעוֹלָם מִשְׁכְּנֹתָם לְדֹר וָדֹר קָרְאוּ בִשְׁמוֹתָם עֲלֵי אֲדָמוֹת: 13 וְאָדָם בִּיקָר בַּל־יָלִין נִמְשַׁל כַּבְּהֵמוֹת נִדְמוּ: 14 זֶה דַרְכָּם כֵּסֶל לָמוֹ וְאַחֲרֵיהֶם | בְּפִיהֶם יִרְצוּ סֶלָה: 15 כַּצֹּאן | לִשְׁאוֹל שַׁתּוּ מָוֶת יִרְעֵם וַיִּרְדּוּ בָם יְשָׁרִים | לַבֹּקֶר וְצִירָם לְבַלּוֹת שְׁאוֹל מִזְּבֻל לוֹ: 16 אַךְ־אֱלֹהִים יִפְדֶּה נַפְשִׁי

[17] Be not thou afraid when one waxeth rich, / When the wealth of his house is increased; / [18] For when he dieth he shall carry nothing away; / His wealth shall not descend after him. / [19] Though while he lived he blessed his soul. / 'Men will praise thee, when thou shalt do well to thyself'; / [20] It shall go to the generation of his fathers; / They shall never see the light / [21] Man that is in honour under-standeth not; / He is like the beasts that perish.

50 A Psalm of Asaph. / God, God, the LORD, hath spoken, and called the earth / From the rising of the sun unto the going down thereof. / [2] Out of Zion, the perfection of beauty, / God hath shined forth. / [3] Our God cometh, and doth not keep silence, / A fire devoureth before Him, / And round about Him it stormeth mightily. / [4] He calleth to the heavens above, / And to the earth, that He may judge His people: / [5] 'Gather My saints together unto Me; / Those that have made a covenant with Me by sacrifice.' / [6] And the heavens declare His righteousness; / For God, He is judge. Selah / [7] 'Hear, O My people, and I will speak; / O Israel, and I will testify against thee: / God, thy God, am I. / [8] I will not reprove thee for thy sacrifices; / And thy burnt-offerings are continually before Me. / [9] I will take no bullock out of thy house, / Nor he-goats out of thy folds. / [10] For every beast of the forest is Mine, / And the cattle upon a thousand hills. / [11] I know all the fowls of the mountains; / And the wild beasts of the field are Mine. / [12] If I were hungry, I would not tell thee; / For the world is Mine, and the fulness thereof. / [13] Do I eat the flesh of bulls, / Or drink the blood of goats? / [14] Offer unto God the sacrifice of thanksgiving; / And pay thy vows unto the Most High; / [15] And call upon Me in the day of trouble; / I will deliver thee, and thou shalt honour Me.' / [16] But unto the wicked God saith; / 'What hast thou to do to declare My statutes, / And that thou hast taken My covenant in thy mouth? / [17] Seeing thou hatest instruction, / And castest My words behind thee. / [18] When thou sawest a thief, thou hadst company with him, / And with adulterers was thy portion. / [19] Thou hast let loose thy mouth for evil, / And thy tongue frameth deceit. / [20] Thou sittest and speakest

17 אַל־תִּירָא כִּי־יַעֲשִׁר אִישׁ כִּי־יִרְבֶּה כְּבוֹד בֵּיתוֹ: 18 כִּי לֹא בְמוֹתוֹ יִקַּח הַכֹּל לֹא־יֵרֵד אַחֲרָיו כְּבוֹדוֹ: 19 כִּי־נַפְשׁוֹ בְּחַיָּיו יְבָרֵךְ וְיוֹדֻךָ כִּי־תֵיטִיב לָךְ: 20 תָּבוֹא עַד־דּוֹר אֲבוֹתָיו עַד־נֵצַח לֹא יִרְאוּ־אוֹר: 21 אָדָם בִּיקָר וְלֹא יָבִין נִמְשַׁל כַּבְּהֵמוֹת נִדְמוּ:

50 מִזְמוֹר לְאָסָף אֵל | אֱלֹהִים יְהוָֹה דִּבֶּר וַיִּקְרָא־אָרֶץ מִמִּזְרַח־שֶׁמֶשׁ עַד־מְבֹאוֹ: 2 מִצִּיּוֹן מִכְלַל־יֹפִי אֱלֹהִים הוֹפִיעַ: 3 יָבֹא אֱלֹהֵינוּ וְאַל־יֶחֱרַשׁ אֵשׁ־לְפָנָיו תֹּאכֵל וּסְבִיבָיו נִשְׂעֲרָה מְאֹד: 4 יִקְרָא אֶל־הַשָּׁמַיִם מֵעָל וְאֶל־הָאָרֶץ לָדִין עַמּוֹ: 5 אִסְפוּ־לִי חֲסִידָי כֹּרְתֵי בְרִיתִי עֲלֵי־זָבַח: 6 וַיַּגִּידוּ שָׁמַיִם צִדְקוֹ כִּי־אֱלֹהִים | שֹׁפֵט הוּא סֶלָה: 7 שִׁמְעָה עַמִּי | וַאֲדַבֵּרָה יִשְׂרָאֵל וְאָעִידָה בָּךְ אֱלֹהִים אֱלֹהֶיךָ אָנֹכִי: 8 לֹא עַל־זְבָחֶיךָ אוֹכִיחֶךָ וְעוֹלֹתֶיךָ לְנֶגְדִּי תָמִיד: 9 לֹא־אֶקַּח מִבֵּיתְךָ פָר מִמִּכְלְאֹתֶיךָ עַתּוּדִים: 10 כִּי־לִי כָל־חַיְתוֹ־יָעַר בְּהֵמוֹת בְּהַרְרֵי־אָלֶף: 11 יָדַעְתִּי כָּל־עוֹף הָרִים וְזִיז שָׂדַי עִמָּדִי: 12 אִם־אֶרְעַב לֹא־אֹמַר לָךְ כִּי־לִי תֵבֵל וּמְלֹאָהּ: 13 הַאוֹכַל בְּשַׂר אַבִּירִים וְדַם עַתּוּדִים אֶשְׁתֶּה: 14 זְבַח לֵאלֹהִים תּוֹדָה וְשַׁלֵּם לְעֶלְיוֹן נְדָרֶיךָ: 15 וּקְרָאֵנִי בְּיוֹם צָרָה אֲחַלֶּצְךָ וּתְכַבְּדֵנִי: 16 וְלָרָשָׁע | אָמַר אֱלֹהִים מַה־לְּךָ לְסַפֵּר חֻקָּי וַתִּשָּׂא בְרִיתִי עֲלֵי־פִיךָ: 17 וְאַתָּה שָׂנֵאתָ מוּסָר וַתַּשְׁלֵךְ דְּבָרַי אַחֲרֶיךָ: 18 אִם־רָאִיתָ גַנָּב וַתִּרֶץ עִמּוֹ וְעִם מְנָאֲפִים חֶלְקֶךָ: 19 פִּיךָ שָׁלַחְתָּ בְרָעָה וּלְשׁוֹנְךָ תַּצְמִיד מִרְמָה: 20 תֵּשֵׁב

against thy brother; / Thou slanderest thine own mother's son. / [21] These things hast thou done, and should I have kept silence? / Thou hadst thought that I was altogether such a one as thyself, / But I will reprove thee, and set the cause before thine eyes / [22] Now consider this, ye that forget God, / Lest I tear in pieces, and there be none to deliver. / [23] Whoso offereth the sacrifice of thanksgiving honoureth Me; / And to him that ordereth his way aright / Will I show the salvation of God.'

51 For the Leader. A Psalm of David; / [2] when Nathan the prophet came unto him, after he had gone in to Bath-sheba. / [3] Be gracious unto me, O God, according to Thy mercy; / According to the multitude of Thy compassions blot out my transgressions / [4] Wash me thoroughly from mine iniquity, / And cleanse me from my sin. / [5] For I know my transgressions; / And my sin is ever before me. / [6] Against Thee, Thee only, have I sinned, / And done that which is evil in Thy s ight; / That Thou mayest be justified when Thou speakest, / And be in the right when Thou judgest. / [7] Behold, I was brought forth in iniquity, / And in sin did my mother conceive me. / [8] Behold, Thou desirest truth in the inward parts; / Make me, therefore, to know wisdom in mine inmost heart. / [9] Purge me with hyssop, and I shall be clean; / Wash me, and I shall be whiter than snow. / [10] Make me to hear joy and gladness; / That the bones which Thou hast crushed may rejoice. / [11] Hide Thy face from my sins, / And blot out all mine iniquities. / [12] Create me a clean heart, O God; / And renew a stedfast spirit within me. / [13] Cast me not away from Thy presence; / And take not Thy holy spirit from me. / [14] Restore unto me the joy of Thy salvation; / And let a willing spirit uphold me. / [15] Then will I teach transgressors Thy ways; / And sinners shall return unto Thee. / [16] Deliver me from bloodguiltiness, O God, Thou God of my salvation; / So shall my tongue sing aloud of Thy righteousness. / [17] O Lord, open Thou my lips; / And my mouth shall declare Thy praise. / [18] For Thou delightest not in sacrifice, else would I give it; / Thou hast no pleasure in burnt-offering. / [19] The sacrifices of God are a broken spirit; / A broken and a contrite heart, O God, Thou wilt not despise. / [20] Do good in Thy favour unto Zion; / Build Thou the walls of Jerusalem. / [21] Then wilt Thou delight in the

בְּאָחִיךָ תְדַבֵּר בְּבֶן־אִמְּךָ תִּתֶּן־דֹּפִי:
21 אֵלֶּה עָשִׂיתָ ׀ וְהֶחֱרַשְׁתִּי דִּמִּיתָ הֱיוֹת־
אֶהְיֶה כָמוֹךָ אוֹכִיחֲךָ וְאֶעֶרְכָה לְעֵינֶיךָ:
22 בִּינוּ־נָא זֹאת שֹׁכְחֵי אֱלוֹהַּ פֶּן־אֶטְרֹף
וְאֵין מַצִּיל: 23 זֹבֵחַ תּוֹדָה יְכַבְּדָנְנִי וְשָׂם
דֶּרֶךְ אַרְאֶנּוּ בְּיֵשַׁע אֱלֹהִים:

51 לַמְנַצֵּחַ מִזְמוֹר לְדָוִד: 2 בְּבוֹא־אֵלָיו
נָתָן הַנָּבִיא כַּאֲשֶׁר־בָּא אֶל־בַּת־שָׁבַע:
3 חָנֵּנִי אֱלֹהִים כְּחַסְדֶּךָ כְּרֹב רַחֲמֶיךָ מְחֵה
פְשָׁעָי: 4 הרבה הֶרֶב כַּבְּסֵנִי מֵעֲוֹנִי
וּמֵחַטָּאתִי טַהֲרֵנִי: 5 כִּי־פְשָׁעַי אֲנִי אֵדָע
וְחַטָּאתִי נֶגְדִּי תָמִיד: 6 לְךָ לְבַדְּךָ ׀ חָטָאתִי
וְהָרַע בְּעֵינֶיךָ עָשִׂיתִי לְמַעַן תִּצְדַּק בְּדָבְרֶךָ
תִּזְכֶּה בְשָׁפְטֶךָ: 7 הֶן־בְּעָווֹן חוֹלָלְתִּי
וּבְחֵטְא יֶחֱמַתְנִי אִמִּי: 8 הֶן־אֱמֶת חָפַצְתָּ
בַטֻּחוֹת וּבְסָתֻם חָכְמָה תוֹדִיעֵנִי:
9 תְּחַטְּאֵנִי בְאֵזוֹב וְאֶטְהָר תְּכַבְּסֵנִי וּמִשֶּׁלֶג
אַלְבִּין: 10 תַּשְׁמִיעֵנִי שָׂשׂוֹן וְשִׂמְחָה
תָּגֵלְנָה עֲצָמוֹת דִּכִּיתָ: 11 הַסְתֵּר פָּנֶיךָ
מֵחֲטָאָי וְכָל־עֲוֹנֹתַי מְחֵה: 12 לֵב טָהוֹר
בְּרָא־לִי אֱלֹהִים וְרוּחַ נָכוֹן חַדֵּשׁ בְּקִרְבִּי:
13 אַל־תַּשְׁלִיכֵנִי מִלְּפָנֶיךָ וְרוּחַ קָדְשְׁךָ אַל־
תִּקַּח מִמֶּנִּי: 14 הָשִׁיבָה לִּי שְׂשׂוֹן יִשְׁעֶךָ
וְרוּחַ נְדִיבָה תִסְמְכֵנִי: 15 אֲלַמְּדָה פֹשְׁעִים
דְּרָכֶיךָ וְחַטָּאִים אֵלֶיךָ יָשׁוּבוּ: 16 הַצִּילֵנִי
מִדָּמִים ׀ אֱלֹהִים אֱלֹהֵי תְּשׁוּעָתִי תְּרַנֵּן
לְשׁוֹנִי צִדְקָתֶךָ: 17 אֲדֹנָי שְׂפָתַי תִּפְתָּח וּפִי
יַגִּיד תְּהִלָּתֶךָ: 18 כִּי ׀ לֹא־תַחְפֹּץ זֶבַח
וְאֶתֵּנָה עוֹלָה לֹא תִרְצֶה: 19 זִבְחֵי אֱלֹהִים
רוּחַ נִשְׁבָּרָה לֵב־נִשְׁבָּר וְנִדְכֶּה אֱלֹהִים לֹא
תִבְזֶה: 20 הֵיטִיבָה בִרְצוֹנְךָ אֶת־צִיּוֹן
תִּבְנֶה חוֹמוֹת יְרוּשָׁלָ‍ם: 21 אָז תַּחְפֹּץ

sacrifices of righteousness, in burnt-offering and whole offering; / Then will they offer bullocks upon Thine altar.

52 For the Leader. Maschil of David; [2] when Doeg the Edomite came and told Saul, and said unto him: 'David is come to the house of Ahimelech.' / [3] Why boastest thou thyself of evil, O mighty man? / The mercy of God endureth continually. / [4] Thy tongue deviseth destruction; / Like a sharp razor, working deceitfully. / [5] Thou lovest evil more than good; / Falsehood rather than speaking righteousness. Selah / [6] Thou lovest all devouring words, / The deceitful tongue. / [7] God will likewise break thee for ever, / He will take thee up, and pluck thee out of thy tent, / And root thee out of the land of the living. Selah / [8] The righteous also shall see, and fear, / And shall laugh at him: / [9] 'Lo, this is the man that made not God his stronghold; / But trusted in the abundance of his riches, / And strengthened himself in his wickedness.' / [10] But as for me, I am like a leafy olive-tree in the house of God; / I trust in the mercy of God for ever and ever. / [11] I will give Thee thanks for ever, because Thou hast done it; / And. I will wait for Thy name, for it is good, in the presence of Thy saints.

53 For the Leader; upon Mahalath. Maschil of David. / [2] The fool hath said in his heart: 'There is no God'; / They have dealt corruptly, and have done abominable iniquity; / There is none that doeth good. / [3] God looked forth from heaven upon the children of men, / To see if there were any man of / understanding, that did seek after God. / [4] Every one of them is unclean, they are together become impure: / There is none that doeth good, no, not one. / [5] 'Shall not the workers of iniquity know it, / Who eat up My people as they eat bread, / And call not upon God?' / [6] There are they in great fear, where no fear was; / For God hath scattered the bones of him that encampeth against thee; / Thou hast put them to shame, because God hath rejected them. / [7] Oh that the salvation of Israel were come out of Zion! / When God turneth the captivity of His people, / Let Jacob rejoice, let Israel be glad.

זִבְחֵי־צֶדֶק עוֹלָה וְכָלִיל אָז יַעֲלוּ עַל־מִזְבַּחֲךָ פָרִים:

52 לַמְנַצֵּחַ מַשְׂכִּיל לְדָוִד: 2 בְּבוֹא | דּוֹאֵג הָאֲדֹמִי וַיַּגֵּד לְשָׁאוּל וַיֹּאמֶר לוֹ בָּא דָוִד אֶל־בֵּית אֲחִימֶלֶךְ: 3 מַה־תִּתְהַלֵּל בְּרָעָה הַגִּבּוֹר חֶסֶד אֵל כָּל־הַיּוֹם: 4 הַוּוֹת תַּחְשֹׁב לְשׁוֹנֶךָ כְּתַעַר מְלֻטָּשׁ עֹשֵׂה רְמִיָּה: 5 אָהַבְתָּ רָּע מִטּוֹב שֶׁקֶר | מִדַּבֵּר צֶדֶק סֶלָה: 6 אָהַבְתָּ כָל־דִּבְרֵי־בָלַע לָשׁוֹן מִרְמָה: 7 גַּם־אֵל יִתָּצְךָ לָנֶצַח יַחְתְּךָ וְיִסָּחֲךָ מֵאֹהֶל וְשֵׁרֶשְׁךָ מֵאֶרֶץ חַיִּים סֶלָה: 8 וְיִרְאוּ צַדִּיקִים וְיִירָאוּ וְעָלָיו יִשְׂחָקוּ: 9 הִנֵּה הַגֶּבֶר לֹא יָשִׂים אֱלֹהִים מָעוּזּוֹ וַיִּבְטַח בְּרֹב עָשְׁרוֹ יָעֹז בְּהַוָּתוֹ: 10 וַאֲנִי | כְּזַיִת רַעֲנָן בְּבֵית אֱלֹהִים בָּטַחְתִּי בְחֶסֶד־אֱלֹהִים עוֹלָם וָעֶד: 11 אוֹדְךָ לְעוֹלָם כִּי עָשִׂיתָ וַאֲקַוֶּה שִׁמְךָ כִי־טוֹב נֶגֶד חֲסִידֶיךָ:

53 לַמְנַצֵּחַ עַל־מָחֲלַת מַשְׂכִּיל לְדָוִד: 2 אָמַר נָבָל בְּלִבּוֹ אֵין אֱלֹהִים הִשְׁחִיתוּ וְהִתְעִיבוּ עָוֶל אֵין עֹשֵׂה־טוֹב: 3 אֱלֹהִים מִשָּׁמַיִם הִשְׁקִיף עַל־בְּנֵי אָדָם לִרְאוֹת הֲיֵשׁ מַשְׂכִּיל דֹּרֵשׁ אֶת־אֱלֹהִים: 4 כֻּלּוֹ סָג יַחְדָּו נֶאֱלָחוּ אֵין עֹשֵׂה־טוֹב אֵין גַּם־אֶחָד: 5 הֲלֹא יָדְעוּ פֹּעֲלֵי אָוֶן אֹכְלֵי עַמִּי אָכְלוּ לֶחֶם אֱלֹהִים לֹא קָרָאוּ: 6 שָׁם | פָּחֲדוּ פַחַד לֹא־הָיָה פָחַד כִּי־אֱלֹהִים פִּזַּר עַצְמוֹת חֹנָךְ הֱבִשֹׁתָה כִּי־אֱלֹהִים מְאָסָם: 7 מִי יִתֵּן מִצִּיּוֹן יְשֻׁעוֹת יִשְׂרָאֵל בְּשׁוּב אֱלֹהִים שְׁבוּת עַמּוֹ יָגֵל יַעֲקֹב יִשְׂמַח יִשְׂרָאֵל:

54 For the Leader, with string-music. Maschil of David; [2] when the Ziphites came and said to Saul: 'Doth not David hide himself with us?' / [3] O God, save me by Thy name, / And right me by Thy might. / [4] O God, hear my prayer; / Give ear to the words of my mouth. / [5] For strangers are risen up against me, / And violent men have sought after my soul; / They have not set God before them. Selah / [6] Behold, God is my helper; / The Lord is for me as the upholder of my soul. / [7] He will requite the evil unto them that lie in wait for me; / Destroy Thou them in Thy truth. / [8] With a freewill-offering will I sacrifice unto Thee; / I will give thanks unto Thy name, O LORD, for it is good. / [9] For He hath delivered me out of all trouble; / And mine eye hath gazed upon mine enemies.

55 For the Leader; with string-music. Maschil of David. / [2] Give ear, O God, to my prayer; / And hide not Thyself from my supplication. / '[3] Attend unto me, and answer me; / I am distraught in my complaint, and will moan; / [4] Because of the voice of the enemy, / Because of the oppression of the wicked; / For they cast mischief upon me, / And in anger they persecute me. / [5] My heart doth writhe within me; / And the terrors of death are fallen upon me. / [6] Fear and trembling come upon me, / And horror hath overwhelmed me. / [7] And I said: 'Oh that I had wings like a dove! / Then would I fly away, and be at rest. / [8] Lo, then would I wander far off, / I would lodge in the wilderness. Selah / [9] I would haste me to a shelter / From the stormy wind and tempest.' / [10] Destroy, O Lord, and divide their tongue; / For I have seen violence and strife in the city. / [11] Day and night they go about it upon the walls thereof; / Iniquity also and mischief are in the midst of it. / [12] Wickedness is in the midst thereof, / Oppression and guile depart not from her broad place. / [13] For it was not an enemy that taunted me, / Then I could have borne it; / Neither was it mine adversary that did magnify himself against me, / Then I would have hid myself from him. / [14] But it was thou, a man mine equal, / My companion, and my familiar friend; / [15] We took sweet counsel together, / In the house of God we walked with the throng. / [16] May He incite death against them, / Let them go down alive into the nether-world; / For evil is in their dwelling, and within

54 לַמְנַצֵּחַ בִּנְגִינֹת מַשְׂכִּיל לְדָוִד: 2 בְּבוֹא הַזִּיפִים וַיֹּאמְרוּ לְשָׁאוּל הֲלֹא דָוִד מִסְתַּתֵּר עִמָּנוּ: 3 אֱלֹהִים בְּשִׁמְךָ הוֹשִׁיעֵנִי וּבִגְבוּרָתְךָ תְדִינֵנִי: 4 אֱלֹהִים שְׁמַע תְּפִלָּתִי הַאֲזִינָה לְאִמְרֵי־פִי: 5 כִּי זָרִים | קָמוּ עָלַי וְעָרִיצִים בִּקְשׁוּ נַפְשִׁי לֹא שָׂמוּ אֱלֹהִים לְנֶגְדָּם סֶלָה: 6 הִנֵּה אֱלֹהִים עֹזֵר לִי אֲדֹנָי בְּסֹמְכֵי נַפְשִׁי: 7 יָשׁוּב יָשִׁיב הָרַע לְשֹׁרְרָי בַּאֲמִתְּךָ הַצְמִיתֵם: 8 בִּנְדָבָה אֶזְבְּחָה־לָּךְ אוֹדֶה שִּׁמְךָ יְהוָה כִּי־טוֹב: 9 כִּי מִכָּל־צָרָה הִצִּילָנִי וּבְאֹיְבַי רָאֲתָה עֵינִי:

55 לַמְנַצֵּחַ בִּנְגִינֹת מַשְׂכִּיל לְדָוִד: 2 הַאֲזִינָה אֱלֹהִים תְּפִלָּתִי וְאַל־תִּתְעַלַּם מִתְּחִנָּתִי: 3 הַקְשִׁיבָה לִּי וַעֲנֵנִי אָרִיד בְּשִׂיחִי וְאָהִימָה: 4 מִקּוֹל אוֹיֵב מִפְּנֵי עָקַת רָשָׁע כִּי־יָמִיטוּ עָלַי אָוֶן וּבְאַף יִשְׂטְמוּנִי: 5 לִבִּי יָחִיל בְּקִרְבִּי וְאֵימוֹת מָוֶת נָפְלוּ עָלָי: 6 יִרְאָה וָרַעַד יָבֹא בִי וַתְּכַסֵּנִי פַּלָּצוּת: 7 וָאֹמַר מִי־יִתֶּן־לִי אֵבֶר כַּיּוֹנָה אָעוּפָה וְאֶשְׁכֹּנָה: 8 הִנֵּה אַרְחִיק נְדֹד אָלִין בַּמִּדְבָּר סֶלָה: 9 אָחִישָׁה מִפְלָט לִי מֵרוּחַ סֹעָה מִסָּעַר: 10 בַּלַּע אֲדֹנָי פַּלַּג לְשׁוֹנָם כִּי־רָאִיתִי חָמָס וְרִיב בָּעִיר: 11 יוֹמָם וָלַיְלָה יְסוֹבְבֻהָ עַל־חוֹמֹתֶיהָ וְאָוֶן וְעָמָל בְּקִרְבָּהּ: 12 הַוּוֹת בְּקִרְבָּהּ וְלֹא־יָמִישׁ מֵרְחֹבָהּ תֹּךְ וּמִרְמָה: 13 כִּי לֹא־אוֹיֵב יְחָרְפֵנִי וְאֶשָּׂא לֹא־מְשַׂנְאִי עָלַי הִגְדִּיל וְאֶסָּתֵר מִמֶּנּוּ: 14 וְאַתָּה אֱנוֹשׁ כְּעֶרְכִּי אַלּוּפִי וּמְיֻדָּעִי: 15 אֲשֶׁר יַחְדָּו נַמְתִּיק סוֹד בְּבֵית אֱלֹהִים נְהַלֵּךְ בְּרָגֶשׁ: 16 יַשִּׁימָוֶת יַשִּׁי מָוֶת | עָלֵימוֹ יֵרְדוּ שְׁאוֹל חַיִּים כִּי־רָעוֹת

them. / [17] As for me, I will call upon God; / And the Lord will save me. / [18] Evening, and morning, and at noonday, will I complain, and moan; / And He hath heard my voice. / [19] He hath redeemed my soul in peace so that none came nigh me; / For they were many that strove with me. / [20] God shall hear, and humble them, / Even He that is enthroned of old, Selah / Such as have no changes, / And fear not God. / [21] He hath put forth his hands against them that were at peace with him; / He hath profaned his covenant. / [22] Smoother than cream were the speeches of his mouth, / But his heart was war; / His words were softer than oil, / Yet were they keen-edged swords. / [23] Cast thy burden upon the Lord, and He will sustain thee, / He will never suffer the righteous to be moved. / [24] But Thou, O God, wilt bring them down into the nethermost pit, / Men of blood and deceit shall not live out half their days; / But as for me, I will trust in Thee.

56 For the Leader; upon Jonath-elem-rehokim. [A Psalm] of David; Michtam; when the Philistines took him in Gath. / [2] Be gracious unto me, O God, for man would swallow me up; / All the day he fighting oppresseth me. / [3] They that lie in wait for me would swallow me up all the day; / For they are many that fight against me, O Most High, / [4] In the day that I am afraid, / I will put my trust in Thee. / [5] In God—I will praise His word— / In God do I trust, I will not be afraid; / What can flesh do unto me? / [6] All the day they trouble mine affairs; / All their thoughts are against me for evil. / [7] They gather themselves together, they hide themselves, / They mark my steps; / According as they have waited for my soul. / [8] Because of iniquity cast them out; / In anger bring down the peoples, O God. / [9] Thou hast counted my wanderings; / Put Thou my tears into Thy bottle; / Are they not in Thy book? / [10] Then shall mine enemies turn back in the day that I call; / This I know, that God is for me. / [11] In God—I will praise His word— / In the Lord—I will praise His word— / [12] In God do I trust, I will not be afraid; / What can man do unto me? / [13] Thy vows are upon me, O God; /

בְּמְגוּרָם בְּקִרְבָּם: 17 אֲנִי אֶל־אֱלֹהִים אֶקְרָא וַיהֹוָה יוֹשִׁיעֵנִי: 18 עֶרֶב וָבֹקֶר וְצָהֳרַיִם אָשִׂיחָה וְאֶהֱמֶה וַיִּשְׁמַע קוֹלִי: 19 פָּדָה בְשָׁלוֹם נַפְשִׁי מִקְּרָב־לִי כִּי־בְרַבִּים הָיוּ עִמָּדִי: 20 יִשְׁמַע ׀ אֵל ׀ וְיַעֲנֵם וְיֹשֵׁב קֶדֶם סֶלָה אֲשֶׁר אֵין חֲלִיפוֹת לָמוֹ וְלֹא יָרְאוּ אֱלֹהִים: 21 שָׁלַח יָדָיו בִּשְׁלֹמָיו חִלֵּל בְּרִיתוֹ: 22 חָלְקוּ ׀ מַחְמָאֹת פִּיו וּקְרָב־לִבּוֹ רַכּוּ דְבָרָיו מִשֶּׁמֶן וְהֵמָּה פְתִחוֹת: 23 הַשְׁלֵךְ עַל־יְהֹוָה ׀ יְהָבְךָ וְהוּא יְכַלְכְּלֶךָ לֹא־יִתֵּן לְעוֹלָם מוֹט לַצַּדִּיק: 24 וְאַתָּה אֱלֹהִים ׀ תּוֹרִדֵם ׀ לִבְאֵר שַׁחַת אַנְשֵׁי דָמִים וּמִרְמָה לֹא־יֶחֱצוּ יְמֵיהֶם וַאֲנִי אֶבְטַח־בָּךְ:

56 לַמְנַצֵּחַ ׀ עַל־יוֹנַת אֵלֶם רְחֹקִים לְדָוִד מִכְתָּם בֶּאֱחֹז אֹתוֹ פְלִשְׁתִּים בְּגַת: 2 חָנֵּנִי אֱלֹהִים כִּי־שְׁאָפַנִי אֱנוֹשׁ כָּל־הַיּוֹם לֹחֵם יִלְחָצֵנִי: 3 שָׁאֲפוּ שׁוֹרְרַי כָּל־הַיּוֹם כִּי־רַבִּים לֹחֲמִים לִי מָרוֹם: 4 יוֹם אִירָא אֲנִי אֵלֶיךָ אֶבְטָח: 5 בֵּאלֹהִים אֲהַלֵּל דְּבָרוֹ בֵּאלֹהִים בָּטַחְתִּי לֹא אִירָא מַה־יַּעֲשֶׂה בָשָׂר לִי: 6 כָּל־הַיּוֹם דְּבָרַי יְעַצֵּבוּ עָלַי כָּל־מַחְשְׁבֹתָם לָרָע: 7 יָגוּרוּ ׀ יִצְפֹּינוּ יִצְפֹּנוּ הֵמָּה עֲקֵבַי יִשְׁמֹרוּ כַּאֲשֶׁר קִוּוּ נַפְשִׁי: 8 עַל־אָוֶן פַּלֶּט־לָמוֹ בְּאַף עַמִּים ׀ הוֹרֵד אֱלֹהִים: 9 נֹדִי סָפַרְתָּה אָתָּה שִׂימָה דִמְעָתִי בְנֹאדֶךָ הֲלֹא בְּסִפְרָתֶךָ: 10 אָז יָשׁוּבוּ אוֹיְבַי אָחוֹר בְּיוֹם אֶקְרָא זֶה־יָדַעְתִּי כִּי־אֱלֹהִים לִי: 11 בֵּאלֹהִים אֲהַלֵּל דָּבָר בַּיהֹוָה אֲהַלֵּל דָּבָר: 12 בֵּאלֹהִים בָּטַחְתִּי לֹא אִירָא מַה־יַּעֲשֶׂה אָדָם לִי: 13 עָלַי אֱלֹהִים נְדָרֶיךָ אֲשַׁלֵּם תּוֹדֹת לָךְ:

I will render thank-offerings unto Thee. / [14] For Thou hast delivered my soul from death; / Hast Thou not delivered my feet from stumbling? / That I may walk before God in the light of the living.

57 For the Leader; Al-tashheth. [A Psalm] of David; Michtam; when he fled from Saul, in the cave. / [2] Be gracious unto me, O God, be gracious unto me, / For in Thee hath my soul taken refuge; / Yea, in the shadow of Thy wings will I take refuge, / Until calamities be overpast. / [3] I will cry unto God Most High; / Unto God that accomplisheth it for me. / [4] He will send from heaven, and save me, / When he that would swallow me up taunteth, Selah / God shall send forth His mercy and His truth. / [5] My soul is among lions, I do lie down among them that are aflame; / Even the sons of men, whose teeth are spears and arrows, / And their tongue a sharp sword. / [6] Be Thou exalted, O God, above the heavens; / Thy glory be above all the earth. / [7] They have prepared a net for my steps, / My soul is bowed down; / They have digged a pit before me, / They are fallen into the midst thereof themselves. Selah / [8] My heart is stedfast, O God, my heart is stedfast; / I will sing, yea, I will sing praises. / [9] Awake, my glory; awake, psaltery and harp; / I will awake the dawn. / [10] I will give thanks unto Thee, O Lord, among the peoples; / I will sing praises unto Thee among the nations. / [11] For Thy mercy is great unto the heavens, / And Thy truth unto the skies. / [12] Be Thou exalted, O God, above the heavens; / Thy glory be above all the earth.

58 For the Leader; Al-tashheth. [A Psalm] of David; Michtam. / [2] Do ye indeed speak as a righteous company? / Do ye judge with equity the sons of men? / [3] Yea, in heart ye work wickedness; / Ye weigh out in the earth the violence of your hands. / [4] The wicked are estranged from the womb; / The speakers of lies go astray as soon as they are born. / [5] Their venom is like the venom of a serpent; / They are like the deaf asp that stoppeth her ear; / [6] Which hearkeneth not to the voice of charmers, / Or of the most cunning binder of / spells. / [7] Break their teeth, O God, in their mouth; / Break out the cheek-teeth of the young lions, O Lord. / [8] Let them melt away as water

14 כִּי הִצַּלְתָּ נַפְשִׁי מִמָּוֶת הֲלֹא רַגְלַי מִדֶּחִי לְהִתְהַלֵּךְ לִפְנֵי אֱלֹהִים בְּאוֹר הַחַיִּים:

57 לַמְנַצֵּחַ אַל־תַּשְׁחֵת לְדָוִד מִכְתָּם בְּבָרְחוֹ מִפְּנֵי־שָׁאוּל בַּמְּעָרָה: 2 חָנֵּנִי אֱלֹהִים | חָנֵּנִי כִּי בְךָ חָסָיָה נַפְשִׁי וּבְצֵל־כְּנָפֶיךָ אֶחְסֶה עַד יַעֲבֹר הַוּוֹת: 3 אֶקְרָא לֵאלֹהִים עֶלְיוֹן לָאֵל גֹּמֵר עָלָי: 4 יִשְׁלַח מִשָּׁמַיִם | וְיוֹשִׁיעֵנִי חֵרֵף שֹׁאֲפִי סֶלָה יִשְׁלַח אֱלֹהִים חַסְדּוֹ וַאֲמִתּוֹ: 5 נַפְשִׁי | בְּתוֹךְ לְבָאִם אֶשְׁכְּבָה לֹהֲטִים בְּנֵי־אָדָם שִׁנֵּיהֶם חֲנִית וְחִצִּים וּלְשׁוֹנָם חֶרֶב חַדָּה: 6 רוּמָה עַל־הַשָּׁמַיִם אֱלֹהִים עַל כָּל־הָאָרֶץ כְּבוֹדֶךָ: 7 רֶשֶׁת | הֵכִינוּ לִפְעָמַי כָּפַף נַפְשִׁי כָּרוּ לְפָנַי שִׁיחָה נָפְלוּ בְתוֹכָהּ סֶלָה: 8 נָכוֹן לִבִּי אֱלֹהִים נָכוֹן לִבִּי אָשִׁירָה וַאֲזַמֵּרָה: 9 עוּרָה כְבוֹדִי עוּרָה הַנֵּבֶל וְכִנּוֹר אָעִירָה שָּׁחַר: 10 אוֹדְךָ בָעַמִּים | אֲדֹנָי אֲזַמֶּרְךָ בַּל־אֻמִּים: 11 כִּי־גָדֹל עַד־שָׁמַיִם חַסְדֶּךָ וְעַד־שְׁחָקִים אֲמִתֶּךָ: 12 רוּמָה עַל־שָׁמַיִם אֱלֹהִים עַל כָּל־הָאָרֶץ כְּבוֹדֶךָ:

58 לַמְנַצֵּחַ אַל־תַּשְׁחֵת לְדָוִד מִכְתָּם: 2 הַאֻמְנָם אֵלֶם צֶדֶק תְּדַבֵּרוּן מֵישָׁרִים תִּשְׁפְּטוּ בְּנֵי אָדָם: 3 אַף־בְּלֵב עוֹלֹת תִּפְעָלוּן בָּאָרֶץ חֲמַס יְדֵיכֶם תְּפַלֵּסוּן: 4 זֹרוּ רְשָׁעִים מֵרָחֶם תָּעוּ מִבֶּטֶן דֹּבְרֵי כָזָב: 5 חֲמַת־לָמוֹ כִּדְמוּת חֲמַת־נָחָשׁ כְּמוֹ־פֶתֶן חֵרֵשׁ יַאְטֵם אָזְנוֹ: 6 אֲשֶׁר לֹא־יִשְׁמַע לְקוֹל מְלַחֲשִׁים חוֹבֵר חֲבָרִים מְחֻכָּם: 7 אֱלֹהִים הֲרָס־שִׁנֵּימוֹ בְּפִימוֹ מַלְתְּעוֹת כְּפִירִים נְתֹץ | יְהוָה: 8 יִמָּאֲסוּ

that runneth apace; / When he aimeth his arrows, let them be as though they were cut off. / [9] Let them be as a snail which melt-eth and passeth away; / Like the untimely births of a woman, that have not seen the sun. / [10] Before your pots can feel the thorns, / He will sweep it away with a whirlwind, the raw and the burning alike. / [11] The righteous shall rejoice when he seeth the vengeance; / He shall wash his feet in the blood of the wicked. / [12] And men shall say: 'Verily there is a reward for the righteous; / Verily there is a God that judgeth in the earth.'

59 For the Leader; Al-tashheth [A Psalm] of David; Michtam; when Saul sent, and they watched the house to kill him. / [2] Deliver me from mine enemies, O my God; / Set me on high from them that rise up against me. / [3] Deliver me from the workers of iniquity, / And save me from the men of blood. / [4] For, lo, they lie in wait for my soul; / The impudent gather themselves together against me; / Not for my transgression, nor for my sin, O Lord. / [5] Without my fault, they run and prepare themselves; / Awake Thou to help me, and behold. / [6] Thou therefore, O Lord God of hosts, the God of Israel, / Arouse Thyself to punish all the nations; / Show no mercy to any iniquitous traitors. Selah / [7] They return at evening, they howl like a dog, / And go round about the city. / [8] Behold, they belch out with their mouth; / Swords are in their lips: / 'For who doth hear?' / [9] But Thou, O Lord, shalt laugh at them; / Thou shalt have all the nations in derision. / [10] Because of his strength, I will wait for Thee; / For God is my high tower. / [11] The God of my mercy will come to meet me; / God will let me gaze upon mine adversaries. / [12] Slay them not, lest my people forget, / Make them wander to and fro by Thy power, and bring them down, / O Lord our shield. / [13] For the sin of their mouth, and the words of their lips, / Let them even be taken in their pride, / And for cursing and lying which they speak. / [14] Consume them in wrath, consume them, that they be no more; / And. let them know that God ruleth in Jacob, / Unto the ends of the earth. Selah / [15] And they return at evening, they howl like a dog, / And go round about the city; / [16] They wander up and down to devour, / And

כְּמוֹ־מַיִם יִתְהַלְּכוּ־לָמוֹ יִדְרֹךְ חִצָּו כְּמוֹ יִתְמֹלָלוּ: 9 כְּמוֹ שַׁבְּלוּל תֶּמֶס יַהֲלֹךְ נֵפֶל אֵשֶׁת בַּל־חָזוּ שָׁמֶשׁ: 10 בְּטֶרֶם יָבִינוּ סִירֹתֵיכֶם אָטָד כְּמוֹ־חַי כְּמוֹ־חָרוֹן יִשְׂעָרֶנּוּ: 11 יִשְׂמַח צַדִּיק כִּי־חָזָה נָקָם פְּעָמָיו יִרְחַץ בְּדַם הָרָשָׁע: 12 וְיֹאמַר אָדָם אַךְ־פְּרִי לַצַּדִּיק אַךְ יֵשׁ־אֱלֹהִים שֹׁפְטִים בָּאָרֶץ:

59 לַמְנַצֵּחַ אַל־תַּשְׁחֵת לְדָוִד מִכְתָּם בִּשְׁלֹחַ שָׁאוּל וַיִּשְׁמְרוּ אֶת־הַבַּיִת לַהֲמִיתוֹ: 2 הַצִּילֵנִי מֵאֹיְבַי ׀ אֱלֹהָי מִמִּתְקוֹמְמַי תְּשַׂגְּבֵנִי: 3 הַצִּילֵנִי מִפֹּעֲלֵי אָוֶן וּמֵאַנְשֵׁי דָמִים הוֹשִׁיעֵנִי: 4 כִּי הִנֵּה אָרְבוּ לְנַפְשִׁי יָגוּרוּ עָלַי עַזִּים לֹא־פִשְׁעִי וְלֹא־חַטָּאתִי יְהוָה: 5 בְּלִי־עָוֹן יְרוּצוּן וְיִכּוֹנָנוּ עוּרָה לִקְרָאתִי וּרְאֵה: 6 וְאַתָּה יְהוָה־אֱלֹהִים ׀ צְבָאוֹת אֱלֹהֵי יִשְׂרָאֵל הָקִיצָה לִפְקֹד כָּל־הַגּוֹיִם אַל־תָּחֹן כָּל־בֹּגְדֵי אָוֶן סֶלָה: 7 יָשׁוּבוּ לָעֶרֶב יֶהֱמוּ כַכָּלֶב וִיסוֹבְבוּ עִיר: 8 הִנֵּה ׀ יַבִּיעוּן בְּפִיהֶם חֲרָבוֹת בְּשִׂפְתוֹתֵיהֶם כִּי־מִי שֹׁמֵעַ: 9 וְאַתָּה יְהוָה תִּשְׂחַק־לָמוֹ תִּלְעַג לְכָל־גּוֹיִם: 10 עֻזּוֹ אֵלֶיךָ אֶשְׁמֹרָה כִּי־אֱלֹהִים מִשְׂגַּבִּי: 11 אֱלֹהֵי חַסְדּוֹ יְקַדְּמֵנִי אֱלֹהִים יַרְאֵנִי בְשֹׁרְרָי: 12 אַל־תַּהַרְגֵם ׀ פֶּן־יִשְׁכְּחוּ עַמִּי הֲנִיעֵמוֹ בְחֵילְךָ וְהוֹרִידֵמוֹ מָגִנֵּנוּ אֲדֹנָי: 13 חַטַּאת־פִּימוֹ דְּבַר־שְׂפָתֵימוֹ וְיִלָּכְדוּ בִגְאוֹנָם וּמֵאָלָה וּמִכַּחַשׁ יְסַפֵּרוּ: 14 כַּלֵּה בְחֵמָה כַּלֵּה וְאֵינֵמוֹ וְיֵדְעוּ כִּי־אֱלֹהִים מֹשֵׁל בְּיַעֲקֹב לְאַפְסֵי הָאָרֶץ סֶלָה: 15 וְיָשֻׁבוּ לָעֶרֶב יֶהֱמוּ כַכָּלֶב וִיסוֹבְבוּ עִיר: 16 הֵמָּה יְנוּעוּן יְנִיעוּן לֶאֱכֹל

tarry all night if they have not their fill. / [17] But as for me, I will sing of Thy strength; / Yea, I will sing aloud of Thy mercy in the morning; / For Thou hast been my high tower, / And a refuge in the day of my distress. / [18] O my strength, unto Thee will I sing praises; / For God is my high tower, the God of my mercy.

60 For the Leader; upon Shushan Eduth; Michtam of David, to teach; [2] when he strove with Aram-naharaim and with Aram-zobah, and Joab returned, and smote of Edom in the Valley of Salt twelve thousand. / [3] O God, Thou hast cast us off, Thou hast broken us down; / Thou hast been angry; O restore us. / [4] Thou hast made the land to shake, Thou hast cleft it; / Heal the breaches thereof; for it tottereth. / [5] Thou hast made Thy people to see hard things; / Thou hast made us to drink the wine of staggering. / [6] Thou hast given a banner to them that fear Thee, / That it may be displayed because of the truth. Selah / [7] That Thy beloved may be delivered, / Save with Thy right hand, and answer me. / [8] God spoke in His holiness, that I would exult; / That I would divide Shechem, and mete out the valley of Succoth. / [9] Gilead is mine, and Manasseh is mine; / Ephraim also is the defence of my head, / Judah is my sceptre. / [10] Moab is my washpot; / Upon Edom do I cast my shoe; / Philistia, cry aloud because of me! / [11] Who will bring me into the fortified city? / Who will lead me unto Edom? / [12] Hast not Thou, O God, cast us off? / And Thou goest not forth, O God, with our hosts. / [13] Give us help against the adversary; / For vain is the help of man. / [14] Through God we shall do valiantly; / For He it is that will tread down our adversaries.

61 For the Leader; with string-music. / [A Psalm] of David. / [2] Hear my cry, O God; Attend unto my prayer. / [3] From the end of the earth will I call unto Thee, when my heart fainteth; / Lead me to a rock that is too high for me. / [4] For Thou hast been a refuge for me, / A tower of strength in the face of the enemy. / [5] I will dwell in Thy Tent for ever; / I will take refuge in the covert of Thy wings. Selah / [6] For Thou, O God, hast heard my vows; / Thou hast granted the heritage of those that fear Thy name. /

אִם־לֹא יִשְׂבְּעוּ וַיָּלִינוּ: 17 וַאֲנִי | אָשִׁיר עֻזֶּךָ וַאֲרַנֵּן לַבֹּקֶר חַסְדֶּךָ כִּי־הָיִיתָ מִשְׂגָּב לִי וּמָנוֹס בְּיוֹם צַר־לִי: 18 עֻזִּי אֵלֶיךָ אֲזַמֵּרָה כִּי־אֱלֹהִים מִשְׂגַּבִּי אֱלֹהֵי חַסְדִּי:

60 לַמְנַצֵּחַ עַל־שׁוּשַׁן עֵדוּת מִכְתָּם לְדָוִד לְלַמֵּד: 2 בְּהַצּוֹתוֹ | אֶת אֲרַם נַהֲרַיִם וְאֶת־אֲרַם צוֹבָה וַיָּשָׁב יוֹאָב וַיַּךְ אֶת־ אֱדוֹם בְּגֵיא־מֶלַח שְׁנֵים עָשָׂר אָלֶף: 3 אֱלֹהִים זְנַחְתָּנוּ פְרַצְתָּנוּ אָנַפְתָּ תְּשׁוֹבֵב לָנוּ: 4 הִרְעַשְׁתָּה אֶרֶץ פְּצַמְתָּהּ רְפָה שְׁבָרֶיהָ כִי־מָטָה: 5 הִרְאִיתָה עַמְּךָ קָשָׁה הִשְׁקִיתָנוּ יַיִן תַּרְעֵלָה: 6 נָתַתָּה לִּירֵאֶיךָ נֵּס לְהִתְנוֹסֵס מִפְּנֵי קֹשֶׁט סֶלָה: 7 לְמַעַן יֵחָלְצוּן יְדִידֶיךָ הוֹשִׁיעָה יְמִינְךָ וַעֲנֵנוּ וַעֲנֵנִי: 8 אֱלֹהִים | דִּבֶּר בְּקָדְשׁוֹ אֶעְלֹזָה אֲחַלְּקָה שְׁכֶם וְעֵמֶק סֻכּוֹת אֲמַדֵּד: 9 לִי גִלְעָד | וְלִי מְנַשֶּׁה וְאֶפְרַיִם מָעוֹז רֹאשִׁי יְהוּדָה מְחֹקְקִי: 10 מוֹאָב | סִיר רַחְצִי עַל־אֱדוֹם אַשְׁלִיךְ נַעֲלִי עָלַי פְּלֶשֶׁת הִתְרֹעָעִי: 11 מִי יֹבִלֵנִי עִיר מָצוֹר מִי נָחַנִי עַד־אֱדוֹם: 12 הֲלֹא־אַתָּה אֱלֹהִים זְנַחְתָּנוּ וְלֹא־תֵצֵא אֱלֹהִים בְּצִבְאוֹתֵינוּ: 13 הָבָה־ לָּנוּ עֶזְרָת מִצָּר וְשָׁוְא תְּשׁוּעַת אָדָם: 14 בֵּאלֹהִים נַעֲשֶׂה־חָיִל וְהוּא יָבוּס צָרֵינוּ:

61 לַמְנַצֵּחַ | עַל־נְגִינַת לְדָוִד: 2 שִׁמְעָה אֱלֹהִים רִנָּתִי הַקְשִׁיבָה תְּפִלָּתִי: 3 מִקְצֵה הָאָרֶץ | אֵלֶיךָ אֶקְרָא בַּעֲטֹף לִבִּי בְּצוּר־ יָרוּם מִמֶּנִּי תַנְחֵנִי: 4 כִּי־הָיִיתָ מַחְסֶה לִי מִגְדַּל־עֹז מִפְּנֵי אוֹיֵב: 5 אָגוּרָה בְאָהָלְךָ עוֹלָמִים אֶחֱסֶה בְסֵתֶר כְּנָפֶיךָ סֶּלָה: 6 כִּי־ אַתָּה אֱלֹהִים שָׁמַעְתָּ לִנְדָרָי נָתַתָּ יְרֻשַּׁת

[7] Mayest Thou add days unto the king's days! / May his years be as many generations! / [8] May he be enthroned before God for ever! / Appoint mercy and truth, that they may preserve him. / [9] So will I sing praise unto Thy name for ever, / That I may daily perform my vows.

62 For the Leader; for Jeduthun. A Psalm of David. / [2] Only for God doth my soul wait in stillness; / From Him cometh my salvation. / [3] He only is my rock and my salvation, / My high tower, I shall not be greatly moved. / [4] How long will ye set upon a man, / That ye may slay him, all of you, / As a leaning wall, a tottering fence? / [5] They only devise to thrust him down from his height, delighting in lies; / They bless with their mouth, but they curse inwardly. Selah / [6] Only for God wait thou in stillness, my soul; / For from Him cometh my hope. / [7] He only is my rock and my salvation. / My high tower, I shall not be moved. / [8] Upon God resteth my salvation and my glory; / The rock of my strength, and my refuge, is in God. / [9] Trust in Him at all times, ye people; / Pour out your heart before Him; / God is a refuge for us. Selah / [10] Men of low degree are vanity, and men of high degree are a lie; / If they be laid in the balances, they are together lighter than vanity. / [11] Trust not in oppression, / And put not vain hope in robbery; / If riches increase, set not your heart thereon. / [12] God hath spoken once, / Twice have I heard this: / That strength belongeth unto God; / [13] Also unto Thee, O Lord, belongeth mercy; / For Thou renderest to every man according to his work.

63 A Psalm of David, when he was in the wilderness of Judah. / [2] O God, Thou art my God, earnestly will I seek Thee; / My soul thirsteth for Thee, my flesh longeth for Thee, / In a dry and weary land, where no water is. / [3] So have I looked for Thee in the sanctuary, / To see Thy power and Thy glory. / [4] For Thy lovingkindness is better than life; / My lips shall praise Thee. / [5] So will I bless Thee as long as I live; / In Thy name will I lift up my

יְרַאֵי שְׁמֶךָ: 7 יָמִים עַל־יְמֵי־מֶלֶךְ תּוֹסִיף שְׁנוֹתָיו כְּמוֹ־דֹר וָדֹר: 8 יֵשֵׁב עוֹלָם לִפְנֵי אֱלֹהִים חֶסֶד וֶאֱמֶת מַן יִנְצְרֻהוּ: 9 כֵּן אֲזַמְּרָה שִׁמְךָ לָעַד לְשַׁלְּמִי נְדָרַי יוֹם | יוֹם:

62 לַמְנַצֵּחַ עַל־יְדוּתוּן מִזְמוֹר לְדָוִד: 2 אַךְ אֶל־אֱלֹהִים דּוּמִיָּה נַפְשִׁי מִמֶּנּוּ יְשׁוּעָתִי: 3 אַךְ־הוּא צוּרִי וִישׁוּעָתִי מִשְׂגַּבִּי לֹא־אֶמּוֹט רַבָּה: 4 עַד־אָנָה | תְּהוֹתְתוּ עַל־אִישׁ תְּרָצְּחוּ כֻלְּכֶם כְּקִיר נָטוּי גָּדֵר הַדְּחוּיָה: 5 אַךְ מִשְּׂאֵתוֹ | יָעֲצוּ לְהַדִּיחַ יִרְצוּ כָזָב בְּפִיו יְבָרֵכוּ וּבְקִרְבָּם יְקַלְלוּ־סֶלָה: 6 אַךְ לֵאלֹהִים דּוֹמִּי נַפְשִׁי כִּי־מִמֶּנּוּ תִּקְוָתִי: 7 אַךְ־הוּא צוּרִי וִישׁוּעָתִי מִשְׂגַּבִּי לֹא אֶמּוֹט: 8 עַל־אֱלֹהִים יִשְׁעִי וּכְבוֹדִי צוּר־עֻזִּי מַחְסִי בֵּאלֹהִים: 9 בִּטְחוּ בוֹ בְכָל־עֵת | עָם שִׁפְכוּ־לְפָנָיו לְבַבְכֶם אֱלֹהִים מַחֲסֶה־לָּנוּ סֶלָה: 10 אַךְ | הֶבֶל בְּנֵי־אָדָם כָּזָב בְּנֵי אִישׁ בְּמֹאזְנַיִם לַעֲלוֹת הֵמָּה מֵהֶבֶל יָחַד: 11 אַל־תִּבְטְחוּ בְעֹשֶׁק וּבְגָזֵל אַל־תֶּהְבָּלוּ חַיִל | כִּי־יָנוּב אַל־תָּשִׁיתוּ לֵב: 12 אַחַת | דִּבֶּר אֱלֹהִים שְׁתַּיִם־זוּ שָׁמָעְתִּי כִּי עֹז לֵאלֹהִים: 13 וּלְךָ־אֲדֹנָי חָסֶד כִּי־אַתָּה תְשַׁלֵּם לְאִישׁ כְּמַעֲשֵׂהוּ:

63 מִזְמוֹר לְדָוִד בִּהְיוֹתוֹ בְּמִדְבַּר יְהוּדָה: 2 אֱלֹהִים | אֵלִי אַתָּה אֲשַׁחֲרֶךָּ צָמְאָה לְךָ | נַפְשִׁי כָּמַהּ לְךָ בְשָׂרִי בְּאֶרֶץ־צִיָּה וְעָיֵף בְּלִי־מָיִם: 3 כֵּן בַּקֹּדֶשׁ חֲזִיתִיךָ לִרְאוֹת עֻזְּךָ וּכְבוֹדֶךָ: 4 כִּי־טוֹב חַסְדְּךָ מֵחַיִּים שְׂפָתַי יְשַׁבְּחוּנְךָ: 5 כֵּן אֲבָרֶכְךָ בְחַיָּי בְּשִׁמְךָ אֶשָּׂא

hands. / [6] My soul is satisfied as with marrow and fatness; / And my mouth doth praise Thee with joyful lips; / [7] When I remember Thee upon my couch, / And meditate on Thee in the night-watches. / [8] For Thou hast been my help, / And in the shadow of Thy wings do I rejoice. / [9] My soul cleaveth unto Thee; / Thy right hand holdeth me fast. / [10] But those that seek my soul, to destroy it, / Shall go into the nethermost parts of the earth. / [11] They shall be hurled to the power of the sword; / They shall be a portion for foxes. / [12] But the king shall rejoice in God; / Every one that sweareth by Him shall glory; / For the mouth of them that speak lies shall be stopped.

64 For the Leader. A Psalm of David. / [2] Hear my voice, O God, in my complaint; / Preserve my life from the terror of the enemy. / [3] Hide me from the council of evildoers; / From the tumult of the workers of iniquity; / [4] Who have whet their tongue like a sword, / And have aimed their arrow, a poisoned word; / [5] That they may shoot in secret places at the blameless; / Suddenly do they shoot at him, and fear not. / [6] They encourage one another in an evil matter, / They converse of laying snares secretly; / They ask, who would see them. / [7] They search out iniquities, they have accomplished a diligent search; / Even in the inward thought of every one, and the deep heart. / [8] But God doth shoot at them with an arrow suddenly; / Thence are their wounds. / [9] So they make their own tongue a stumbling unto themselves; / All that see them shake the head. / [10] And all men fear; / And they declare the work of God, / And understand His doing. / [11] The righteous shall be glad in the LORD, and shall take refuge in Him; / And all the upright in heart shall glory.

65 For the Leader. A Psalm. A Song of David. / [2] Praise waiteth for Thee, O God, in Zion; / And unto Thee the vow is performed. / [8] O Thou that hearest prayer, Unto Thee doth all flesh come. / [4] The tale of iniquities is too heavy for me; / As for our transgressions, / Thou wilt pardon them. / [5] Happy is the man whom Thou choosest, and bringest near, / That he may dwell in Thy courts; / May we be satisfied with the goodness of Thy house, / The holy place of Thy temple! / [6] With wondrous works dost Thou answer us in righteousness, / O God of our salvation; / Thou the confidence of all the ends of

כַּפָּי: 6 כְּמוֹ חֵלֶב וָדֶשֶׁן תִּשְׂבַּע נַפְשִׁי
וְשִׂפְתֵי רְנָנוֹת יְהַלֶּל־פִּי: 7 אִם־זְכַרְתִּיךָ
עַל־יְצוּעָי בְּאַשְׁמֻרוֹת אֶהְגֶּה־בָּךְ: 8 כִּי־
הָיִיתָ עֶזְרָתָה לִּי וּבְצֵל כְּנָפֶיךָ אֲרַנֵּן:
9 דָּבְקָה נַפְשִׁי אַחֲרֶיךָ בִּי תָּמְכָה יְמִינֶךָ:
10 וְהֵמָּה לְשׁוֹאָה יְבַקְשׁוּ נַפְשִׁי יָבֹאוּ
בְּתַחְתִּיּוֹת הָאָרֶץ: 11 יַגִּירֻהוּ עַל־יְדֵי־חָרֶב
מְנָת שֻׁעָלִים יִהְיוּ: 12 וְהַמֶּלֶךְ יִשְׂמַח
בֵּאלֹהִים יִתְהַלֵּל כָּל־הַנִּשְׁבָּע בּוֹ כִּי יִסָּכֵר
פִּי דוֹבְרֵי־שָׁקֶר:

64 לַמְנַצֵּחַ מִזְמוֹר לְדָוִד: 2 שְׁמַע־אֱלֹהִים
קוֹלִי בְשִׂיחִי מִפַּחַד אוֹיֵב תִּצֹּר חַיָּי:
3 תַּסְתִּירֵנִי מִסּוֹד מְרֵעִים מֵרִגְשַׁת פֹּעֲלֵי
אָוֶן: 4 אֲשֶׁר שָׁנְנוּ כַחֶרֶב לְשׁוֹנָם דָּרְכוּ
חִצָּם דָּבָר מָר: 5 לִירוֹת בַּמִּסְתָּרִים תָּם
פִּתְאֹם יֹרֻהוּ וְלֹא יִירָאוּ: 6 יְחַזְּקוּ־לָמוֹ |
דָּבָר רָע יְסַפְּרוּ לִטְמוֹן מוֹקְשִׁים אָמְרוּ מִי
יִרְאֶה־לָּמוֹ: 7 יַחְפְּשׂוּ־עוֹלֹת תַּמְנוּ חֵפֶשׂ
מְחֻפָּשׂ וְקֶרֶב אִישׁ וְלֵב עָמֹק: 8 וַיֹּרֵם
אֱלֹהִים חֵץ פִּתְאוֹם הָיוּ מַכּוֹתָם:
9 וַיַּכְשִׁילוּהוּ עָלֵימוֹ לְשׁוֹנָם יִתְנֹדְדוּ כָּל־
רֹאֵה בָם: 10 וַיִּירְאוּ כָּל־אָדָם וַיַּגִּידוּ פֹּעַל
אֱלֹהִים וּמַעֲשֵׂהוּ הִשְׂכִּילוּ: 11 יִשְׂמַח צַדִּיק
בַּיהוָה וְחָסָה בוֹ וְיִתְהַלְלוּ כָּל־יִשְׁרֵי־לֵב:

65 לַמְנַצֵּחַ מִזְמוֹר לְדָוִד שִׁיר: 2 לְךָ דֻמִיָּה
תְהִלָּה אֱלֹהִים בְּצִיּוֹן וּלְךָ יְשֻׁלַּם־נֶדֶר:
3 שֹׁמֵעַ תְּפִלָּה עָדֶיךָ כָּל־בָּשָׂר יָבֹאוּ:
4 דִּבְרֵי עֲוֹנֹת גָּבְרוּ מֶנִּי פְּשָׁעֵינוּ אַתָּה
תְכַפְּרֵם: 5 אַשְׁרֵי | תִּבְחַר וּתְקָרֵב יִשְׁכֹּן
חֲצֵרֶיךָ נִשְׂבְּעָה בְּטוּב בֵּיתֶךָ קְדֹשׁ הֵיכָלֶךָ:
6 נוֹרָאוֹת | בְּצֶדֶק תַּעֲנֵנוּ אֱלֹהֵי יִשְׁעֵנוּ

the earth, / And of the far distant seas; / [7] Who by Thy strength settest fast the mountains, / Who art girded about with might; / [8] Who stillest the roaring of the seas, the roaring of their waves, / And the tumult of the peoples; / [9] So that they that dwell in the uttermost parts stand in awe of Thy signs; / Thou makest the outgoings of the morning and evening to rejoice. / [10] Thou hast remembered the earth, and watered her, greatly enriching her, / With the river of God that is full of water; / Thou preparest them corn, for so preparest Thou her. / [11] Watering her ridges abundantly, / Settling down the furrows thereof, / Thou makest her soft with showers; / Thou blessest the growth thereof. / [12] Thou crownest the year with Thy goodness; / And Thy paths drop fatness. / [13] The pastures of the wilderness do drop; / And the hills are girded with joy. / [14] The meadows are clothed with flocks; / The valleys also are covered over with corn; / They shout for joy, yea, they sing.

66 For the Leader. A Song, a Psalm. / Shout unto God, all the earth; / [2] Sing praises unto the glory of His name; / Make His praise glorious. / [3] Say unto God: 'How tremendous is Thy work! / Through the greatness of Thy power shall Thine enemies dwindle away before Thee. / [4] All the earth shall worship Thee, / And shall sing praises unto Thee; / They shall sing praises to Thy name.' Selah / [5] Come, and see the works of God; / He is terrible in His doing toward the children of men. / [6] He turned the sea into dry land; / They went through the river on foot; / There let us rejoice in Him! / [7] Who ruleth by His might for ever; / His eyes keep watch upon the nations; / Let not the rebellious exalt themselves. Selah / [8] Bless our God, ye peoples, / And make the voice of His praise to be heard; / [9] Who hath set our soul in life, / And suffered not our foot to be moved. / [10] For Thou, O God, hast tried us; / Thou hast refined us, as silver is refined. / [11] Thou didst bring us into the hold; / Thou didst lay constraint upon our loins. / [12] Thou hast caused men to ride over our heads; / We went through fire and through water; / But Thou didst bring us out unto abundance. / [13] I will come into Thy house with burnt-offerings, / I will perform unto Thee my vows, / [14] Which my lips have uttered, / And my mouth hath spoken, when I was in distress. /

מִבְטָח כָּל־קַצְוֵי־אֶרֶץ וְיָם רְחֹקִים: 7 מֵכִין הָרִים בְּכֹחוֹ נֶאְזָר בִּגְבוּרָה: 8 מַשְׁבִּיחַ ׀ שְׁאוֹן יַמִּים שְׁאוֹן גַּלֵּיהֶם וַהֲמוֹן לְאֻמִּים: 9 וַיִּירְאוּ ׀ יֹשְׁבֵי קְצָוֹת מֵאוֹתֹתֶיךָ מוֹצָאֵי־בֹקֶר וָעֶרֶב תַּרְנִין: 10 פָּקַדְתָּ הָאָרֶץ ׀ וַתְּשֹׁקְקֶהָ רַבַּת תַּעְשְׁרֶנָּה פֶּלֶג אֱלֹהִים מָלֵא מָיִם תָּכִין דְּגָנָם כִּי־כֵן תְּכִינֶהָ: 11 תְּלָמֶיהָ רַוֵּה נַחֵת גְּדוּדֶיהָ בִּרְבִיבִים תְּמֹגְגֶנָּה צִמְחָהּ תְּבָרֵךְ: 12 עִטַּרְתָּ שְׁנַת טוֹבָתֶךָ וּמַעְגָּלֶיךָ יִרְעֲפוּן דָּשֶׁן: 13 יִרְעֲפוּ נְאוֹת מִדְבָּר וְגִיל גְּבָעוֹת תַּחְגֹּרְנָה: 14 לָבְשׁוּ כָרִים ׀ הַצֹּאן וַעֲמָקִים יַעַטְפוּ־בָר יִתְרוֹעֲעוּ אַף־יָשִׁירוּ:

66 לַמְנַצֵּחַ שִׁיר מִזְמוֹר הָרִיעוּ לֵאלֹהִים כָּל־הָאָרֶץ: 2 זַמְּרוּ כְבוֹד־שְׁמוֹ שִׂימוּ כָבוֹד תְּהִלָּתוֹ: 3 אִמְרוּ לֵאלֹהִים מַה־נּוֹרָא מַעֲשֶׂיךָ בְּרֹב עֻזְּךָ יְכַחֲשׁוּ לְךָ אֹיְבֶיךָ: 4 כָּל־הָאָרֶץ ׀ יִשְׁתַּחֲווּ לְךָ וִיזַמְּרוּ־לָךְ יְזַמְּרוּ שִׁמְךָ סֶלָה: 5 לְכוּ וּרְאוּ מִפְעֲלוֹת אֱלֹהִים נוֹרָא עֲלִילָה עַל־בְּנֵי אָדָם: 6 הָפַךְ יָם ׀ לְיַבָּשָׁה בַּנָּהָר יַעַבְרוּ בְרָגֶל שָׁם נִשְׂמְחָה־בּוֹ: 7 מֹשֵׁל בִּגְבוּרָתוֹ ׀ עוֹלָם עֵינָיו בַּגּוֹיִם תִּצְפֶּינָה הַסּוֹרְרִים ׀ אַל־יָרִימוּ לָמוֹ סֶלָה: 8 בָּרְכוּ עַמִּים ׀ אֱלֹהֵינוּ וְהַשְׁמִיעוּ קוֹל תְּהִלָּתוֹ: 9 הַשָּׂם נַפְשֵׁנוּ בַּחַיִּים וְלֹא־נָתַן לַמּוֹט רַגְלֵנוּ: 10 כִּי־בְחַנְתָּנוּ אֱלֹהִים צְרַפְתָּנוּ כִּצְרָף־כָּסֶף: 11 הֲבֵאתָנוּ בַמְּצוּדָה שַׂמְתָּ מוּעָקָה בְמָתְנֵינוּ: 12 הִרְכַּבְתָּ אֱנוֹשׁ לְרֹאשֵׁנוּ בָּאנוּ־בָאֵשׁ וּבַמַּיִם וַתּוֹצִיאֵנוּ לָרְוָיָה: 13 אָבוֹא בֵיתְךָ בְעוֹלוֹת אֲשַׁלֵּם לְךָ נְדָרָי: 14 אֲשֶׁר־פָּצוּ שְׂפָתָי וְדִבֶּר־פִּי בַּצַּר־לִי:

[15] I will offer unto Thee burnt-offerings of fatlings, / With the sweet smoke of rams; / I will offer bullocks with goats. Selah / [16] Come, and hearken, all ye that fear God, / And I will declare what He hath done for my soul. / [17] I cried unto Him with my mouth, / And He was extolled with my tongue. / [18] If I had regarded iniquity in my heart, / The Lord would not hear; / [19] But verily God hath heard; / He hath attended to the voice of my prayer. / [20] Blessed be God, / Who hath not turned away my prayer, nor His mercy from me.

67 For the Leader; with string-music. A Psalm, a Song. / [2] God be gracious unto us, and bless us; / May He cause His face to shine toward us; Selah / [3] That Thy way may be known upon earth, / Thy salvation among all nations. / [4] Let the peoples give thanks unto Thee, O God; / Let the peoples give thanks unto Thee, all of them. / [5] O let the nations be glad and sing for joy; / For Thou wilt judge the peoples with equity, / And lead the nations upon earth. Selah / [6] Let the peoples give thanks unto Thee, O God; / Let the peoples give thanks unto Thee, all of them. / [7] The earth hath yielded her increase; / May God, our own God, bless us. / [8] May God bless us; / And let all the ends of the earth fear Him.

68 For the Leader. A Psalm of David, a Song. / [2] Let God arise, let His enemies be scattered; / And let them that hate Him flee before Him. / [3] As smoke is driven away, so drive them away; / As wax melteth before the fire, / So let the wicked perish at the presence of God. / [4] But let the righteous be glad, let them exult before God; / Yea, let them rejoice with gladness. / [5] Sing unto God, sing praises to His name; / Extol Him that rideth upon the skies, whose name is the LORD; / And exult ye before Him. / [6] A father of the fatherless, and a judge of the widows, / Is God in His holy habitation. / [7] God maketh the solitary to dwell in a house; / He bringeth out the prisoners into prosperity; / The rebellious dwell but in a parched land. / [8] O God, when Thou wentest forth before Thy people, / When Thou didst march through the

עֹלוֹת מֵחִים אַעֲלֶה־לָּךְ עִם־קְטֹרֶת 15
אֵילִים אֶעֱשֶׂה בָקָר עִם־עַתּוּדִים סֶלָה:
לְכוּ־שִׁמְעוּ וַאֲסַפְּרָה כָּל־יִרְאֵי אֱלֹהִים 16
אֲשֶׁר עָשָׂה לְנַפְשִׁי: 17 אֵלָיו פִּי־קָרָאתִי
וְרוֹמַם תַּחַת לְשׁוֹנִי: 18 אָוֶן אִם־רָאִיתִי
בְלִבִּי לֹא יִשְׁמַע | אֲדֹנָי: 19 אָכֵן שָׁמַע
אֱלֹהִים הִקְשִׁיב בְּקוֹל תְּפִלָּתִי: 20 בָּרוּךְ
אֱלֹהִים אֲשֶׁר לֹא־הֵסִיר תְּפִלָּתִי וְחַסְדּוֹ
מֵאִתִּי:

67 לַמְנַצֵּחַ בִּנְגִינֹת מִזְמוֹר שִׁיר:
אֱלֹהִים יְחָנֵּנוּ וִיבָרְכֵנוּ יָאֵר פָּנָיו אִתָּנוּ 2
סֶלָה: 3 לָדַעַת בָּאָרֶץ דַּרְכֶּךָ בְּכָל־גּוֹיִם
יְשׁוּעָתֶךָ: 4 יוֹדוּךָ עַמִּים | אֱלֹהִים יוֹדוּךָ
עַמִּים כֻּלָּם: 5 יִשְׂמְחוּ וִירַנְּנוּ לְאֻמִּים
כִּי־תִשְׁפֹּט עַמִּים מִישׁוֹר וּלְאֻמִּים | בָּאָרֶץ
תַּנְחֵם סֶלָה: 6 יוֹדוּךָ עַמִּים | אֱלֹהִים יוֹדוּךָ
עַמִּים כֻּלָּם: 7 אֶרֶץ נָתְנָה יְבוּלָהּ יְבָרְכֵנוּ
אֱלֹהִים אֱלֹהֵינוּ: 8 יְבָרְכֵנוּ אֱלֹהִים וְיִירְאוּ
אֹתוֹ כָּל־אַפְסֵי־אָרֶץ:

68 לַמְנַצֵּחַ לְדָוִד מִזְמוֹר שִׁיר: 2 יָקוּם
אֱלֹהִים יָפוּצוּ אוֹיְבָיו וְיָנוּסוּ מְשַׂנְאָיו
מִפָּנָיו: 3 כְּהִנְדֹּף עָשָׁן תִּנְדֹּף כְּהִמֵּס דּוֹנַג
מִפְּנֵי־אֵשׁ יֹאבְדוּ רְשָׁעִים מִפְּנֵי אֱלֹהִים:
4 וְצַדִּיקִים יִשְׂמְחוּ יַעַלְצוּ לִפְנֵי אֱלֹהִים
וְיָשִׂישׂוּ בְשִׂמְחָה: 5 שִׁירוּ | לֵאלֹהִים זַמְּרוּ
שְׁמוֹ סֹלּוּ לָרֹכֵב בָּעֲרָבוֹת בְּיָהּ שְׁמוֹ וְעִלְזוּ
לְפָנָיו: 6 אֲבִי יְתוֹמִים וְדַיַּן אַלְמָנוֹת
אֱלֹהִים בִּמְעוֹן קָדְשׁוֹ: 7 אֱלֹהִים | מוֹשִׁיב
יְחִידִים | בַּיְתָה מוֹצִיא אֲסִירִים בַּכּוֹשָׁרוֹת
אַךְ סוֹרֲרִים שָׁכְנוּ צְחִיחָה: 8 אֱלֹהִים
בְּצֵאתְךָ לִפְנֵי עַמֶּךָ בְּצַעְדְּךָ בִישִׁימוֹן

wilderness; Selah / [9] The earth trembled, the heavens also dropped at the presence of God; / Even yon Sinai trembled at the presence of God, the God of Israel. / [10] A bounteous rain didst Thou pour down, O God; / When Thine inheritance was weary, Thou didst confirm it. / [11] Thy flock settled therein; / Thou didst prepare in Thy goodness for the poor, O God. / [12] The Lord giveth the word; / The women that proclaim the tidings are a great host. / [13] Kings of armies flee, they flee; / And she that tarrieth at home di-videth the spoil. / [14] When ye lie among the sheepfolds, / The wings of the dove are covered with silver, / And her pinions with the shimmer of gold. / [15] When the Almighty scattereth kings therein, / It snoweth in Zalmon. / [16] A mountain of God is the mountain of Bashan; / A mountain of peaks is the mountain of Bashan. / [17] Why look ye askance, ye mountains of peaks, / At the mountain which God hath desired for His abode? / Yea, the LORD will dwell therein for ever. / [18] The chariots of God are myriads, even thousands upon thousands; / The Lord is among them, as in Sinai, in holiness. / [19] Thou hast ascended on high, Thou hast led captivity captive, / Thou hast received gifts among men, / Yea, among the rebellious also, that the LORD GOD might dwell there. / [20] Blessed be the Lord, day by day He beareth our burden, / Even the God who is our salvation. Selah / [21] God is unto us a God of deliverances; / And unto GOD the Lord belong the issues of death. / [22] Surely God will smite through the head of His enemies, / The hairy scalp of him that goeth about in his guiltiness. / [23] The Lord said: 'I will bring back from Bashan, / I will bring them back from the depths of the sea; / [24] That thy foot may wade through blood, / That the tongue of thy dogs may have its portion from thine enemies.' / [25] They see Thy goings, O God, / Even the goings of my God, my King, in holiness. / [26] The singers go before, the minstrels follow after, / In the midst of damsels playing upon timbrels; / [27] 'Bless ye God in full assemblies, / Even the Lord, ye that are from the fountain of Israel.' / [28] There is Benjamin, the youngest, ruling them, / The princes of Judah their council, / The princes of Zebulun, the princes of Naphtali. / [29] Thy God hath commanded thy strength; / Be strong, O God, Thou that hast wrought for us / [30] Out of Thy temple at Jerusalem, / Whither kings shall bring presents unto Thee. / [31] Rebuke the wild beast of the reeds, / The multitude of the bulls, with the calves of the peoples, / Every one submitting himself with pieces of silver; / He

סֶֽלָה: 9 אֶ֤רֶץ רָעָ֨שָׁה ׀ אַף־שָׁמַ֣יִם נָטְפוּ֮ מִפְּנֵ֪י אֱלֹ֫הִ֥ים זֶ֣ה סִינַ֑י מִפְּנֵ֥י אֱ֝לֹהִ֗ים אֱלֹהֵ֥י יִשְׂרָאֵֽל: 10 גֶּ֣שֶׁם נְדָב֖וֹת תָּנִ֣יף אֱלֹהִ֑ים נַחֲלָתְךָ֥ וְ֝נִלְאָ֗ה אַתָּ֥ה כֽוֹנַנְתָּֽה: 11 חַיָּתְךָ֥ יָֽשְׁבוּ־בָ֑הּ תָּ֘כִ֤ין בְּטוֹבָתְךָ֖ לֶעָנִ֣י אֱלֹהִֽים: 12 אֲדֹנָ֥י יִתֶּן־אֹ֑מֶר הַֽ֝מְבַשְּׂר֗וֹת צָבָ֥א רָֽב: 13 מַלְכֵ֣י צְ֭בָאוֹת יִדֹּד֣וּן יִדֹּד֑וּן וּנְוַת־בַּ֝֗יִת תְּחַלֵּ֥ק שָׁלָֽל: 14 אִֽם־תִּשְׁכְּבוּן֮ בֵּ֪ין שְׁפַ֫תָּ֥יִם כַּנְפֵ֣י י֭וֹנָה נֶחְפָּ֣ה בַכֶּ֑סֶף וְ֝אֶבְרוֹתֶ֗יהָ בִּירַקְרַ֥ק חָרֽוּץ: 15 בְּפָ֘רֵ֤שׂ שַׁדַּ֓י מְלָ֘כִ֤ים בָּ֗הּ תַּשְׁלֵ֥ג בְּצַלְמֽוֹן: 16 הַר־אֱ֭לֹהִים הַר־בָּשָׁ֑ן הַ֥ר גַּ֝בְנֻנִּ֗ים הַר־בָּשָֽׁן: 17 לָ֤מָּה ׀ תְּֽרַצְּדוּן֮ הָרִ֥ים גַּבְנֻנִּ֗ים הָ֭הָר חָמַ֣ד אֱלֹהִ֣ים לְשִׁבְתּ֑וֹ אַף־יְ֝הוָ֗ה יִשְׁכֹּ֥ן לָנֶֽצַח: 18 רֶ֤כֶב אֱלֹהִ֗ים רִבֹּתַ֛יִם אַלְפֵ֥י שִׁנְאָ֑ן אֲדֹנָ֥י בָ֝֗ם סִינַ֥י בַּקֹּֽדֶשׁ: 19 עָ֘לִ֤יתָ לַמָּר֨וֹם ׀ שָׁבִ֖יתָ שֶּׁ֥בִי לָקַ֣חְתָּ מַ֭תָּנוֹת בָּאָדָ֑ם וְאַ֥ף ס֝וֹרְרִ֗ים לִשְׁכֹּ֨ן ׀ יָ֬הּ אֱלֹהִֽים: 20 בָּ֤ר֣וּךְ אֲדֹנָי֮ י֤וֹם ׀ י֗וֹם יַֽעֲמָס־לָ֫נוּ הָ֭אֵל יְשֽׁוּעָתֵ֣נוּ סֶֽלָה: 21 הָ֤אֵ֣ל ׀ לָנוּ֮ אֵ֪ל לְֽמוֹשָׁ֫ע֥וֹת וְלֵיהוִ֥ה אֲדֹנָ֑י לַ֝מָּ֗וֶת תּוֹצָאֽוֹת: 22 אַךְ־אֱלֹהִ֗ים יִמְחַץ֮ רֹ֤אשׁ אֹֽיְבָ֥יו קָדְקֹ֥ד שֵׂעָ֑ר מִ֝תְהַלֵּ֗ךְ בַּאֲשָׁמָֽיו: 23 אָמַ֣ר אֲ֭דֹנָי מִבָּשָׁ֣ן אָשִׁ֑יב אָ֝שִׁ֗יב מִֽמְּצֻל֥וֹת יָֽם: 24 לְמַ֤עַן ׀ תִּֽמְחַ֬ץ רַגְלְךָ֗ בְּ֫דָ֥ם לְשׁ֥וֹן כְּלָבֶ֑יךָ מֵאֹיְבִ֥ים מִנֵּֽהוּ: 25 רָא֣וּ הֲלִיכוֹתֶ֣יךָ אֱלֹהִ֑ים הֲלִיכ֥וֹת אֵלִ֥י מַלְכִּ֗י בַקֹּֽדֶשׁ: 26 קִדְּמ֣וּ שָׁ֭רִים אַחַ֣ר נֹגְנִ֑ים בְּת֥וֹךְ עֲ֝לָמ֗וֹת תּוֹפֵפֽוֹת: 27 בְּֽ֭מַקְהֵלוֹת בָּרְכ֣וּ אֱלֹהִ֑ים יְ֝הוָ֗ה מִמְּק֥וֹר יִשְׂרָאֵֽל: 28 שָׁ֤ם בִּנְיָמִ֨ן ׀ צָעִ֡יר רֹדֵ֗ם שָׂרֵ֣י יְ֭הוּדָה רִגְמָתָ֑ם שָׂרֵ֥י זְ֝בֻל֗וּן שָׂרֵ֥י נַפְתָּלִֽי: 29 צִוָּ֥ה אֱלֹהֶ֗יךָ עֻ֫זֶּ֥ךָ עוּזָּ֥ה אֱלֹהִ֑ים ז֥וּ פָּעַ֥לְתָּ לָּֽנוּ: 30 מֵֽ֭הֵיכָלֶךָ עַל־יְרוּשָׁלָ֑͏ִם לְךָ֖ יוֹבִ֣ילוּ מְלָכִ֣ים שָֽׁי: 31 גְּעַ֨ר חַיַּ֪ת קָנֶ֡ה עֲדַ֤ת

hath scattered the peoples that delight in war! / [32] Nobles shall come out of Egypt; / Ethiopia shall hasten to stretch out her hands unto God. / [33] Sing unto God, ye kingdoms of the earth; / O sing praises unto the Lord; Selah / [34] To Him that rideth upon the heavens of heavens, which are of old; / Lo, He uttereth His voice, a mighty voice. / [35] Ascribe ye strength unto God; / His majesty is over Israel, / And His strength is in the skies. / [36] Awful is God out of thy holy places; / The God of Israel, He giveth strength and power unto the people, / Blessed be God.

69 For the Leader; upon Shoshan-nim. / [A Psalm] of David. / [2] Save me, O God; / For the waters are come in even unto the soul. / [3] I am sunk in deep mire, where there is no standing; / I am come into deep waters, and the flood overwhelmeth me. / [4] I am weary with my crying; my threat is dried; / Mine eyes fail while I wait for my God. / [5] They that hate me without a cause are more than the hairs of my head, / They that would cut me off, being mine enemies wrongfully, are many; / Should I restore that which I took not away? / [6] O God, Thou knowest my folly; / And my trespasses are not hid from Thee. / [7] Let not them that wait for Thee be ashamed through me, O Lord / God of hosts; / Let not those that seek Thee be brought to confusion through me, O God of Israel. / [8] Because for Thy sake I have borne reproach; / Confusion hath covered my face. / [9] I am become a stranger unto my brethren, / And an alien unto my mother's children. / [10] Because zeal for Thy house hath eaten me up, / And the reproaches of them that reproach Thee are fallen upon me. / [11] And I wept with my soul fasting, / And that became unto me a reproach. / [12] I made sackcloth also my garment, / And I became a byword unto them / [13] They that sit in the gate talk of me; / And I am the song of the drunkards. / [14] But as for me, let my prayer be unto Thee, O LORD, in an acceptable time; / O God, in the abundance of Thy mercy, / Answer me with the truth of Thy salvation. / [15] Deliver me out of the mire, and let me not sink; / Let me be delivered from them that hate me, and out of the deep waters. / [16] Let not the waterflood overwhelm me, / Neither let the deep swallow

אַבִּירִים ׀ בְּעֶגְלֵי עַמִּים מִתְרַפֵּס בְּרַצֵּי־
כֶסֶף בִּזַּר עַמִּים קְרָבוֹת יֶחְפָּצוּ: 32 יֶאֱתָיוּ
חַשְׁמַנִּים מִנִּי מִצְרָיִם כּוּשׁ תָּרִיץ יָדָיו
לֵאלֹהִים: 33 מַמְלְכוֹת הָאָרֶץ שִׁירוּ
לֵאלֹהִים זַמְּרוּ אֲדֹנָי סֶלָה: 34 לָרֹכֵב בִּשְׁמֵי
שְׁמֵי־קֶדֶם הֵן יִתֵּן בְּקוֹלוֹ קוֹל עֹז: 35 תְּנוּ
עֹז לֵאלֹהִים עַל־יִשְׂרָאֵל גַּאֲוָתוֹ וְעֻזּוֹ
בַּשְּׁחָקִים: 36 נוֹרָא אֱלֹהִים מִמִּקְדָּשֶׁיךָ אֵל
יִשְׂרָאֵל הוּא נֹתֵן ׀ עֹז וְתַעֲצֻמוֹת לָעָם
בָּרוּךְ אֱלֹהִים:

69 לַמְנַצֵּחַ עַל־שׁוֹשַׁנִּים לְדָוִד:
2 הוֹשִׁיעֵנִי אֱלֹהִים כִּי בָאוּ מַיִם עַד־נָפֶשׁ:
3 טָבַעְתִּי ׀ בִּיוֵן מְצוּלָה וְאֵין מָעֳמָד בָּאתִי
בְמַעֲמַקֵּי־מַיִם וְשִׁבֹּלֶת שְׁטָפָתְנִי: 4 יָגַעְתִּי
בְקָרְאִי נִחַר גְּרוֹנִי כָּלוּ עֵינַי מְיַחֵל לֵאלֹהָי:
5 רַבּוּ ׀ מִשַּׂעֲרוֹת רֹאשִׁי שֹׂנְאַי חִנָּם עָצְמוּ
מַצְמִיתַי אֹיְבַי שֶׁקֶר אֲשֶׁר לֹא־גָזַלְתִּי אָז
אָשִׁיב: 6 אֱלֹהִים אַתָּה יָדַעְתָּ לְאִוַּלְתִּי
וְאַשְׁמוֹתַי מִמְּךָ לֹא־נִכְחָדוּ: 7 אַל־יֵבֹשׁוּ
בִי ׀ קֹוֶיךָ אֲדֹנָי יֱהֹוִה צְבָאוֹת אַל־יִכָּלְמוּ
בִי מְבַקְשֶׁיךָ אֱלֹהֵי יִשְׂרָאֵל: 8 כִּי־עָלֶיךָ
נָשָׂאתִי חֶרְפָּה כִּסְּתָה כְלִמָּה פָנָי: 9 מוּזָר
הָיִיתִי לְאֶחָי וְנָכְרִי לִבְנֵי אִמִּי: 10 כִּי־
קִנְאַת בֵּיתְךָ אֲכָלָתְנִי וְחֶרְפּוֹת חוֹרְפֶיךָ
נָפְלוּ עָלָי: 11 וָאֶבְכֶּה בַצּוֹם נַפְשִׁי וַתְּהִי
לַחֲרָפוֹת לִי: 12 וָאֶתְּנָה לְבוּשִׁי שָׂק וָאֱהִי
לָהֶם לְמָשָׁל: 13 יָשִׂיחוּ בִי יֹשְׁבֵי שָׁעַר
וּנְגִינוֹת שׁוֹתֵי שֵׁכָר: 14 וַאֲנִי תְפִלָּתִי־לְךָ ׀
יְהֹוָה עֵת רָצוֹן אֱלֹהִים בְּרָב־חַסְדֶּךָ עֲנֵנִי
בֶּאֱמֶת יִשְׁעֶךָ: 15 הַצִּילֵנִי מִטִּיט וְאַל־
אֶטְבָּעָה אִנָּצְלָה מִשֹּׂנְאַי וּמִמַּעֲמַקֵּי־מָיִם:
16 אַל־תִּשְׁטְפֵנִי ׀ שִׁבֹּלֶת מַיִם וְאַל־

me up; / And let not the pit shut her mouth upon me. / [17] Answer me, O LORD, for Thy mercy is good; / According to the multitude of Thy compassions turn Thou unto me. / [18] And hide not Thy face from Thy servant; / For I am in distress; answer me speedily. / [19] Draw nigh unto my soul, and redeem it; / Ransom me because of mine enemies. / [20] Thou knowest my reproach, and my shame, and my confusion; / Mine adversaries are all before Thee. / [21] Reproach hath broken my heart; and I am sore sick; / And I looked for some to show compassion, but there was none; / And for comforters, but I found none. / [22] Yea, they put poison into my food; / And in my thirst they gave me vinegar to drink. / [23] Let their table before them become a snare; / And when they are in peace, let it become a trap. / [24] Let their eyes be darkened, that they see not; / And make their loins continually to totter. / [25] Pour out Thine indignation upon them, / And let the fierceness of Thine anger overtake them. / [26] Let their encampment be desolate; / Let none dwell in their tents. / [27] For they persecute him whom Thou hast smitten; / And they tell of the pain of those whom Thou hast wounded. / [28] Add iniquity unto their iniquity; / And let them not come into Thy righteousness. / [29] Let them be blotted out of the book of the living. / And not be written with the righteous. / [30] But I am afflicted and in pain; / Let Thy salvation, O God, set me up on high. / [31] I will praise the name of God with a song, / And will magnify Him with thanksgiving. / [32] And it shall please the LORD better than a bullock / That hath horns and hoofs. / [33] The humble shall see it, and be glad; / Ye that seek after God, let your heart revive. / [34] For the LORD hearkeneth unto the needy, / And despiseth not His prisoners. / [35] Let heaven and earth praise Him, / The seas, and every thing that moveth therein. / [36] For God will save Zion, and build the cities of Judah; / And they shall abide there, and have it in possession. / [37] The seed also of His servants shall inherit it; / And they that love His name shall dwell therein.

70 For the Leader. [A Psalm] of David; to make memorial. / [2] O God, to deliver me, / O LORD, to help me, make haste. / [3] Let them be ashamed and abashed / That seek after my soul; / Let them be turned backward and brought to confusion / That delight in my hurt. / [4] Let them be turned back by reason of their

תִּבְלָעֵנִי מְצוּלָה וְאַל־תֶּאְטַר־עָלַי בְּאֵר
פִּיהָ: 17 עֲנֵנִי יְהוָה כִּי־טוֹב חַסְדֶּךָ כְּרֹב
רַחֲמֶיךָ פְּנֵה אֵלָי: 18 וְאַל־תַּסְתֵּר פָּנֶיךָ
מֵעַבְדֶּךָ כִּי־צַר־לִי מַהֵר עֲנֵנִי: 19 קָרְבָה
אֶל־נַפְשִׁי גְאָלָהּ לְמַעַן אֹיְבַי פְּדֵנִי: 20 אַתָּה
יָדַעְתָּ חֶרְפָּתִי וּבָשְׁתִּי וּכְלִמָּתִי נֶגְדְּךָ כָּל־
צוֹרְרָי: 21 חֶרְפָּה שָׁבְרָה לִבִּי וָאָנוּשָׁה
וָאֲקַוֶּה לָנוּד וָאַיִן וְלַמְנַחֲמִים וְלֹא
מָצָאתִי: 22 וַיִּתְּנוּ בְּבָרוּתִי רֹאשׁ וְלִצְמָאִי
יַשְׁקוּנִי חֹמֶץ: 23 יְהִי־שֻׁלְחָנָם לִפְנֵיהֶם
לְפָח וְלִשְׁלוֹמִים לְמוֹקֵשׁ: 24 תֶּחְשַׁכְנָה
עֵינֵיהֶם מֵרְאוֹת וּמָתְנֵיהֶם תָּמִיד הַמְעַד:
25 שְׁפָךְ־עֲלֵיהֶם זַעְמֶךָ וַחֲרוֹן אַפְּךָ יַשִּׂיגֵם:
26 תְּהִי־טִירָתָם נְשַׁמָּה בְּאָהֳלֵיהֶם אַל־יְהִי
יֹשֵׁב: 27 כִּי־אַתָּה אֲשֶׁר־הִכִּיתָ רָדָפוּ וְאֶל־
מַכְאוֹב חֲלָלֶיךָ יְסַפֵּרוּ: 28 תְּנָה־עָוֹן עַל־
עֲוֹנָם וְאַל־יָבֹאוּ בְּצִדְקָתֶךָ: 29 יִמָּחוּ מִסֵּפֶר
חַיִּים וְעִם צַדִּיקִים אַל־יִכָּתֵבוּ: 30 וַאֲנִי
עָנִי וְכוֹאֵב יְשׁוּעָתְךָ אֱלֹהִים תְּשַׂגְּבֵנִי:
31 אֲהַלְלָה שֵׁם־אֱלֹהִים בְּשִׁיר וַאֲגַדְּלֶנּוּ
בְתוֹדָה: 32 וְתִיטַב לַיהוָה מִשּׁוֹר פָּר מַקְרִן
מַפְרִיס: 33 רָאוּ עֲנָוִים יִשְׂמָחוּ דֹּרְשֵׁי
אֱלֹהִים וִיחִי לְבַבְכֶם: 34 כִּי־שֹׁמֵעַ אֶל־
אֶבְיוֹנִים יְהוָה וְאֶת־אֲסִירָיו לֹא בָזָה:
35 יְהַלְלוּהוּ שָׁמַיִם וָאָרֶץ יַמִּים וְכָל־רֹמֵשׂ
בָּם: 36 כִּי אֱלֹהִים יוֹשִׁיעַ צִיּוֹן וְיִבְנֶה
עָרֵי יְהוּדָה וְיָשְׁבוּ שָׁם וִירֵשׁוּהָ: 37 וְזֶרַע
עֲבָדָיו יִנְחָלוּהָ וְאֹהֲבֵי שְׁמוֹ יִשְׁכְּנוּ־בָהּ:

70 לַמְנַצֵּחַ לְדָוִד לְהַזְכִּיר: 2 אֱלֹהִים
לְהַצִּילֵנִי יְהוָה לְעֶזְרָתִי חוּשָׁה: 3 יֵבֹשׁוּ
וְיַחְפְּרוּ מְבַקְשֵׁי נַפְשִׁי יִסֹּגוּ אָחוֹר וְיִכָּלְמוּ
חֲפֵצֵי רָעָתִי: 4 יָשׁוּבוּ עַל־עֵקֶב בָּשְׁתָּם

shame / That say: 'Aha, aha.' / [5] Let all those that seek Thee rejoice and be glad in Thee; / And let such as love Thy salvation say continually: / 'Let God be magnified.' / [6] But I am poor and needy, / O God, make haste unto me; / Thou art my help and my deliverer; / O LORD, tarry not.

71 In thee, O LORD, have I taken refuge; / Let me never be ashamed. / [2] Deliver me in Thy righteousness, and rescue me; / Incline Thine ear unto me, and save me. / [3] Be Thou to me a sheltering rock, whereunto I may continually resort, / Which Thou hast appointed to save me; / For Thou art my rock and my fortress. / [4] O my God, rescue me out of the hand of the wicked, / Out of the grasp of the unrighteous and ruthless man. / [5] For Thou art my hope; / O Lord GOD, my trust from my youth. / [6] Upon Thee have I stayed myself from birth; / Thou art He that took me out of my mother's womb; / My praise is continually of Thee. / [7] I am as a wonder unto many; / But Thou art my strong refuge. / [8] My mouth shall be filled with Thy praise, / And with Thy glory all the day. / [9] Cast me not off in the time of old age; / When my strength faileth, forsake me not. / [10] For mine enemies speak concerning me, / And they that watch for my soul take counsel together, / [11] Saying: 'God hath forsaken him; / Pursue and take him; for there is none to deliver.' / [12] O God, be not far from me; / O my God, make haste to help me. / [13] Let them be ashamed and con- sumed that are adversaries to my soul; / Let them be covered with reproach and confusion that seek my hurt / [14] But as for me, I will hope continually, / And will praise Thee yet more and more. / [15] My mouth shall tell of Thy righteousness, / And of Thy salvation all the day; / For I know not the numbers thereof / [16] I will come with Thy mighty acts, O Lord GOD; / I will make mention of Thy righteousness, even of Thine only. / [17] O God, Thou hast taught me from my youth; / And until now do I declare Thy wondrous works. / [18] And even unto old age and hoary hairs, O God, forsake me not; / Until I have declared Thy strength unto the next generation, / Thy might to every one that is to come; / [19] Thy righteousness also, O God, which reacheth unto high heaven; / Thou who hast done great things, / O God, who

הָאֹמְרִים הֶאָח ׀ הֶאָח: 5 יָשִׂישׂוּ וְיִשְׂמְחוּ ׀ בְּךָ כָּל־מְבַקְשֶׁיךָ וְיֹאמְרוּ תָמִיד יִגְדַּל אֱלֹהִים אֹהֲבֵי יְשׁוּעָתֶךָ: 6 וַאֲנִי ׀ עָנִי וְאֶבְיוֹן אֱלֹהִים חוּשָׁה־לִּי עֶזְרִי וּמְפַלְטִי אַתָּה יְהוָה אַל־תְּאַחַר:

71 בְּךָ־יְהוָה חָסִיתִי אַל־אֵבוֹשָׁה לְעוֹלָם: 2 בְּצִדְקָתְךָ תַּצִּילֵנִי וּתְפַלְּטֵנִי הַטֵּה־אֵלַי אָזְנְךָ וְהוֹשִׁיעֵנִי: 3 הֱיֵה לִי ׀ לְצוּר מָעוֹן לָבוֹא תָּמִיד צִוִּיתָ לְהוֹשִׁיעֵנִי כִּי־סַלְעִי וּמְצוּדָתִי אָתָּה: 4 אֱלֹהַי פַּלְּטֵנִי מִיַּד רָשָׁע מִכַּף מְעַוֵּל וְחוֹמֵץ: 5 כִּי־אַתָּה תִקְוָתִי אֲדֹנָי יְהוִה מִבְטַחִי מִנְּעוּרָי: 6 עָלֶיךָ ׀ נִסְמַכְתִּי מִבֶּטֶן מִמְּעֵי אִמִּי אַתָּה גוֹזִי בְּךָ תְהִלָּתִי תָמִיד: 7 כְּמוֹפֵת הָיִיתִי לְרַבִּים וְאַתָּה מַחֲסִי־עֹז: 8 יִמָּלֵא פִי תְּהִלָּתֶךָ כָּל־הַיּוֹם תִּפְאַרְתֶּךָ: 9 אַל־תַּשְׁלִיכֵנִי לְעֵת זִקְנָה כִּכְלוֹת כֹּחִי אַל־תַּעַזְבֵנִי: 10 כִּי־אָמְרוּ אוֹיְבַי לִי וְשֹׁמְרֵי נַפְשִׁי נוֹעֲצוּ יַחְדָּו: 11 לֵאמֹר אֱלֹהִים עֲזָבוֹ רִדְפוּ וְתִפְשׂוּהוּ כִּי־אֵין מַצִּיל: 12 אֱלֹהִים אַל־תִּרְחַק מִמֶּנִּי אֱלֹהַי לְעֶזְרָתִי חֵישָׁה חוּשָׁה: 13 יֵבֹשׁוּ יִכְלוּ שֹׂטְנֵי נַפְשִׁי יַעֲטוּ חֶרְפָּה וּכְלִמָּה מְבַקְשֵׁי רָעָתִי: 14 וַאֲנִי תָּמִיד אֲיַחֵל וְהוֹסַפְתִּי עַל־כָּל־תְּהִלָּתֶךָ: 15 פִּי ׀ יְסַפֵּר צִדְקָתֶךָ כָּל־הַיּוֹם תְּשׁוּעָתֶךָ כִּי לֹא יָדַעְתִּי סְפֹרוֹת: 16 אָבוֹא בִּגְבֻרוֹת אֲדֹנָי יְהוִה אַזְכִּיר צִדְקָתְךָ לְבַדֶּךָ: 17 אֱלֹהִים לִמַּדְתַּנִי מִנְּעוּרָי וְעַד־הֵנָּה אַגִּיד נִפְלְאוֹתֶיךָ: 18 וְגַם עַד־זִקְנָה ׀ וְשֵׂיבָה אֱלֹהִים אַל־תַּעַזְבֵנִי עַד־אַגִּיד זְרוֹעֲךָ לְדוֹר לְכָל־יָבוֹא גְּבוּרָתֶךָ: 19 וְצִדְקָתְךָ אֱלֹהִים עַד־מָרוֹם אֲשֶׁר־עָשִׂיתָ גְדֹלוֹת אֱלֹהִים מִי

is like unto Thee? / [20] Thou, who hast made me to see many and sore troubles, / Wilt quicken me again, and bring me up again from the depths of the earth. / [21] Thou wilt increase my greatness, / And turn and comfort me. / [22] I also will give thanks unto Thee with the psaltery, / Even unto Thy truth, O my God; / I will sing praises unto Thee with the harp, / O Thou Holy One of Israel. / [23] My lips shall greatly rejoice when I sing praises unto Thee; / And my soul, which Thou hast redeemed. / [24] My tongue also shall tell of Thy righteousness all the day; / For they are ashamed, for they are abashed, that seek my hurt.

72 [A Psalm] of Solomon. / Give the king Thy judgments, O God, / And Thy righteousness unto the king's son; / [2] That he may judge Thy people with righteousness, / And Thy poor with justice. / [3] Let the mountains bear peace to the people, / And the hills, through righteousness. / [4] May he judge the poor of the people, / And save the children of the needy, / And crush the oppressor. / [5] They shall fear Thee while the sun endureth, / And so long as the moon, throughout all generations. / [6] May he come down like rain upon the mown grass, / As showers that water the earth. / [7] In his days let the righteous flourish, / And abundance of peace, till the moon be no more. / [8] May he have dominion also from sea to sea, / And from the River unto the ends of the earth. / [9] Let them that dwell in the wilderness bow before him; / And his enemies lick the dust. / [10] The kings of Tarshish and of the isles shall render tribute; / The kings of Sheba and Seba shall offer gifts. / [11] Yea, all kings shall prostrate themselves before him; / All nations shall serve him. / [12] For he will deliver the needy when he crieth; / The poor also, and him that hath no helper. / [13] He will have pity on the poor and needy, / And the souls of the needy he will save. / [14] He will redeem their soul from oppression and violence, / And precious will their blood be in his sight; / [15] That they may live, and that he may give them of the gold of Sheba, / That they may pray for him continually, / Yea, bless him all the day. / [16] May he be as a rich cornfield in the land upon the top of the mountains; / May his fruit rustle like Lebanon; / And may they blossom out of the city like grass of the earth. / [17] May his name endure for ever; / May his name be continued as long as the sun; / May men also bless themselves by him; / May all nations call him happy. / [18] Blessed be the Lord GOD,

צָרוֹת | הִרְאִיתַנִי הֲרֵאִיתֵנוּ אֲשֶׁר 20 : כָּמוֹךָ
תְּחַיֵּינִי תָּשׁוּב תחיינו תְּחַיֵּינוּ וְרָעוֹת רַבּוֹת
תֶּרֶב | 21 : תַּעֲלֵנִי תָּשׁוּב הָאָרֶץ וּמִתְּהֹמוֹת
אוֹדְךָ | אֲנִי־גַּם 22 : תְּנַחֲמֵנִי וְתִסֹּב גְּדֻלָּתִי
בְכִנּוֹר לְךָ אֲזַמְּרָה אֱלֹהָי אֲמִתְּךָ בְכְלִי־נֶבֶל
כִּי שְׂפָתַי תְּרַנֵּנָה 23 : יִשְׂרָאֵל קְדוֹשׁ
גַּם־ 24 : פָּדִיתָ אֲשֶׁר וְנַפְשִׁי אֲזַמְּרָה־לָּךְ
כִי־בֹשׁוּ צִדְקָתֶךָ תֶּהְגֶּה כָּל־הַיּוֹם לְשׁוֹנִי
: רָעָתִי מְבַקְשֵׁי כִי־חָפְרוּ

לְמֶלֶךְ מִשְׁפָּטֶיךָ אֱלֹהִים | לִשְׁלֹמֹה **72**
בְּצֶדֶק עַמְּךָ יָדִין 2 : לְבֶן־מֶלֶךְ וְצִדְקָתְךָ תֵּן
שָׁלוֹם הָרִים יִשְׂאוּ 3 : בְמִשְׁפָּט וַעֲנִיֶּיךָ
עֲנִיֵּי־עָם | יִשְׁפֹּט 4 : בִּצְדָקָה וּגְבָעוֹת לָעָם
יִירָאוּךָ 5 : עוֹשֵׁק וִידַכֵּא אֶבְיוֹן לִבְנֵי יוֹשִׁיעַ
יֵרֵד 6 : דּוֹרִים דּוֹר יָרֵחַ וְלִפְנֵי עִם־שָׁמֶשׁ
אָרֶץ זַרְזִיף כִּרְבִיבִים עַל־גֵּז כְּמָטָר
עַד־בְּלִי שָׁלוֹם וְרֹב צַדִּיק יִפְרַח־בְּיָמָיו 7
עַד־ וּמִנָּהָר עַד־יָם מִיָּם וְיֵרְדְּ 8 : יָרֵחַ
וְאֹיְבָיו צִיִּים יִכְרְעוּ לְפָנָיו 9 : אַפְסֵי־אָרֶץ
וְאִיִּים תַּרְשִׁישׁ מַלְכֵי 10 : יְלַחֵכוּ עָפָר
אֶשְׁכָּר וּסְבָא שְׁבָא מַלְכֵי יָשִׁיבוּ מִנְחָה
כָּל־ כָל־מְלָכִים וְיִשְׁתַּחֲווּ־לוֹ 11 : יַקְרִיבוּ
מְשַׁוֵּעַ אֶבְיוֹן כִּי־יַצִּיל 12 : יַעַבְדוּהוּ גּוֹיִם
וְאֶבְיוֹן עַל־דַּל יָחֹס 13 : לוֹ וְאֵין־עֹזֵר וְעָנִי
וּמֵחָמָס מִתּוֹךְ 14 : יוֹשִׁיעַ אֶבְיוֹנִים וְנַפְשׁוֹת
וִיחִי 15 : בְּעֵינָיו דָּמָם וְיֵיקַר נַפְשָׁם יִגְאַל
תָּמִיד בַּעֲדוֹ וְיִתְפַּלֵּל שְׁבָא מִזְּהַב וְיִתֶּן־לוֹ
בַּר | פִסַּת יְהִי 16 : יְבָרְכֶנְהוּ כָל־הַיּוֹם
פִרְיוֹ כַּלְּבָנוֹן יִרְעַשׁ הָרִים בְּרֹאשׁ בָּאָרֶץ
שְׁמוֹ יְהִי 17 : הָאָרֶץ כְּעֵשֶׂב מֵעִיר וְיָצִיצוּ
וְיִתְבָּרְכוּ שְׁמוֹ יִנּוֹן יִנִּין שֶׁמֶשׁ לִפְנֵי־שָׁמֶשׁ לְעוֹלָם
יְהוָה | בָּרוּךְ 18 : יְאַשְּׁרוּהוּ כָל־גּוֹיִם בוֹ

the God of Israel, / Who only doeth wondrous things; / [19] And blessed be His glorious name for ever; / And let the whole earth be filled with His glory. / Amen, and Amen. / [20] The prayers of David the son of Jesse are ended.

BOOK III

73 A Psalm of Asaph. / Surely God is good to Israel, / Even to such as are pure in heart. / [2] But as for me, my feet were almost gone; / My steps had well nigh slipped. / [3] For I was envious at the arrogant, / When I saw the prosperity of the wicked. / [4] For there are no pangs at their death, / And their body is sound. / [5] In the trouble of man they are not; / Neither are they plagued like men. / [6] Therefore pride is as a chain about their neck; / Violence covereth them as a garment. / [7] Their eyes stand forth from fatness; / They are gone beyond the imaginations of their heart. / [8] They scoff, and in wickedness utter oppression; / They speak as if there were none on high. / [9] They have set their mouth against the heavens, / And their tongue walketh through the earth. / [10] Therefore His people return hither; / And waters of fulness are drained out by them. / [11] And they say: 'How doth God know? / And is there knowledge in the Most High?' / [12] Behold, such are the wicked; / And they that are always at ease increase riches. / [13] Surely in vain have I cleansed my heart, / And washed my hands in innocency; / [14] For all the day have I been plagued, / And my chastisement came every morning. / [15] If I had said: 'I will speak thus', / Behold, I had been faithless to the generation of Thy children. / [16] And when I pondered how I might know this, / It was wearisome in mine eyes, / [17] Until I entered into the sanctuary of God, / And considered their end. / [18] Surely Thou settest them in slippery places; / Thou hurlest them down to utter ruin. / [19] How are they become a desolation in a moment! / They are wholly consumed by terrors. / [20] As a dream when one awaketh, / So, O Lord, when Thou arousest / Thyself, Thou wilt despise their semblance. / [21] For my heart was in a ferment, / And I was pricked in my reins. / [22] But I was brutish, and ignorant; / I was as a beast before Thee. / [23] Nevertheless I am continually with Thee; / Thou holdest my right hand. / [24] Thou wilt guide me with Thy counsel, / And afterward receive me with glory. /

אֱלֹהִים אֱלֹהֵי יִשְׂרָאֵל עֹשֵׂה נִפְלָאוֹת לְבַדּוֹ: 19 וּבָרוּךְ | שֵׁם כְּבוֹדוֹ לְעוֹלָם וְיִמָּלֵא כְבוֹדוֹ אֶת־כָּל הָאָרֶץ אָמֵן | וְאָמֵן: 20 כָּלּוּ תְפִלּוֹת דָּוִד בֶּן־יִשָׁי:

ספר שלישי

73 מִזְמוֹר לְאָסָף אַךְ טוֹב לְיִשְׂרָאֵל אֱלֹהִים לְבָרֵי לֵבָב: 2 וַאֲנִי כִּמְעַט נטוי נָטָיוּ רַגְלָי כְּאַיִן שפכה שֻׁפְּכוּ אֲשֻׁרָי: 3 כִּי־קִנֵּאתִי בַּהוֹלְלִים שְׁלוֹם רְשָׁעִים אֶרְאֶה: 4 כִּי אֵין חַרְצֻבּוֹת לְמוֹתָם וּבָרִיא אוּלָם: 5 בַּעֲמַל אֱנוֹשׁ אֵינֵמוֹ וְעִם־אָדָם לֹא יְנֻגָּעוּ: 6 לָכֵן עֲנָקַתְמוֹ גַאֲוָה יַעֲטָף־שִׁית חָמָס לָמוֹ: 7 יָצָא מֵחֵלֶב עֵינֵמוֹ עָבְרוּ מַשְׂכִּיּוֹת לֵבָב: 8 יָמִיקוּ | וִידַבְּרוּ בְרָע עֹשֶׁק מִמָּרוֹם יְדַבֵּרוּ: 9 שַׁתּוּ בַשָּׁמַיִם פִּיהֶם וּלְשׁוֹנָם תִּהֲלַךְ בָּאָרֶץ: 10 לָכֵן | ישיב יָשׁוּב עַמּוֹ הֲלֹם וּמֵי מָלֵא יִמָּצוּ לָמוֹ: 11 וְאָמְרוּ אֵיכָה יָדַע־אֵל וְיֵשׁ דֵּעָה בְעֶלְיוֹן: 12 הִנֵּה־אֵלֶּה רְשָׁעִים וְשַׁלְוֵי עוֹלָם הִשְׂגּוּ־חָיִל: 13 אַךְ־רִיק זִכִּיתִי לְבָבִי וָאֶרְחַץ בְּנִקָּיוֹן כַּפָּי: 14 וָאֱהִי נָגוּעַ כָּל־הַיּוֹם וְתוֹכַחְתִּי לַבְּקָרִים: 15 אִם־אָמַרְתִּי אֲסַפְּרָה כְמוֹ הִנֵּה דוֹר בָּנֶיךָ בָגָדְתִּי: 16 וָאֲחַשְּׁבָה לָדַעַת זֹאת עָמָל היא הוּא בְעֵינָי: 17 עַד־אָבוֹא אֶל־מִקְדְּשֵׁי־אֵל אָבִינָה לְאַחֲרִיתָם: 18 אַךְ בַּחֲלָקוֹת תָּשִׁית לָמוֹ הִפַּלְתָּם לְמַשּׁוּאוֹת: 19 אֵיךְ הָיוּ לְשַׁמָּה כְרָגַע סָפוּ תַמּוּ מִן־בַּלָּהוֹת: 20 כַּחֲלוֹם מֵהָקִיץ אֲדֹנָי בָּעִיר צַלְמָם תִּבְזֶה: 21 כִּי יִתְחַמֵּץ לְבָבִי וְכִלְיוֹתַי אֶשְׁתּוֹנָן: 22 וַאֲנִי־בַעַר וְלֹא אֵדָע בְּהֵמוֹת הָיִיתִי עִמָּךְ: 23 וַאֲנִי תָמִיד עִמָּךְ אָחַזְתָּ בְּיַד־יְמִינִי: 24 בַּעֲצָתְךָ תַנְחֵנִי וְאַחַר

[25] Whom have I in heaven but Thee? / And beside Thee I desire none upon earth. / [26] My flesh and my heart faileth; / But God is the rock of my heart and my portion for ever. / [27] For, lo, they that go far from Thee shall perish; / Thou dost destroy all them that go astray from Thee. / [28] But as for me, the nearness of God is my good; / I have made the Lord GOD my refuge, / That I may tell of all Thy works.

74 Maschil of Asaph. / Why, O God, hast Thou cast us off for ever? / Why doth Thine anger smoke against the flock of Thy pasture? / [2] Remember Thy congregation, which Thou hast gotten of old, / Which Thou hast redeemed to be the tribe of Thine inheritance; / And mount Zion, wherein Thou hast dwelt. / [3] Lift up Thy steps because of the perpetual ruins, / Even all the evil that the enemy hath done in the sanctuary. / [4] Thine adversaries have roared in the midst of Thy meeting-place; / They have set up their own signs for signs. / [5] It seemed as when men wield upwards / Axes in a thicket of trees. / [6] And now all the carved work thereof together / They strike down with hatchet and hammers. / [7] They have set Thy sanctuary on fire; / They have profaned the dwelling-place of Thy name even to the ground. / [8] They said in their heart: 'Let us make havoc of them altogether'; / They have burned up all the meeting-places of God in the land. / [9] We see not our signs; / There is no more any prophet; / Neither is there among us any that knoweth how long. / [10] How long, O God, shall the adversary reproach? / Shall the enemy blaspheme Thy name for ever? / [11] Why withdrawest Thou Thy hand, even Thy right hand? / Draw it out of Thy bosom and consume them. / [12] Yet God is my King of old, / Working salvation in the midst of the earth. / [13] Thou didst break the sea in pieces by Thy strength; / Thou didst shatter the heads of the sea-monsters in the waters. / [14] Thou didst crush the heads of leviathan, / Thou gavest him to be food to the folk inhabiting the wilderness. / [15] Thou didst cleave fountain and brook; / Thou driedst up ever-flowing rivers / [16] Thine is the day, Thine also the night; / Thou hast established luminary and sun. / [17] Thou hast set all the borders of the earth; / Thou hast made summer and winter. / [18] Remember this, how the enemy hath reproached the LORD, / And how a base people have blasphemed Thy name. / [19] O deliver not the soul of Thy turtledove unto the wild beast; / Forget not the life of Thy poor

כָּבוֹד תִּקָּחֵנִי: 25 מִי־לִי בַשָּׁמַיִם וְעִמְּךָ לֹא־חָפַצְתִּי בָאָרֶץ: 26 כָּלָה שְׁאֵרִי וּלְבָבִי צוּר־לְבָבִי וְחֶלְקִי אֱלֹהִים לְעוֹלָם: 27 כִּי־הִנֵּה רְחֵקֶיךָ יֹאבֵדוּ הִצְמַתָּה כָּל־זוֹנֶה מִמֶּךָּ: 28 וַאֲנִי | קִרֲבַת אֱלֹהִים לִי־טוֹב שַׁתִּי | בַּאדֹנָי יְהוִה מַחְסִי לְסַפֵּר כָּל־מַלְאֲכוֹתֶיךָ:

74 מַשְׂכִּיל לְאָסָף לָמָה אֱלֹהִים זָנַחְתָּ לָנֶצַח יֶעְשַׁן אַפְּךָ בְּצֹאן מַרְעִיתֶךָ: 2 זְכֹר עֲדָתְךָ | קָנִיתָ קֶּדֶם גָּאַלְתָּ שֵׁבֶט נַחֲלָתֶךָ הַר־צִיּוֹן זֶה | שָׁכַנְתָּ בּוֹ: 3 הָרִימָה פְעָמֶיךָ לְמַשֻּׁאוֹת נֶצַח כָּל־הֵרַע אוֹיֵב בַּקֹּדֶשׁ: 4 שָׁאֲגוּ צֹרְרֶיךָ בְּקֶרֶב מוֹעֲדֶךָ שָׂמוּ אוֹתֹתָם אֹתוֹת: 5 יִוָּדַע כְּמֵבִיא לְמָעְלָה בִּסֲבָךְ־עֵץ קַרְדֻּמּוֹת: 6 ועת וְעַתָּה פִּתּוּחֶיהָ יָּחַד בְּכַשִּׁיל וְכֵילַפֹּת יַהֲלֹמוּן: 7 שִׁלְחוּ בָאֵשׁ מִקְדָּשֶׁךָ לָאָרֶץ חִלְּלוּ מִשְׁכַּן־שְׁמֶךָ: 8 אָמְרוּ בְלִבָּם נִינָם יָחַד שָׂרְפוּ כָל־מוֹעֲדֵי־אֵל בָּאָרֶץ: 9 אוֹתֹתֵינוּ לֹא רָאִינוּ אֵין־עוֹד נָבִיא וְלֹא־אִתָּנוּ יֹדֵעַ עַד־מָה: 10 עַד־מָתַי אֱלֹהִים יְחָרֶף צָר יְנָאֵץ אוֹיֵב שִׁמְךָ לָנֶצַח: 11 לָמָּה תָשִׁיב יָדְךָ וִימִינֶךָ מִקֶּרֶב חוקך חֵיקְךָ כַלֵּה: 12 וֵאלֹהִים מַלְכִּי מִקֶּדֶם פֹּעֵל יְשׁוּעוֹת בְּקֶרֶב הָאָרֶץ: 13 אַתָּה פוֹרַרְתָּ בְעָזְּךָ יָם שִׁבַּרְתָּ רָאשֵׁי תַנִּינִים עַל־הַמָּיִם: 14 אַתָּה רִצַּצְתָּ רָאשֵׁי לִוְיָתָן תִּתְּנֶנּוּ מַאֲכָל לְעָם לְצִיִּים: 15 אַתָּה בָקַעְתָּ מַעְיָן וָנָחַל אַתָּה הוֹבַשְׁתָּ נַהֲרוֹת אֵיתָן: 16 לְךָ יוֹם אַף־לְךָ לָיְלָה אַתָּה הֲכִינוֹתָ מָאוֹר וָשָׁמֶשׁ: 17 אַתָּה הִצַּבְתָּ כָּל־גְּבוּלוֹת אָרֶץ קַיִץ וָחֹרֶף אַתָּה יְצַרְתָּם: 18 זְכָר־זֹאת אוֹיֵב חֵרֵף | יְהוָה וְעַם נָבָל נִאֲצוּ שְׁמֶךָ: 19 אַל־תִּתֵּן לְחַיַּת נֶפֶשׁ תּוֹרֶךָ חַיַּת עֲנִיֶּיךָ

for ever. / [20] Look upon the covenant; / For the dark places of the land are full of the habitations of violence. / [21] O let not the oppressed turn back in confusion; / Let the poor and needy praise Thy name. / [22] Arise, O God, plead Thine own cause, / Remember Thy reproach all the day at the hand of the base man. / [23] Forget not the voice of Thine adversaries, / The tumult of those that rise up against Thee which ascendeth continually.

75 For the Leader; Al-tashheth. / A Psalm of Asaph, a Song. / [2] We give thanks unto Thee, O God, / We give thanks, and Thy name is near; / Men tell of Thy wondrous works. / [3] 'When I take the appointed time, / I Myself will judge with equity. / [4] When the earth and all the inhabitants thereof are dissolved, / I Myself establish the pillars of it.' Selah / [5] I say unto the arrogant: 'Deal not arrogantly'; / And to the wicked 'Lift not up the horn.' / [6] Lift not up your horn on high; / Speak not insolence with a haughty neck. / [7] For neither from the east, nor from the west, / Nor yet from the wilderness, cometh lifting up. / [8] For God is judge; / He putteth down one, and lifteth up another. / [9] For in the hand of the LORD there is a cup, with foaming wine, full of mixture, / And He poureth out of the same; / Surely the dregs thereof, all the wicked of the earth shall drain them, and drink them. / [10] But as for me, I will declare for ever, / I will sing praises to the God of Jacob. / [11] All the horns of the wicked also will I cut off; / But the horns of the righteous shall be lifted up.

76 For the Leader; with string-music. A Psalm of Asaph, a Song. / [2] In Judah is God known; / His name is great in Israel. / [3] In Salem also is set His tabernacle, / And His dwelling-place in Zion. / [4] There He broke the fiery shafts of the bow; / The shield, and the sword, and the battle. Selah / [5] Glorious art Thou and excellent, coming down from the mountains of prey. / [6] The stout-hearted are bereft of sense, they sleep their sleep; / And none of the men of might have found their hands. / [7] At Thy rebuke, O God of Jacob, / They are cast into a dead sleep, the riders also and the horses. / [8] Thou, even Thou, art terrible, / And who may stand in Thy sight when once Thou art angry? / [9] Thou didst cause sentence to be heard from heaven; / The earth feared, and was still, /

אַל־תִּשְׁכַּח לָנֶצַח: 20 הַבֵּט לַבְּרִית כִּי מָלְאוּ מַחֲשַׁכֵּי־אֶרֶץ נְאוֹת חָמָס: 21 אַל־יָשֹׁב דַּךְ נִכְלָם עָנִי וְאֶבְיוֹן יְהַלְלוּ שְׁמֶךָ: 22 קוּמָה אֱלֹהִים רִיבָה רִיבֶךָ זְכֹר חֶרְפָּתְךָ מִנִּי־נָבָל כָּל־הַיּוֹם: 23 אַל־תִּשְׁכַּח קוֹל צֹרְרֶיךָ שְׁאוֹן קָמֶיךָ עֹלֶה תָמִיד:

75 לַמְנַצֵּחַ אַל־תַּשְׁחֵת מִזְמוֹר לְאָסָף שִׁיר: 2 הוֹדִינוּ לְּךָ ׀ אֱלֹהִים הוֹדִינוּ וְקָרוֹב שְׁמֶךָ סִפְּרוּ נִפְלְאוֹתֶיךָ: 3 כִּי אֶקַּח מוֹעֵד אֲנִי מֵישָׁרִים אֶשְׁפֹּט: 4 נְמֹגִים אֶרֶץ וְכָל־יֹשְׁבֶיהָ אָנֹכִי תִכַּנְתִּי עַמּוּדֶיהָ סֶּלָה: 5 אָמַרְתִּי לַהוֹלְלִים אַל־תָּהֹלּוּ וְלָרְשָׁעִים אַל־תָּרִימוּ קָרֶן: 6 אַל־תָּרִימוּ לַמָּרוֹם קַרְנְכֶם תְּדַבְּרוּ בְצַוָּאר עָתָק: 7 כִּי לֹא מִמּוֹצָא וּמִמַּעֲרָב וְלֹא מִמִּדְבַּר הָרִים: 8 כִּי־אֱלֹהִים שֹׁפֵט זֶה יַשְׁפִּיל וְזֶה יָרִים: 9 כִּי כוֹס בְּיַד־יְהֹוָה וְיַיִן חָמַר ׀ מָלֵא מֶסֶךְ וַיַּגֵּר מִזֶּה אַךְ־שְׁמָרֶיהָ יִמְצוּ יִשְׁתּוּ כֹּל רִשְׁעֵי־אָרֶץ: 10 וַאֲנִי אַגִּיד לְעֹלָם אֲזַמְּרָה לֵאלֹהֵי יַעֲקֹב: 11 וְכָל־קַרְנֵי רְשָׁעִים אֲגַדֵּעַ תְּרוֹמַמְנָה קַרְנוֹת צַדִּיק:

76 לַמְנַצֵּחַ בִּנְגִינֹת מִזְמוֹר לְאָסָף שִׁיר: 2 נוֹדָע בִּיהוּדָה אֱלֹהִים בְּיִשְׂרָאֵל גָּדוֹל שְׁמוֹ: 3 וַיְהִי בְשָׁלֵם סֻכּוֹ וּמְעוֹנָתוֹ בְצִיּוֹן: 4 שָׁמָּה שִׁבַּר רִשְׁפֵי־קָשֶׁת מָגֵן וְחֶרֶב וּמִלְחָמָה סֶלָה: 5 נָאוֹר אַתָּה אַדִּיר מֵהַרְרֵי־טָרֶף: 6 אֶשְׁתּוֹלְלוּ ׀ אַבִּירֵי לֵב נָמוּ שְׁנָתָם וְלֹא־מָצְאוּ כָל־אַנְשֵׁי־חַיִל יְדֵיהֶם: 7 מִגַּעֲרָתְךָ אֱלֹהֵי יַעֲקֹב נִרְדָּם וְרֶכֶב וָסוּס: 8 אַתָּה ׀ נוֹרָא אַתָּה וּמִי־יַעֲמֹד לְפָנֶיךָ מֵאָז אַפֶּךָ: 9 מִשָּׁמַיִם הִשְׁמַעְתָּ דִּין אֶרֶץ יָרְאָה

[10] When God arose to judgment, / To save all the humble of the earth. Selah / [11] Surely the wrath of man shall praise Thee; / The residue of wrath shalt Thou gird upon Thee. / [12] Vow, and pay unto the LORD your God; / Let all that are round about Him bring presents unto Him that is to be feared; / [13] He minisheth the spirit of princes; / He is terrible to the kings of the earth.

77 For the Leader; for Jeduthun. / A Psalm of Asaph / [2] I will lift up my voice unto God, and cry; / I will lift up my voice unto God, that He may give ear unto me. / [3] In the day of my trouble I seek the Lord; / With my hand uplifted, [mine eye] streameth in the night without ceasing; / My soul refuseth to be comforted. / [4] When I think thereon, O God, I must moan; / When I muse thereon, my spirit fainteth. Selah / [5] Thou holdest fast the lids of mine eyes; / I am troubled, and cannot speak. / [6] I have pondered the days of old, / The years of ancient times. / [7] In the night I will call to remembrance my song; / I will commune with mine own heart; / And my spirit maketh diligent search: / [8] 'Will the Lord cast off for ever? / And will He be favourable no more? / [9] Is His mercy clean gone for ever? / Is His promise come to an end for evermore? / [10] Hath God forgotten to be gracious? / Hath He in anger shut up His compassions?' Selah / [11] And I say: 'This is my weakness, / That the right hand of the Most High could change. / [12] I will make mention of the deeds of the LORD; / Yea, I will remember Thy wonders of old. / [13] I will meditate also upon all Thy work, / And muse on Thy doings.' / [14] O God, Thy way is in holiness; / Who is a great god like unto God? / [15] Thou art the God that doest wonders; / Thou hast made known Thy strength among the peoples. / [16] Thou hast with Thine arm redeemed Thy people, / The sons of Jacob and Joseph. Selah / [17] The waters saw Thee, O God; / The waters saw Thee, they were in pain; / The depths also trembled. / [18] The clouds flooded forth waters; / The skies sent out a sound; / Thine arrows also went abroad. / [19] The voice of Thy thunder was in the whirlwind; / The lightnings lighted up the world; / The earth trembled and shook. / [20] Thy way was in the sea, / And Thy path in the great waters, / And Thy footsteps were not known. /

אֱלֹהִים בְּקוּם־לַמִּשְׁפָּט 10 וְשָׁקְטָה:
לְהוֹשִׁיעַ כָּל־עַנְוֵי־אֶרֶץ סֶלָה: 11 כִּי־חֲמַת
אָדָם תּוֹדֶךָּ שְׁאֵרִית חֵמֹת תַּחְגֹּר: 12 נִדְרוּ
וְשַׁלְּמוּ לַיהוָה אֱלֹהֵיכֶם כָּל־סְבִיבָיו
יוֹבִילוּ שַׁי לַמּוֹרָא: 13 יִבְצֹר רוּחַ נְגִידִים
נוֹרָא לְמַלְכֵי־אָרֶץ:

77 לַמְנַצֵּחַ עַל־יְדִיתוּן יְדוּתוּן לְאָסָף
מִזְמוֹר: 2 קוֹלִי אֶל־אֱלֹהִים וְאֶצְעָקָה קוֹלִי
אֶל־אֱלֹהִים וְהַאֲזִין אֵלָי: 3 בְּיוֹם צָרָתִי
אֲדֹנָי דָּרָשְׁתִּי יָדִי | לַיְלָה נִגְּרָה וְלֹא תָפוּג
מֵאֲנָה הִנָּחֵם נַפְשִׁי: 4 אֶזְכְּרָה אֱלֹהִים
וְאֶהֱמָיָה אָשִׂיחָה | וְתִתְעַטֵּף רוּחִי סֶלָה:
5 אָחַזְתָּ שְׁמֻרוֹת עֵינָי נִפְעַמְתִּי וְלֹא
אֲדַבֵּר: 6 חִשַּׁבְתִּי יָמִים מִקֶּדֶם שְׁנוֹת
עוֹלָמִים: 7 אֶזְכְּרָה נְגִינָתִי בַּלַּיְלָה עִם־
לְבָבִי אָשִׂיחָה וַיְחַפֵּשׂ רוּחִי: 8 הַלְעוֹלָמִים
יִזְנַח | אֲדֹנָי וְלֹא־יֹסִיף לִרְצוֹת עוֹד:
9 הֶאָפֵס לָנֶצַח חַסְדּוֹ גָּמַר אֹמֶר לְדֹר וָדֹר:
10 הֲשָׁכַח חַנּוֹת אֵל אִם־קָפַץ בְּאַף רַחֲמָיו
סֶלָה: 11 וָאֹמַר חַלּוֹתִי הִיא שְׁנוֹת יְמִין
עֶלְיוֹן: 12 אזכיר אֶזְכּוֹר מַעַלְלֵי־יָהּ כִּי־
אֶזְכְּרָה מִקֶּדֶם פִּלְאֶךָ: 13 וְהָגִיתִי בְכָל־
פָּעֳלֶךָ וּבַעֲלִילוֹתֶיךָ אָשִׂיחָה: 14 אֱלֹהִים
בַּקֹּדֶשׁ דַּרְכֶּךָ מִי־אֵל גָּדוֹל כֵּאלֹהִים:
15 אַתָּה הָאֵל עֹשֵׂה פֶלֶא הוֹדַעְתָּ בָעַמִּים
עֻזֶּךָ: 16 גָּאַלְתָּ בִּזְרוֹעַ עַמֶּךָ בְּנֵי־יַעֲקֹב
וְיוֹסֵף סֶלָה: 17 רָאוּךָ מַּיִם | אֱלֹהִים רָאוּךָ
מַּיִם יָחִילוּ אַף יִרְגְּזוּ תְהֹמוֹת: 18 זֹרְמוּ
מַיִם | עָבוֹת קוֹל נָתְנוּ שְׁחָקִים אַף־חֲצָצֶיךָ
יִתְהַלָּכוּ: 19 קוֹל רַעַמְךָ | בַּגַּלְגַּל הֵאִירוּ
בְרָקִים תֵּבֵל רָגְזָה וַתִּרְעַשׁ הָאָרֶץ: 20 בַּיָּם
דַּרְכֶּךָ ושבילירָ וּשְׁבִילְךָ בְּמַיִם רַבִּים

[21] Thou didst lead Thy people like a flock, / By the hand of Moses and Aaron.

78 Maschil of Asaph. / Give ear, O my people, to my teaching. / Incline your ears to the words of my mouth. / [2] I will open my mouth with a parable; / I will utter dark sayings concerning days of old. / [3] That which we have heard and known, / And our fathers have told us, / [4] We will not hide from their children, / Telling to the generation to come the praises of the LORD, / And His strength, and His wondrous works that He hath done. / [5] For He established a testimony in Jacob, / And appointed a law in Israel, / Which He commanded our fathers, / That they should make them known to their children; / [6] That the generation to come might know them, even the children that should be born; / Who should arise and tell them to their children, / [7] That they might put their confidence in God, / And not forget the works of God, / But keep His commandments; / [8] And might not be as their fathers, / A stubborn and rebellious generation; / A generation that set not their heart aright, / And whose spirit was not stedfast with God. / [9] The children of Ephraim were as archers handling the bow, / That turned back in the day of battle. / [10] They kept not the covenant of God, / And refused to walk in His law; / [11] And they forgot His doings, / And His wondrous works that He had shown them. / [12] Marvellous things did He in the sight of their fathers, / In the land of Egypt, in the field of Zoan. / [13] He cleaved the sea, and caused them to pass through; / And He made the waters to stand as a heap. / [14] By day also He led them with a cloud, / And all the night with a light of fire. / [15] He cleaved rocks in the wilderness, / And gave them drink abundantly as out of the great deep. / [16] He brought streams also out of the rock, / And caused waters to run down like rivers. / [17] Yet went they on still to sin against Him, / To rebel against the Most High in the desert. / [18] And they tried God in their heart / By asking food for their craving. / [19] Yea, they spoke against God; / They said: 'Can God prepare a table in the wilderness? / [20] Behold, He smote the rock, that waters gushed out, / And streams overflowed; / Can He give bread also? / Or will He provide flesh for His people?' / [21] Therefore the LORD heard, and was wroth; / And a fire was

21 נָחִיתָ כַצֹּאן עַמֶּךָ בְּיַד־מֹשֶׁה וְאַהֲרֹן: וְעִקְּבוֹתֶיךָ לֹא נֹדָעוּ:

78 מַשְׂכִּיל לְאָסָף הַאֲזִינָה עַמִּי תּוֹרָתִי הַטּוּ אָזְנְכֶם לְאִמְרֵי־פִי: 2 אֶפְתְּחָה בְמָשָׁל פִּי אַבִּיעָה חִידוֹת מִנִּי־קֶדֶם: 3 אֲשֶׁר שָׁמַעְנוּ וַנֵּדָעֵם וַאֲבוֹתֵינוּ סִפְּרוּ־לָנוּ: 4 לֹא נְכַחֵד | מִבְּנֵיהֶם לְדוֹר אַחֲרוֹן מְסַפְּרִים תְּהִלּוֹת יְהוָה וֶעֱזוּזוֹ וְנִפְלְאֹתָיו אֲשֶׁר עָשָׂה: 5 וַיָּקֶם עֵדוּת | בְּיַעֲקֹב וְתוֹרָה שָׂם בְּיִשְׂרָאֵל אֲשֶׁר צִוָּה אֶת־אֲבוֹתֵינוּ לְהוֹדִיעָם לִבְנֵיהֶם: 6 לְמַעַן יֵדְעוּ | דּוֹר אַחֲרוֹן בָּנִים יִוָּלֵדוּ יָקֻמוּ וִיסַפְּרוּ לִבְנֵיהֶם: 7 וְיָשִׂימוּ בֵאלֹהִים כִּסְלָם וְלֹא יִשְׁכְּחוּ מַעַלְלֵי־אֵל וּמִצְוֹתָיו יִנְצֹרוּ: 8 וְלֹא יִהְיוּ | כַּאֲבוֹתָם דּוֹר סוֹרֵר וּמֹרֶה דּוֹר לֹא־הֵכִין לִבּוֹ וְלֹא־נֶאֶמְנָה אֶת־אֵל רוּחוֹ: 9 בְּנֵי־אֶפְרַיִם נוֹשְׁקֵי רוֹמֵי־קָשֶׁת הָפְכוּ בְּיוֹם קְרָב: 10 לֹא שָׁמְרוּ בְּרִית אֱלֹהִים וּבְתוֹרָתוֹ מֵאֲנוּ לָלֶכֶת: 11 וַיִּשְׁכְּחוּ עֲלִילוֹתָיו וְנִפְלְאוֹתָיו אֲשֶׁר הֶרְאָם: 12 נֶגֶד אֲבוֹתָם עָשָׂה פֶלֶא בְּאֶרֶץ מִצְרַיִם שְׂדֵה־צֹעַן: 13 בָּקַע יָם וַיַּעֲבִירֵם וַיַּצֶּב־מַיִם כְּמוֹ־נֵד: 14 וַיַּנְחֵם בֶּעָנָן יוֹמָם וְכָל־הַלַּיְלָה בְּאוֹר אֵשׁ: 15 יְבַקַּע צֻרִים בַּמִּדְבָּר וַיַּשְׁקְ כִּתְהֹמוֹת רַבָּה: 16 וַיּוֹצִא נוֹזְלִים מִסָּלַע וַיּוֹרֶד כַּנְּהָרוֹת מָיִם: 17 וַיּוֹסִיפוּ עוֹד לַחֲטֹא־לוֹ לַמְרוֹת עֶלְיוֹן בַּצִּיָּה: 18 וַיְנַסּוּ־אֵל בִּלְבָבָם לִשְׁאָל־אֹכֶל לְנַפְשָׁם: 19 וַיְדַבְּרוּ בֵּאלֹהִים אָמְרוּ הֲיוּכַל אֵל לַעֲרֹךְ שֻׁלְחָן בַּמִּדְבָּר: 20 הֵן הִכָּה־צוּר | וַיָּזוּבוּ מַיִם וּנְחָלִים יִשְׁטֹפוּ הֲגַם־לֶחֶם יוּכַל תֵּת אִם־יָכִין שְׁאֵר לְעַמּוֹ: 21 לָכֵן | שָׁמַע יְהוָה

kindled against Jacob, / And anger also went up against Israel; / [22] Because they believed not in God, / And trusted not in His salvation. / [23] And He commanded the skies above, / And opened the doors of heaven; / [24] And He caused manna to rain upon them for food, / And gave them of the corn of heaven. / [25] Man did eat the bread of the mighty; / He sent them provisions to the full. / [26] He caused the east wind to set forth in heaven; / And by His power He brought on the south wind. / [27] He caused flesh also to rain upon them as the dust, / And winged fowl as the sand of the seas; / [28] And He let it fall in the midst of their camp, / Round about their dwellings. / [29] So they did eat, and were well filled; / And He gave them that which they craved. / [30] They were not estranged from their craving, / Their food was yet in their mouths, / [31] When the anger of God went up against them, / And slew of the lustiest among them, / And smote down the young men of Israel. / [32] For all this they sinned still, / And believed not in His wondrous works. / [33] Therefore He ended their days as a breath, / And their years in terror. / [34] When He slew them, then they would inquire after Him, / And turn back and seek God earnestly. / [35] And they remembered that God was their Rock, / And the Most High God their Redeemer. / [36] But they beguiled Him with their mouth, / And lied unto Him with their tongue. / [37] For their heart was not stedfast with Him, / Neither were they faithful in His covenant. / [38] But He, being full of compassion, forgiveth iniquity, and destroyeth not; / Yea, many a time doth He turn His anger away, / And doth not stir up all His wrath. / [39] So He remembered that they were but flesh; / A wind that passeth away, and cometh not again. / [40] How oft did they rebel against Him in the wilderness, / And grieve Him in the desert! / [41] And still again they tried God, / And set bounds to the Holy One of Israel. / [42] They remembered not His hand, / Nor the day when He redeemed them from the adversary. / [43] How He set His signs in Egypt, / And His wonders in the field of Zoan; / [44] And turned their rivers into blood, / So that they could not drink their streams. / [45] He sent among them swarms of flies, which devoured them; / And frogs, which destroyed them. / [46] He gave also their increase unto the caterpillar, / And their labour unto the locust. / [47] He destroyed their vines with hail, / And their sycomore-trees with frost. / [48] He gave over their cattle also to the

וַיִּתְעַבָּר וְאֵשׁ נִשְׂקָה בְיַעֲקֹב וְגַם־אַף עָלָה
בְיִשְׂרָאֵל: 22 כִּי לֹא הֶאֱמִינוּ בֵּאלֹהִים וְלֹא
בָטְחוּ בִּישׁוּעָתוֹ: 23 וַיְצַו שְׁחָקִים מִמָּעַל
וְדַלְתֵי שָׁמַיִם פָּתָח: 24 וַיַּמְטֵר עֲלֵיהֶם מָן
לֶאֱכֹל וּדְגַן־שָׁמַיִם נָתַן לָמוֹ: 25 לֶחֶם
אַבִּירִים אָכַל אִישׁ צֵידָה שָׁלַח לָהֶם
לָשֹׂבַע: 26 יַסַּע קָדִים בַּשָּׁמָיִם וַיְנַהֵג בְּעֻזּוֹ
תֵימָן: 27 וַיַּמְטֵר עֲלֵיהֶם כֶּעָפָר שְׁאֵר
וּכְחוֹל יַמִּים עוֹף כָּנָף: 28 וַיַּפֵּל בְּקֶרֶב
מַחֲנֵהוּ סָבִיב לְמִשְׁכְּנֹתָיו: 29 וַיֹּאכְלוּ
וַיִּשְׂבְּעוּ מְאֹד וְתַאֲוָתָם יָבִא לָהֶם: 30 לֹא־
זָרוּ מִתַּאֲוָתָם עוֹד אָכְלָם בְּפִיהֶם: 31 וְאַף
אֱלֹהִים | עָלָה בָהֶם וַיַּהֲרֹג בְּמִשְׁמַנֵּיהֶם
וּבַחוּרֵי יִשְׂרָאֵל הִכְרִיעַ: 32 בְּכָל־זֹאת
חָטְאוּ־עוֹד וְלֹא־הֶאֱמִינוּ בְּנִפְלְאוֹתָיו:
33 וַיְכַל־בַּהֶבֶל יְמֵיהֶם וּשְׁנוֹתָם בַּבֶּהָלָה:
34 אִם־הֲרָגָם וּדְרָשׁוּהוּ וְשָׁבוּ וְשִׁחֲרוּ־אֵל:
35 וַיִּזְכְּרוּ כִּי־אֱלֹהִים צוּרָם וְאֵל עֶלְיוֹן
גֹּאֲלָם: 36 וַיְפַתּוּהוּ בְּפִיהֶם וּבִלְשׁוֹנָם
יְכַזְּבוּ־לוֹ: 37 וְלִבָּם לֹא־נָכוֹן עִמּוֹ וְלֹא
נֶאֶמְנוּ בִּבְרִיתוֹ: 38 וְהוּא רַחוּם | יְכַפֵּר עָוֹן
וְלֹא־יַשְׁחִית וְהִרְבָּה לְהָשִׁיב אַפּוֹ וְלֹא־
יָעִיר כָּל־חֲמָתוֹ: 39 וַיִּזְכֹּר כִּי־בָשָׂר הֵמָּה
רוּחַ הוֹלֵךְ וְלֹא יָשׁוּב: 40 כַּמָּה יַמְרוּהוּ
בַמִּדְבָּר יַעֲצִיבוּהוּ בִּישִׁימוֹן: 41 וַיָּשׁוּבוּ
וַיְנַסּוּ אֵל וּקְדוֹשׁ יִשְׂרָאֵל הִתְווּ: 42 לֹא־
זָכְרוּ אֶת־יָדוֹ יוֹם אֲשֶׁר־פָּדָם מִנִּי־צָר:
43 אֲשֶׁר־שָׂם בְּמִצְרַיִם אֹתוֹתָיו וּמוֹפְתָיו
בִּשְׂדֵה־צֹעַן: 44 וַיַּהֲפֹךְ לְדָם יְאֹרֵיהֶם
וְנֹזְלֵיהֶם בַּל־יִשְׁתָּיוּן: 45 יְשַׁלַּח בָּהֶם עָרֹב
וַיֹּאכְלֵם וּצְפַרְדֵּעַ וַתַּשְׁחִיתֵם: 46 וַיִּתֵּן
לֶחָסִיל יְבוּלָם וִיגִיעָם לָאַרְבֶּה: 47 יַהֲרֹג
בַּבָּרָד גַּפְנָם וְשִׁקְמוֹתָם בַּחֲנָמַל: 48 וַיַּסְגֵּר

hail, / And their flocks to fiery bolts. / [49] He sent forth upon them the fierceness of His anger, / Wrath, and indignation, and trouble, / A sending of messengers of evil. / [50] He levelled a path for His anger; / He spared not their soul from death, / But gave their life over to the pestilence; / [51] And smote all the first-born in Egypt, / The first-fruits of their strength in the tents of Ham; / [52] But He made His own people to go forth like sheep, / And guided them in the wilderness like a flock. / [53] And He led them safely, and they feared not; / But the sea overwhelmed their enemies. / [54] And He brought them to His holy border, / To the mountain, which His right hand had gotten. / [55] He drove out the nations also before them, / And allotted them for an inheritance by line, / And made the tribes of Israel to dwell in their tents. / [56] Yet they tried and provoked God, the Most High, / And kept not His testimonies; / [57] But turned back, and dealt treacherously like their fathers; / They were turned aside like a deceitful bow. / [58] For they provoked Him with their high places, / And moved Him to jealousy with their graven images. / [59] God heard, and was wroth, / And He greatly abhorred Israel; / [60] And He forsook the tabernacle of Shiloh, / The tent which He had made to dwell among men; / [61] And delivered His strength into captivity, / And His glory into the adversary's hand. / [62] He gave His people over also unto the sword; / And was wroth with His inheritance. / [63] Fire devoured their young men; / And their virgins had no marriage-song. / [64] Their priests fell by the sword; / And their widows made no lamentation. / [65] Then the Lord awaked as one asleep, / Like a mighty man recovering from wine. / [66] And He smote His adversaries backward; / He put upon them a perpetual reproach. / [67] Moreover He abhorred the tent of Joseph, / And chose not the tribe of Ephraim; / [68] But chose the tribe of Judah, / The mount Zion which He loved. / [69] And He built His sanctuary like the heights, / Like the earth which He hath founded for ever. / [70] He chose David also His servant, / And took him from the sheepfolds; / [71] From following the ewes that give suck He brought him, / To be shepherd over Jacob His people, and Israel His inheritance. / [72] So he shepherded them according to the integrity of his heart; / And led them by the skilfulness of his hands.

לַבָּרָד בְּעִירָם וּמִקְנֵיהֶם לָרְשָׁפִים:
49 יְשַׁלַּח־בָּם ׀ חֲרוֹן אַפּוֹ עֶבְרָה וָזַעַם וְצָרָה מִשְׁלַחַת מַלְאֲכֵי רָעִים: 50 יְפַלֵּס נָתִיב לְאַפּוֹ לֹא־חָשַׂךְ מִמָּוֶת נַפְשָׁם וְחַיָּתָם לַדֶּבֶר הִסְגִּיר: 51 וַיַּךְ כָּל־בְּכוֹר בְּמִצְרָיִם רֵאשִׁית אוֹנִים בְּאָהֳלֵי־חָם: 52 וַיַּסַּע כַּצֹּאן עַמּוֹ וַיְנַהֲגֵם כַּעֵדֶר בַּמִּדְבָּר: 53 וַיַּנְחֵם לָבֶטַח וְלֹא פָחָדוּ וְאֶת־אוֹיְבֵיהֶם כִּסָּה הַיָּם: 54 וַיְבִיאֵם אֶל־גְּבוּל קָדְשׁוֹ הַר־זֶה קָנְתָה יְמִינוֹ: 55 וַיְגָרֶשׁ מִפְּנֵיהֶם ׀ גּוֹיִם וַיַּפִּילֵם בְּחֶבֶל נַחֲלָה וַיַּשְׁכֵּן בְּאָהֳלֵיהֶם שִׁבְטֵי יִשְׂרָאֵל: 56 וַיְנַסּוּ וַיַּמְרוּ אֶת־אֱלֹהִים עֶלְיוֹן וְעֵדוֹתָיו לֹא שָׁמָרוּ: 57 וַיִּסֹּגוּ וַיִּבְגְּדוּ כַּאֲבוֹתָם נֶהְפְּכוּ כְּקֶשֶׁת רְמִיָּה: 58 וַיַּכְעִיסוּהוּ בְּבָמוֹתָם וּבִפְסִילֵיהֶם יַקְנִיאוּהוּ: 59 שָׁמַע אֱלֹהִים וַיִּתְעַבָּר וַיִּמְאַס מְאֹד בְּיִשְׂרָאֵל: 60 וַיִּטֹּשׁ מִשְׁכַּן שִׁלוֹ אֹהֶל שִׁכֵּן בָּאָדָם: 61 וַיִּתֵּן לַשְּׁבִי עֻזּוֹ וְתִפְאַרְתּוֹ בְיַד־צָר: 62 וַיַּסְגֵּר לַחֶרֶב עַמּוֹ וּבְנַחֲלָתוֹ הִתְעַבָּר: 63 בַּחוּרָיו אָכְלָה־אֵשׁ וּבְתוּלֹתָיו לֹא הוּלָּלוּ: 64 כֹּהֲנָיו בַּחֶרֶב נָפָלוּ וְאַלְמְנֹתָיו לֹא תִבְכֶּינָה: 65 וַיִּקַץ כְּיָשֵׁן ׀ אֲדֹנָי כְּגִבּוֹר מִתְרוֹנֵן מִיָּיִן: 66 וַיַּךְ־צָרָיו אָחוֹר חֶרְפַּת עוֹלָם נָתַן לָמוֹ: 67 וַיִּמְאַס בְּאֹהֶל יוֹסֵף וּבְשֵׁבֶט אֶפְרַיִם לֹא בָחָר: 68 וַיִּבְחַר אֶת־שֵׁבֶט יְהוּדָה אֶת־הַר צִיּוֹן אֲשֶׁר אָהֵב: 69 וַיִּבֶן כְּמוֹ־רָמִים מִקְדָּשׁוֹ כְּאֶרֶץ יְסָדָהּ לְעוֹלָם: 70 וַיִּבְחַר בְּדָוִד עַבְדּוֹ וַיִּקָּחֵהוּ מִמִּכְלְאֹת צֹאן: 71 מֵאַחַר עָלוֹת הֱבִיאוֹ לִרְעוֹת בְּיַעֲקֹב עַמּוֹ וּבְיִשְׂרָאֵל נַחֲלָתוֹ: 72 וַיִּרְעֵם כְּתֹם לְבָבוֹ וּבִתְבוּנוֹת כַּפָּיו יַנְחֵם:

79 A Psalm of Asaph. / O God, the heathen are come into Thine inheritance; / They have defiled Thy holy temple; / They have made Jerusalem into heaps. / [2] They have given the dead bodies of Thy servants to be food unto the fowls of the heaven, / The flesh of Thy saints unto the beasts of the earth. / [3] They have shed their blood like water / Round about Jerusalem, with none to bury them. / [4] We are become a taunt to our neighbours, / A scorn and derision to them that are round about us. / [5] How long, O LORD, wilt Thou be angry for ever? / How long will Thy jealousy burn like fire? / [6] Pour out Thy wrath upon the nations that know Thee not, / And upon the kingdoms that call not upon Thy name. / [7] For they have devoured Jacob, / And laid waste his habitation. / [8] Remember not against us the iniquities of our forefathers; / Let Thy compassions speedily come to meet us; / For we are brought very low. / [9] Help us, O God of our salvation, for the sake of the glory of Thy name; / And deliver us, and forgive our sins, for Thy name's sake. / [10] Wherefore should the nations say: Where is their God?' / Let the avenging of Thy servants' blood that is shed / Be made known among the nations in our sight. / [11] Let the groaning of the prisoner come before Thee; / According to the greatness of Thy power set free those that are appointed to death; / [12] And render unto our neighbours sevenfold into their bosom / Their reproach, wherewith they have reproached Thee, O Lord. / [13] So we that are Thy people and the flock of Thy pasture / Will give Thee thanks for ever; / We will tell of Thy praise to all generations.

80 For the Leader; upon Shoshannim. A testimony. / A Psalm of Asaph. / [2] Give ear, O Shepherd of Israel, / Thou that leadest Joseph like a flock; / Thou that art enthroned upon the cherubim, shine forth. / [3] Before Ephraim and Benjamin and Manasseh, stir up Thy might, / And come to save us. / [4] O God, restore us; / And cause Thy face to shine, and we shall be saved. / [5] O Lord GOD of hosts, / How long wilt Thou be angry against the prayer of Thy people? / [6] Thou hast fed them with the bread of tears, / And given them tears to drink in large measure. / [7] Thou makest us a strife unto our neighbours; / And our enemies mock as they

79 מִזְמ֗וֹר לְאָ֫סָ֥ף אֱֽלֹהִ֡ים בָּ֤אוּ גוֹיִ֨ם ׀ בְּֽנַחֲלָתֶ֗ךָ טִ֖מְּאוּ אֶת־הֵיכַ֣ל קָדְשֶׁ֑ךָ שָׂ֖מוּ אֶת־יְרוּשָׁלַ֣͏ִם לְעִיִּֽים׃ 2 נָֽתְנ֡וּ אֶת־נִבְלַ֬ת עֲבָדֶ֗יךָ מַ֭אֲכָל לְע֣וֹף הַשָּׁמָ֑יִם בְּשַׂ֥ר חֲ֝סִידֶ֗יךָ לְחַיְתוֹ־אָֽרֶץ׃ 3 שָׁפְכ֬וּ דָמָ֨ם ׀ כַּמַּ֗יִם סְֽבִ֘יב֤וֹת יְֽרוּשָׁלָ֗͏ִם וְאֵ֣ין קוֹבֵֽר׃ 4 הָיִ֣ינוּ חֶ֭רְפָּה לִשְׁכֵנֵ֑ינוּ לַ֥עַג וָ֝קֶ֗לֶס לִסְבִיבוֹתֵֽינוּ׃ 5 עַד־מָ֣ה יְ֭הוָה תֶּאֱנַ֣ף לָנֶ֑צַח תִּבְעַ֥ר כְּמוֹ־אֵ֝֗שׁ קִנְאָתֶֽךָ׃ 6 שְׁפֹ֤ךְ חֲמָתְךָ֗ אֶֽל־הַגּוֹיִם֮ אֲשֶׁ֪ר לֹא־יְדָ֫ע֥וּךָ וְעַ֥ל מַמְלָכ֑וֹת אֲשֶׁ֥ר בְּ֝שִׁמְךָ֗ לֹ֣א קָרָֽאוּ׃ 7 כִּ֭י אָכַ֣ל אֶֽת־יַעֲקֹ֑ב וְֽאֶת־נָוֵ֥הוּ הֵשַֽׁמּוּ׃ 8 אַֽל־תִּזְכָּר־לָנוּ֮ עֲוֺנֹ֪ת רִאשֹׁ֫נִ֥ים מַ֭הֵר יְקַדְּמ֣וּנוּ רַחֲמֶ֑יךָ כִּ֖י דַלּ֣וֹנוּ מְאֹֽד׃ 9 עָזְרֵ֤נוּ ׀ אֱלֹ֘הֵ֤י יִשְׁעֵ֗נוּ עַל־דְּבַ֥ר כְּבֽוֹד־שְׁמֶ֑ךָ וְהַצִּילֵ֥נוּ וְכַפֵּ֥ר עַל־חַ֝טֹּאתֵ֗ינוּ לְמַ֣עַן שְׁמֶֽךָ׃ 10 לָ֤מָּה ׀ יֹאמְר֣וּ הַגּוֹיִם֮ אַיֵּ֪ה אֱֽלֹהֵ֫יהֶ֥ם יִוָּדַ֣ע בַּגֹּיִ֣ם לְעֵינֵ֑ינוּ נִ֝קְמַ֗ת דַּֽם־עֲבָדֶ֥יךָ הַשָּׁפֽוּךְ׃ 11 תָּ֤ב֣וֹא לְפָנֶיךָ֮ אֶנְקַ֪ת אָ֫סִ֥יר כְּגֹ֥דֶל זְרוֹעֲךָ֑ ה֝וֹתֵ֗ר בְּנֵ֣י תְמוּתָֽה׃ 12 וְהָ֘שֵׁ֤ב לִשְׁכֵנֵ֣ינוּ שִׁ֭בְעָתַיִם אֶל־חֵיקָ֑ם חֶרְפָּ֘תָ֤ם אֲשֶׁ֖ר חֵרְפ֣וּךָ אֲדֹנָֽי׃ 13 וַאֲנַ֤חְנוּ עַמְּךָ֨ ׀ וְצֹ֥אן מַרְעִיתֶךָ֮ נ֤וֹדֶ֥ה לְּךָ֗ לְע֫וֹלָ֥ם לְד֥וֹר וָדֹ֑ר נְ֝סַפֵּ֗ר תְּהִלָּתֶֽךָ׃

80 לַמְנַצֵּ֥חַ אֶל־שֹׁשַׁנִּ֑ים עֵד֖וּת לְאָסָ֣ף מִזְמֽוֹר׃ 2 רֹ֘עֵ֤ה יִשְׂרָאֵ֨ל ׀ הַאֲזִ֗ינָה נֹהֵ֣ג כַּצֹּ֣אן יוֹסֵ֑ף יֹשֵׁ֖ב הַכְּרוּבִ֣ים הוֹפִֽיעָה׃ 3 לִפְנֵ֤י אֶפְרַ֨יִם ׀ וּבִנְיָמִ֬ן וּמְנַשֶּׁ֗ה עוֹרְרָ֥ה אֶת־גְּבֽוּרָתֶ֑ךָ וּלְכָ֖ה לִישֻׁעָ֣תָה לָּֽנוּ׃ 4 אֱלֹהִ֥ים הֲשִׁיבֵ֑נוּ וְהָאֵ֥ר פָּ֝נֶ֗יךָ וְנִוָּשֵֽׁעָה׃ 5 יְהוָ֣ה אֱלֹהִ֣ים צְבָא֑וֹת עַד־מָתַ֥י עָ֝שַׁ֗נְתָּ בִּתְפִלַּ֥ת עַמֶּֽךָ׃ 6 הֶ֭אֱכַלְתָּם לֶ֣חֶם דִּמְעָ֑ה וַ֝תַּשְׁקֵ֗מוֹ בִּדְמָע֥וֹת שָׁלִֽישׁ׃ 7 תְּשִׂימֵ֣נוּ מָ֭דוֹן

please. / [8] O God of hosts, restore us; / And cause Thy face to shine, and we shall be saved. / [9] Thou didst pluck up a vine out of Egypt; / Thou didst drive out the nations, and didst plant it. / [10] Thou didst clear a place before it, / And it took deep root, and filled the land. / [11] The mountains were covered with the shadow of it, / And the mighty cedars with the boughs thereof. / [12] She sent out her branches unto the sea, / And her shoots unto the River. / [13] Why hast Thou broken down her fences, / So that all they that pass by the way do pluck her? / [14] The boar out of the wood doth ravage it, / That which moveth in the field feedeth on it. / [15] O God of hosts, return, we beseech Thee; / Look from heaven, and behold, and be mindful of this vine, / [16] And of the stock which Thy right hand hath planted, / And the branch that Thou madest strong for Thyself. / [17] It is burned with fire, it is cut down; / They perish at the rebuke of Thy countenance. / [18] Let Thy hand be upon the man of Thy right hand, / Upon the son of man whom Thou madest strong for Thyself. / [19] So shall we not turn back from Thee; / Quicken Thou us, and we will call upon Thy name. / [20] O Lord God of hosts, restore us; / Cause Thy face to shine, and we shall be saved.

81 For the Leader; upon the Gittith. [A Psalm] of Asaph. / [2] Sing aloud unto God our strength; / Shout unto the God of Jacob. / [3] Take up the melody, and sound the timbrel, / The sweet harp with the psaltery. / [4] Blow the horn at the new moon, / At the full moon for our feast-day. / [5] For it is a statute for Israel, / An ordinance of the God of Jacob. / [6] He appointed it in Joseph for a testimony, / When He went forth against the land of Egypt. / The speech of one that I knew not did I hear: / [7] 'I removed his shoulder from the burden; / His hands were freed from the basket. / [8] Thou didst call in trouble, and I rescued thee; / I answered thee in the secret place of thunder; / I proved thee at the waters of Meribah. Selah / [9] Hear, O My people, and I will admonish thee: / O Israel, if thou wouldest hearken unto Me! / [10] There shall no strange god be in thee; / Neither shalt thou worship any foreign god. / [11] I am the Lord thy God, / Who brought thee up out of the land of Egypt; / Open thy mouth wide, and I will fill it. / [12] But My people hearkened not to My

לִשְׁכֵנֵינוּ וְאֹיְבֵינוּ יִלְעֲגוּ־לָמוֹ: 8 אֱלֹהִים צְבָאוֹת הֲשִׁיבֵנוּ וְהָאֵר פָּנֶיךָ וְנִוָּשֵׁעָה: 9 גֶּפֶן מִמִּצְרַיִם תַּסִּיעַ תְּגָרֵשׁ גּוֹיִם וַתִּטָּעֶהָ: 10 פִּנִּיתָ לְפָנֶיהָ וַתַּשְׁרֵשׁ שָׁרָשֶׁיהָ וַתְּמַלֵּא־אָרֶץ: 11 כָּסּוּ הָרִים צִלָּהּ וַעֲנָפֶיהָ אַרְזֵי־אֵל: 12 תְּשַׁלַּח קְצִירֶהָ עַד־יָם וְאֶל־נָהָר יוֹנְקוֹתֶיהָ: 13 לָמָּה פָּרַצְתָּ גְדֵרֶיהָ וְאָרוּהָ כָּל־עֹבְרֵי דָרֶךְ: 14 יְכַרְסְמֶנָּה חֲזִיר מִיָּעַר וְזִיז שָׂדַי יִרְעֶנָּה: 15 אֱלֹהִים צְבָאוֹת שׁוּב־נָא הַבֵּט מִשָּׁמַיִם וּרְאֵה וּפְקֹד גֶּפֶן זֹאת: 16 וְכַנָּה אֲשֶׁר־נָטְעָה יְמִינֶךָ וְעַל־בֵּן אִמַּצְתָּה לָּךְ: 17 שְׂרֻפָה בָאֵשׁ כְּסוּחָה מִגַּעֲרַת פָּנֶיךָ יֹאבֵדוּ: 18 תְּהִי־יָדְךָ עַל־אִישׁ יְמִינֶךָ עַל־בֶּן־אָדָם אִמַּצְתָּ לָּךְ: 19 וְלֹא־נָסוֹג מִמֶּךָּ תְּחַיֵּנוּ וּבְשִׁמְךָ נִקְרָא: 20 יְהוָה אֱלֹהִים צְבָאוֹת הֲשִׁיבֵנוּ הָאֵר פָּנֶיךָ וְנִוָּשֵׁעָה:

81 לַמְנַצֵּחַ ׀ עַל־הַגִּתִּית לְאָסָף: 2 הַרְנִינוּ לֵאלֹהִים עוּזֵּנוּ הָרִיעוּ לֵאלֹהֵי יַעֲקֹב: 3 שְׂאוּ־זִמְרָה וּתְנוּ־תֹף כִּנּוֹר נָעִים עִם־נָבֶל: 4 תִּקְעוּ בַחֹדֶשׁ שׁוֹפָר בַּכֵּסֶה לְיוֹם חַגֵּנוּ: 5 כִּי חֹק לְיִשְׂרָאֵל הוּא מִשְׁפָּט לֵאלֹהֵי יַעֲקֹב: 6 עֵדוּת ׀ בִּיהוֹסֵף שָׂמוֹ בְּצֵאתוֹ עַל־אֶרֶץ מִצְרָיִם שְׂפַת לֹא־יָדַעְתִּי אֶשְׁמָע: 7 הֲסִירוֹתִי מִסֵּבֶל שִׁכְמוֹ כַּפָּיו מִדּוּד תַּעֲבֹרְנָה: 8 בַּצָּרָה קָרָאתָ וָאֲחַלְּצֶךָּ אֶעֶנְךָ בְּסֵתֶר רַעַם אֶבְחָנְךָ עַל־מֵי מְרִיבָה סֶלָה: 9 שְׁמַע עַמִּי וְאָעִידָה בָּךְ יִשְׂרָאֵל אִם־תִּשְׁמַע־לִי: 10 לֹא־יִהְיֶה בְךָ אֵל זָר וְלֹא תִשְׁתַּחֲוֶה לְאֵל נֵכָר: 11 אָנֹכִי ׀ יְהוָה אֱלֹהֶיךָ הַמַּעַלְךָ מֵאֶרֶץ מִצְרָיִם הַרְחֶב־פִּיךָ וַאֲמַלְאֵהוּ: 12 וְלֹא־

voice; / And Israel would none of Me. / [13] So I let them go after the stubbornness of their heart, / That they might walk in their own counsels. / [14] Oh that My people would hearken unto Me, / That Israel would walk in My ways! / [15] I would soon subdue their enemies, / And turn My hand against their adversaries. / [16] The haters of the LORD should dwindle away before Him; / And their punishment should endure for ever. / [17] They should also be fed with the fat of wheat; / And with honey out of the rock would I satisfy thee'

82 A Psalm of Asaph. / God standeth in the congregation of God; / In the midst of the judges He judgeth: / [2] 'How long will ye judge unjustly, / And respect the persons of the wicked? Selah / [3] Judge the poor and fatherless; / Do justice to the afflicted and destitute. / [4] Rescue the poor and needy; / Deliver them out of the hand of the wicked. / [5] They know not, neither do they understand; / They go about in darkness; / All the foundations of the earth are moved. / [6] I said: Ye are godlike beings, / And all of you sons of the Most High. / [7] Nevertheless ye shall die like men, / And fall like one of the princes,' / [8] Arise, O God, judge the earth: / For Thou shalt possess all the nations.

83 A Song, a Psalm of Asaph. / [2] O God, keep not Thou silence; / Hold not Thy peace, and be not still, O God. / [3] For, lo, Thine enemies are in an uproar; / And they that hate Thee have lifted up the head. / [4] They hold crafty converse against Thy people, / And take counsel against Thy treasured ones. / [5] They have said: 'Come, and let us cut them off from being a nation; / That the name of Israel may be no more in remembrance.' / [6] For they have consulted together with one consent; / Against Thee do they make a covenant; / [7] The tents of Edom and the Ish- maelites; / Moab, and the Hagrites; / [8] Gebal, and Ammon, and Amalek; / Philistia with the inhabitants of Tyre; / [9] Assyria also is joined with them; / They have been an arm to the children of Lot. Selah / [10] Do Thou unto them as unto Midian; / As to Sisera, as to Jabin, at the brook Kishon; / [11] Who were destroyed at En-dor; / They became as dung for

שְׁמַע עַמִּי לְקוֹלִי וְיִשְׂרָאֵל לֹא־אָבָה לִי:
13 וָאֲשַׁלְּחֵהוּ בִּשְׁרִירוּת לִבָּם יֵלְכוּ בְּמוֹעֲצוֹתֵיהֶם: 14 לוּ עַמִּי שֹׁמֵעַ לִי יִשְׂרָאֵל בִּדְרָכַי יְהַלֵּכוּ: 15 כִּמְעַט אוֹיְבֵיהֶם אַכְנִיעַ וְעַל צָרֵיהֶם אָשִׁיב יָדִי: 16 מְשַׂנְאֵי יְהוָה יְכַחֲשׁוּ־לוֹ וִיהִי עִתָּם לְעוֹלָם:
17 וַיַּאֲכִילֵהוּ מֵחֵלֶב חִטָּה וּמִצּוּר דְּבַשׁ אַשְׂבִּיעֶךָ:

82 מִזְמוֹר לְאָסָף אֱלֹהִים נִצָּב בַּעֲדַת־אֵל בְּקֶרֶב אֱלֹהִים יִשְׁפֹּט: 2 עַד־מָתַי תִּשְׁפְּטוּ־עָוֶל וּפְנֵי רְשָׁעִים תִּשְׂאוּ־סֶלָה: 3 שִׁפְטוּ־דָל וְיָתוֹם עָנִי וָרָשׁ הַצְדִּיקוּ: 4 פַּלְּטוּ־דַל וְאֶבְיוֹן מִיַּד רְשָׁעִים הַצִּילוּ: 5 לֹא יָדְעוּ וְלֹא יָבִינוּ בַּחֲשֵׁכָה יִתְהַלָּכוּ יִמּוֹטוּ כָּל־מוֹסְדֵי אָרֶץ: 6 אֲנִי־אָמַרְתִּי אֱלֹהִים אַתֶּם וּבְנֵי עֶלְיוֹן כֻּלְּכֶם: 7 אָכֵן כְּאָדָם תְּמוּתוּן וּכְאַחַד הַשָּׂרִים תִּפֹּלוּ: 8 קוּמָה אֱלֹהִים שָׁפְטָה הָאָרֶץ כִּי־אַתָּה תִנְחַל בְּכָל־הַגּוֹיִם:

83 שִׁיר מִזְמוֹר לְאָסָף: 2 אֱלֹהִים אַל־דֳּמִי־לָךְ אַל־תֶּחֱרַשׁ וְאַל־תִּשְׁקֹט אֵל: 3 כִּי־הִנֵּה אוֹיְבֶיךָ יֶהֱמָיוּן וּמְשַׂנְאֶיךָ נָשְׂאוּ רֹאשׁ: 4 עַל־עַמְּךָ יַעֲרִימוּ סוֹד וְיִתְיָעֲצוּ עַל־צְפוּנֶיךָ: 5 אָמְרוּ לְכוּ וְנַכְחִידֵם מִגּוֹי וְלֹא־יִזָּכֵר שֵׁם־יִשְׂרָאֵל עוֹד: 6 כִּי נוֹעֲצוּ לֵב יַחְדָּו עָלֶיךָ בְּרִית יִכְרֹתוּ: 7 אָהֳלֵי אֱדוֹם וְיִשְׁמְעֵאלִים מוֹאָב וְהַגְרִים: 8 גְּבָל וְעַמּוֹן וַעֲמָלֵק פְּלֶשֶׁת עִם־יֹשְׁבֵי צוֹר: 9 גַּם־אַשּׁוּר נִלְוָה עִמָּם הָיוּ זְרוֹעַ לִבְנֵי־לוֹט סֶלָה: 10 עֲשֵׂה־לָהֶם כְּמִדְיָן כְּסִיסְרָא כְיָבִין בְּנַחַל קִישׁוֹן: 11 נִשְׁמְדוּ בְעֵין־דֹּאר

the earth. / [12] Make their nobles like Oreb and Zeeb, / And like Zebah and Zalmunna all their princes; / [13] Who said: 'Let us take to ourselves in possession / The habitations of God.' / [14] O my God, make them like the whirling dust; / As stubble before the wind. / [15] As the fire that burneth the forest, / And as the flame that setteth the mountains ablaze; / [16] So pursue them with Thy tempest, / And affright them with Thy storm. / [17] Fill their faces with shame; / That they may seek Thy name, O LORD. / [18] Let them be ashamed and affrighted for ever; / Yea, let them be abashed and perish; / [19] That they may know that it is Thou alone whose name is the LORD, / The Most High over all the earth.

84 For the Leader; upon the Gittith. A Psalm of the sons of Korah. / [2] How lovely are Thy tabernacles, O LORD of hosts! / [3] My soul yearneth, yea, even pineth for the courts of the LORD; / My heart and my flesh sing for joy unto the living God. / [4] Yea, the sparrow hath found a house, and the swallow a nest for herself, / Where she may lay her young; / Thine altars, O LORD of hosts, / My King, and my God— / [5] Happy are they that dwell in Thy house, / They are ever praising Thee. Selah / [6] Happy is the man whose strength is in Thee; / In whose heart are the highways. / [7] Passing through the valley of Baca they make it a place of springs; / Yea, the early rain clotheth it with blessings. / [8] They go from strength to strength, / Every one of them appeareth before God in Zion. / [9] O Lord GOD of hosts, hear my prayer; / Give ear, O God of Jacob. Selah / [10] Behold, O God our shield, / And look upon the face of Thine anointed. / [11] For a day in Thy courts is better than a thousand; / I had rather stand at the threshold of the house of my God, / Than to dwell in the tents of wickedness. / [12] For the Lord GOD is a sun and a shield; / The LORD giveth grace and glory; / No good thing will He withhold from them that walk uprightly. / [13] O LORD of hosts, / Happy is the man that trusteth in Thee.

12 שִׁיתֵמוֹ נְדִיבֵמוֹ הָיוּ דֹמֶן לָאֲדָמָה:
כְּעֹרֵב וְכִזְאֵב וּכְזֶבַח וּכְצַלְמֻנָּע כָּל־
נְסִיכֵמוֹ: 13 אֲשֶׁר אָמְרוּ נִירֲשָׁה לָּנוּ אֵת
נְאוֹת אֱלֹהִים: 14 אֱלֹהַי שִׁיתֵמוֹ כַגַּלְגַּל
כְּקַשׁ לִפְנֵי־רוּחַ: 15 כְּאֵשׁ תִּבְעַר־יָעַר
וּכְלֶהָבָה תְּלַהֵט הָרִים: 16 כֵּן תִּרְדְּפֵם
בְּסַעֲרֶךָ וּבְסוּפָתְךָ תְבַהֲלֵם: 17 מַלֵּא
פְנֵיהֶם קָלוֹן וִיבַקְשׁוּ שִׁמְךָ יְהוָה: 18 יֵבֹשׁוּ
וְיִבָּהֲלוּ עֲדֵי־עַד וְיַחְפְּרוּ וְיֹאבֵדוּ: 19 וְיֵדְעוּ
כִּי־אַתָּה שִׁמְךָ יְהוָה לְבַדֶּךָ עֶלְיוֹן עַל־
כָּל־הָאָרֶץ:

84 לַמְנַצֵּחַ עַל־הַגִּתִּית לִבְנֵי־קֹרַח
מִזְמוֹר: 2 מַה־יְּדִידוֹת מִשְׁכְּנוֹתֶיךָ יְהוָה
צְבָאוֹת: 3 נִכְסְפָה וְגַם־כָּלְתָה | נַפְשִׁי
לְחַצְרוֹת יְהוָה לִבִּי וּבְשָׂרִי יְרַנְּנוּ אֶל
אֵל־חָי: 4 גַּם־צִפּוֹר | מָצְאָה בַיִת וּדְרוֹר |
קֵן לָהּ אֲשֶׁר־שָׁתָה אֶפְרֹחֶיהָ אֶת־
מִזְבְּחוֹתֶיךָ יְהוָה צְבָאוֹת מַלְכִּי וֵאלֹהָי:
5 אַשְׁרֵי יוֹשְׁבֵי בֵיתֶךָ עוֹד יְהַלְלוּךָ סֶּלָה:
6 אַשְׁרֵי אָדָם עוֹז־לוֹ בָךְ מְסִלּוֹת בִּלְבָבָם:
7 עֹבְרֵי | בְּעֵמֶק הַבָּכָא מַעְיָן יְשִׁיתוּהוּ
גַּם־בְּרָכוֹת יַעְטֶה מוֹרֶה: 8 יֵלְכוּ מֵחַיִל
אֶל־חָיִל יֵרָאֶה אֶל־אֱלֹהִים בְּצִיּוֹן: 9 יְהוָה
אֱלֹהִים צְבָאוֹת שִׁמְעָה תְפִלָּתִי הַאֲזִינָה
אֱלֹהֵי יַעֲקֹב סֶלָה: 10 מָגִנֵּנוּ רְאֵה אֱלֹהִים
וְהַבֵּט פְּנֵי מְשִׁיחֶךָ: 11 כִּי טוֹב־יוֹם
בַּחֲצֵרֶיךָ מֵאָלֶף בָּחַרְתִּי הִסְתּוֹפֵף בְּבֵית
אֱלֹהַי מִדּוּר בְּאָהֳלֵי־רֶשַׁע: 12 כִּי שֶׁמֶשׁ |
וּמָגֵן יְהוָה אֱלֹהִים חֵן וְכָבוֹד יִתֵּן יְהוָה
לֹא יִמְנַע־טוֹב לַהֹלְכִים בְּתָמִים: 13 יְהוָה
צְבָאוֹת אַשְׁרֵי אָדָם בֹּטֵחַ בָּךְ:

85 For the Leader. A Psalm of the sons of Korah. / [2] LORD, Thou hast been favourable unto Thy land, / Thou hast turned the captivity of Jacob. / [3] Thou hast forgiven the iniquity of Thy people, / Thou hast pardoned all their sin. Selah / [4] Thou hast withdrawn all Thy wrath; / Thou hast turned from the fierceness of Thine anger. / [5] Restore us, O God of our salvation, / And cause Thine indignation toward us to cease / [6] Wilt Thou be angry with us for ever? / Wilt Thou draw out Thine anger to all generations? / [7] Wilt Thou not quicken us again, / That Thy people may rejoice in Thee? / [8] Show us Thy mercy, O LORD, / And grant us Thy salvation. / [9] I will hear what God the LORD will speak; / For He will speak peace unto His people, and to His saints; / But let them not turn back to folly. / [10] Surely His salvation is nigh them that fear Him; / That glory may dwell in our land. / [11] Mercy and truth are met together; / Righteousness and peace have kissed each other. / [12] Truth springeth out of the earth; / And righteousness hath looked down from heaven. / [13] Yea, the LORD will give that which is good; / And our land shall yield her produce. / [14] Righteousness shall go before Him, / And shall make His footsteps a way.

86 A Prayer of David. / Incline Thine ear, O LORD, and answer me; / For I am poor and needy. / [2] Keep my soul, for I am godly; / O Thou my God, save Thy servant that trusteth in Thee. / [3] Be gracious unto me, O Lord; / For unto Thee do I cry all the day. / [4] Rejoice the soul of Thy servant; / For unto Thee, O Lord, do I lift up my soul. / [5] For Thou, Lord, art good, and ready to pardon, / And plenteous in mercy unto all them that call upon Thee. / [6] Give ear, O LORD, unto my prayer; / And attend unto the voice of my supplications. / [7] In the day of my trouble I call upon Thee; / For Thou wilt answer me. / [8] There is none like unto Thee among the gods, O Lord; / And there are no works like Thine. / [9] All nations whom Thou hast made shall come and prostrate themselves before Thee, O Lord; / And they shall glorify Thy name. / [10] For Thou art great, and doest wondrous things; / Thou art God alone. / [11] Teach me, O LORD, Thy way, that I may walk in Thy truth; /

85 לַמְנַצֵּחַ | לִבְנֵי־קֹרַח מִזְמוֹר: 2 רָצִיתָ יְהוָה אַרְצֶךָ שַׁבְתָּ שבות שְׁבִית יַעֲקֹב: 3 נָשָׂאתָ עֲוֹן עַמֶּךָ כִּסִּיתָ כָל־חַטָּאתָם סֶלָה: 4 אָסַפְתָּ כָל־עֶבְרָתֶךָ הֱשִׁיבוֹתָ מֵחֲרוֹן אַפֶּךָ: 5 שׁוּבֵנוּ אֱלֹהֵי יִשְׁעֵנוּ וְהָפֵר כַּעַסְךָ עִמָּנוּ: 6 הַלְעוֹלָם תֶּאֱנַף־בָּנוּ תִּמְשֹׁךְ אַפְּךָ לְדֹר וָדֹר: 7 הֲלֹא־אַתָּה תָּשׁוּב תְּחַיֵּנוּ וְעַמְּךָ יִשְׂמְחוּ־בָךְ: 8 הַרְאֵנוּ יְהוָה חַסְדֶּךָ וְיֶשְׁעֲךָ תִּתֶּן־לָנוּ: 9 אֶשְׁמְעָה מַה־יְדַבֵּר הָאֵל | יְהוָה כִּי | יְדַבֵּר שָׁלוֹם אֶל־עַמּוֹ וְאֶל־חֲסִידָיו וְאַל־יָשׁוּבוּ לְכִסְלָה: 10 אַךְ | קָרוֹב לִירֵאָיו יִשְׁעוֹ לִשְׁכֹּן כָּבוֹד בְּאַרְצֵנוּ: 11 חֶסֶד־וֶאֱמֶת נִפְגָּשׁוּ צֶדֶק וְשָׁלוֹם נָשָׁקוּ: 12 אֱמֶת מֵאֶרֶץ תִּצְמָח וְצֶדֶק מִשָּׁמַיִם נִשְׁקָף: 13 גַּם־יְהוָה יִתֵּן הַטּוֹב וְאַרְצֵנוּ תִּתֵּן יְבוּלָהּ: 14 צֶדֶק לְפָנָיו יְהַלֵּךְ וְיָשֵׂם לְדֶרֶךְ פְּעָמָיו:

86 תְּפִלָּה לְדָוִד הַטֵּה־יְהוָה אָזְנְךָ עֲנֵנִי כִּי־עָנִי וְאֶבְיוֹן אָנִי: 2 שָׁמְרָה נַפְשִׁי כִּי־חָסִיד אָנִי הוֹשַׁע עַבְדְּךָ אַתָּה אֱלֹהַי הַבּוֹטֵחַ אֵלֶיךָ: 3 חָנֵּנִי אֲדֹנָי כִּי אֵלֶיךָ אֶקְרָא כָּל־הַיּוֹם: 4 שַׂמֵּחַ נֶפֶשׁ עַבְדֶּךָ כִּי אֵלֶיךָ אֲדֹנָי נַפְשִׁי אֶשָּׂא: 5 כִּי־אַתָּה אֲדֹנָי טוֹב וְסַלָּח וְרַב־חֶסֶד לְכָל־קֹרְאֶיךָ: 6 הַאֲזִינָה יְהוָה תְּפִלָּתִי וְהַקְשִׁיבָה בְּקוֹל תַּחֲנוּנוֹתָי: 7 בְּיוֹם צָרָתִי אֶקְרָאֶךָ כִּי תַעֲנֵנִי: 8 אֵין־כָּמוֹךָ בָאֱלֹהִים | אֲדֹנָי וְאֵין כְּמַעֲשֶׂיךָ: 9 כָּל־גּוֹיִם | אֲשֶׁר עָשִׂיתָ יָבוֹאוּ | וְיִשְׁתַּחֲווּ לְפָנֶיךָ אֲדֹנָי וִיכַבְּדוּ לִשְׁמֶךָ: 10 כִּי־גָדוֹל אַתָּה וְעֹשֵׂה נִפְלָאוֹת אַתָּה אֱלֹהִים לְבַדֶּךָ: 11 הוֹרֵנִי יְהוָה | דַּרְכֶּךָ אֲהַלֵּךְ בַּאֲמִתֶּךָ יַחֵד לְבָבִי לְיִרְאָה שְׁמֶךָ:

Make one my heart to fear Thy name. / [12] I will thank Thee, O Lord my God, with my whole heart; / And I will glorify Thy name for evermore. / [13] For great is Thy mercy toward me; / And Thou hast delivered my soul from the lowest nether-world. / [14] O God, the proud are risen up against me, / And the company of violent men have sought after my soul, / And have not set Thee before them. / [15] But Thou, O Lord, art a God full of compassion and gracious, / Slow to anger, and plenteous in mercy and truth. / [16] O turn unto me, and be gracious unto me; / Give Thy strength unto Thy servant, / And save the son of Thy handmaid. / [17] Work in my behalf a sign for good; / That they that hate me may see it, and be put to shame, / Because Thou, LORD, hast helped me, and comforted me.

87 A Psalm of the sons of Korah; a Song. / His foundation is in the holy mountains. / [2] The LORD loveth the gates of Zion / More than all the dwellings of Jacob. / [3] Glorious things are spoken of Thee, / O city of God. Selah / [4] 'I will make mention of Rahab and Babylon as among them that know Me; / Behold Philistia, and Tyre, with Ethiopia; / This one was born there.' / [5] But of Zion it shall be said 'This man and that was born in her; / And the Most High Himself doth establish her.' / [6] The LORD shall count in the register of the peoples. / 'This one was born there.' Selah / [7] And whether they sing or dance, / All my thoughts are in thee.

88 A Song, a Psalm of the sons of Korah; for the Leader; upon / Mahalath Leannoth. Maschil of He- man the Ezrahite. / [2] O LORD, God of my salvation, / What time I cry in the night before Thee, / [3] Let my prayer come before Thee, / Incline Thine ear unto my cry. / [4] For my soul is sated with troubles, / And my life draweth nigh unto the grave. / [5] I am counted with them that go down into the pit; / I am become as a man that hath no help; / [6] Set apart among the dead, / Like the slain that lie in the grave, / Whom Thou rememberest no more; / And they are cut off from Thy hand. / [7] Thou hast laid me in the nethermost pit, / In dark places, in the deeps. / [8] Thy wrath lieth hard upon me, / And all Thy waves Thou pressest down. Selah / [9] Thou hast put mine acquaintance far from me; / Thou hast made me

12 אוֹדְךָ ׀ אֲדֹנָי אֱלֹהַי בְּכָל־לְבָבִי וַאֲכַבְּדָה שִׁמְךָ לְעוֹלָם: 13 כִּי־חַסְדְּךָ גָּדוֹל עָלָי וְהִצַּלְתָּ נַפְשִׁי מִשְּׁאוֹל תַּחְתִּיָּה: 14 אֱלֹהִים ׀ זֵדִים קָמוּ־עָלַי וַעֲדַת עָרִיצִים בִּקְשׁוּ נַפְשִׁי וְלֹא שָׂמוּךָ לְנֶגְדָּם: 15 וְאַתָּה אֲדֹנָי אֵל־רַחוּם וְחַנּוּן אֶרֶךְ אַפַּיִם וְרַב־חֶסֶד וֶאֱמֶת: 16 פְּנֵה אֵלַי וְחָנֵּנִי תְּנָה־עֻזְּךָ לְעַבְדֶּךָ וְהוֹשִׁיעָה לְבֶן־אֲמָתֶךָ: 17 עֲשֵׂה־עִמִּי אוֹת לְטוֹבָה וְיִרְאוּ שֹׂנְאַי וְיֵבֹשׁוּ כִּי־אַתָּה יְהוָה עֲזַרְתַּנִי וְנִחַמְתָּנִי:

87 לִבְנֵי־קֹרַח מִזְמוֹר שִׁיר יְסוּדָתוֹ בְּהַרְרֵי־קֹדֶשׁ: 2 אֹהֵב יְהוָה שַׁעֲרֵי צִיּוֹן מִכֹּל מִשְׁכְּנוֹת יַעֲקֹב: 3 נִכְבָּדוֹת מְדֻבָּר בָּךְ עִיר הָאֱלֹהִים סֶלָה: 4 אַזְכִּיר ׀ רַהַב וּבָבֶל לְיֹדְעָי הִנֵּה פְלֶשֶׁת וְצוֹר עִם־כּוּשׁ זֶה יֻלַּד־שָׁם: 5 וּלְצִיּוֹן ׀ יֵאָמַר אִישׁ וְאִישׁ יֻלַּד־בָּהּ וְהוּא יְכוֹנְנֶהָ עֶלְיוֹן: 6 יְהוָה יִסְפֹּר בִּכְתוֹב עַמִּים זֶה יֻלַּד־שָׁם סֶלָה: 7 וְשָׁרִים כְּחֹלְלִים כָּל־מַעְיָנַי בָּךְ:

88 שִׁיר מִזְמוֹר לִבְנֵי קֹרַח לַמְנַצֵּחַ עַל־מָחֲלַת לְעַנּוֹת מַשְׂכִּיל לְהֵימָן הָאֶזְרָחִי: 2 יְהוָה אֱלֹהֵי יְשׁוּעָתִי יוֹם־צָעַקְתִּי בַלַּיְלָה נֶגְדֶּךָ: 3 תָּבוֹא לְפָנֶיךָ תְּפִלָּתִי הַטֵּה־אָזְנְךָ לְרִנָּתִי: 4 כִּי־שָׂבְעָה בְרָעוֹת נַפְשִׁי וְחַיַּי לִשְׁאוֹל הִגִּיעוּ: 5 נֶחְשַׁבְתִּי עִם־יוֹרְדֵי בוֹר הָיִיתִי כְּגֶבֶר אֵין־אֱיָל: 6 בַּמֵּתִים חָפְשִׁי כְּמוֹ חֲלָלִים ׀ שֹׁכְבֵי קֶבֶר אֲשֶׁר לֹא זְכַרְתָּם עוֹד וְהֵמָּה מִיָּדְךָ נִגְזָרוּ: 7 שַׁתַּנִי בְּבוֹר תַּחְתִּיּוֹת בְּמַחֲשַׁכִּים בִּמְצֹלוֹת: 8 עָלַי סָמְכָה חֲמָתֶךָ וְכָל־מִשְׁבָּרֶיךָ עִנִּיתָ סֶּלָה: 9 הִרְחַקְתָּ

an abomination unto them; / I am shut up, and I cannot come forth. / [10] Mine eye languisheth by reason of affliction; / I have called upon Thee, O Lord, every day, / I have spread forth my hands unto Thee. / [11] Wilt Thou work wonders for the dead? / Or shall the shades arise and give Thee thanks? Selah / [12] Shall Thy mercy be declared in the grave? / Or Thy faithfulness in destruction? / [13] Shall Thy wonders be known in the dark? / And Thy righteousness in the land of forgetfulness? / [14] But as for me, unto Thee, O Lord, do I cry, / And in the morning doth my prayer come to meet Thee. / [15] Lord, why castest Thou off my soul? / Why hidest Thou Thy face from me? / [16] I am afflicted and at the point of death from my youth up; / I have borne Thy terrors, I am distracted. / [17] Thy fierce wrath is gone over me; / Thy terrors have cut me off. / [18] They came round about me like water all the day; / They compassed me about together. / [19] Friend and companion hast Thou put far from me, / And mine acquaintance into darkness.

89 Maschil of Ethan the Ezrahite. / [2] I will sing of the mercies of the Lord for ever; / To all generations will I make known Thy faithfulness with my mouth. / [3] For I have said: 'For ever is mercy built; / In the very heavens Thou dost establish Thy faithfulness. / [4] I have made a covenant with My chosen, / I have sworn unto David My servant: / [5] For ever will I establish thy seed, / And build up thy throne to all generations.' Selah / [6] So shall the heavens praise Thy wonders, O Lord, / Thy faithfulness also in the assembly of the holy ones. / [7] For who in the skies can be compared unto the Lord, / Who among the sons of might can be likened unto the Lord, / [8] A God dreaded in the great council of the holy ones, / And feared of all them that are round about Him? / [9] O Lord God of hosts, / Who is a mighty one, like unto Thee, O Lord? / And Thy faithfulness is round about Thee. / [10] Thou rulest the proud swelling of the sea; / When the waves thereof arise, Thou stillest them. / [11] Thou didst crush Rahab, as one that is slain; / Thou didst scatter Thine enemies with the arm of Thy strength. / [12] Thine are the heavens, Thine also the earth; / The world and the fulness thereof, Thou hast founded them. / [13] The north and the south, Thou hast created them; / Tabor and Hermon rejoice in Thy name. / [14] Thine is an arm with

מְיֻדָּעַי מִמֶּנִּי שַׁתַּנִי תוֹעֵבוֹת לָמוֹ כָּלֻא
וְלֹא אֵצֵא: 10 עֵינִי דָאֲבָה מִנִּי עֹנִי
קְרָאתִיךָ יְהוָה בְּכָל־יוֹם שִׁטַּחְתִּי אֵלֶיךָ
כַפָּי: 11 הֲלַמֵּתִים תַּעֲשֶׂה־פֶּלֶא אִם־
רְפָאִים יָקוּמוּ ׀ יוֹדוּךָ סֶּלָה: 12 הַיְסֻפַּר
בַּקֶּבֶר חַסְדֶּךָ אֱמוּנָתְךָ בָּאֲבַדּוֹן: 13 הֲיִוָּדַע
בַּחֹשֶׁךְ פִּלְאֶךָ וְצִדְקָתְךָ בְּאֶרֶץ נְשִׁיָּה:
14 וַאֲנִי ׀ אֵלֶיךָ יְהוָה שִׁוַּעְתִּי וּבַבֹּקֶר
תְּפִלָּתִי תְקַדְּמֶךָּ: 15 לָמָה יְהוָה תִּזְנַח
נַפְשִׁי תַּסְתִּיר פָּנֶיךָ מִמֶּנִּי: 16 עָנִי אֲנִי וְגֹוֵעַ
מִנֹּעַר נָשָׂאתִי אֵמֶיךָ אָפוּנָה: 17 עָלַי עָבְרוּ
חֲרוֹנֶיךָ בִּעוּתֶיךָ צִמְּתוּתֻנִי: 18 סַבּוּנִי
כַמַּיִם כָּל־הַיּוֹם הִקִּיפוּ עָלַי יָחַד:
19 הִרְחַקְתָּ מִמֶּנִּי אֹהֵב וָרֵעַ מְיֻדָּעַי מַחְשָׁךְ:

89 מַשְׂכִּיל לְאֵיתָן הָאֶזְרָחִי: 2 חַסְדֵי
יְהוָה עוֹלָם אָשִׁירָה לְדֹר וָדֹר ׀ אוֹדִיעַ
אֱמוּנָתְךָ בְּפִי: 3 כִּי־אָמַרְתִּי עוֹלָם חֶסֶד
יִבָּנֶה שָׁמַיִם ׀ תָּכִן אֱמוּנָתְךָ בָהֶם: 4 כָּרַתִּי
בְרִית לִבְחִירִי נִשְׁבַּעְתִּי לְדָוִד עַבְדִּי:
5 עַד־עוֹלָם אָכִין זַרְעֶךָ וּבָנִיתִי לְדֹר־וָדוֹר
כִּסְאֲךָ סֶלָה: 6 וְיוֹדוּ שָׁמַיִם פִּלְאֲךָ יְהוָה
אַף־אֱמוּנָתְךָ בִּקְהַל קְדֹשִׁים: 7 כִּי מִי
בַשַּׁחַק יַעֲרֹךְ לַיהוָה יִדְמֶה לַיהוָה בִּבְנֵי
אֵלִים: 8 אֵל נַעֲרָץ בְּסוֹד־קְדֹשִׁים רַבָּה
וְנוֹרָא עַל־כָּל־סְבִיבָיו: 9 יְהוָה ׀ אֱלֹהֵי
צְבָאוֹת מִי־כָמוֹךָ חֲסִין ׀ יָהּ וֶאֱמוּנָתְךָ
סְבִיבוֹתֶיךָ: 10 אַתָּה מוֹשֵׁל בְּגֵאוּת הַיָּם
בְּשׂוֹא גַלָּיו אַתָּה תְשַׁבְּחֵם: 11 אַתָּה
דִכִּאתָ כֶחָלָל רָהַב בִּזְרוֹעַ עֻזְּךָ פִּזַּרְתָּ
אוֹיְבֶיךָ: 12 לְךָ שָׁמַיִם אַף־לְךָ אָרֶץ תֵּבֵל
וּמְלֹאָהּ אַתָּה יְסַדְתָּם: 13 צָפוֹן וְיָמִין אַתָּה
בְרָאתָם תָּבוֹר וְחֶרְמוֹן בְּשִׁמְךָ יְרַנֵּנוּ: 14 לְךָ

might; / Strong is Thy hand, and exalted is Thy right hand. / [15] Righteousness and justice are the foundation of Thy throne; / Mercy and truth go before Thee. / [16] Happy is the people that know the joyful shout; / They walk, O LORD, in the light of Thy countenance. / [17] In Thy name do they rejoice all the day; / And through Thy righteousness are they exalted. / [18] For Thou art the glory of their strength; / And in Thy favour our horn is exalted. / [19] For of the LORD is our shield; / And of the Holy One of Israel is our king. / [20] Then Thou spokest in vision to Thy godly ones, / And saidst: 'I have laid help upon one that is mighty; / I have exalted one chosen out of the people. / [21] I have found David My servant; / With My holy oil have I anointed him; / [22] With whom My hand shall be established; / Mine arm also shall strengthen him. / [23] The enemy shall not exact from him; / Nor the son of wickedness afflict him. / [24] And I will beat to pieces his adversaries before him, / And smite them that hate him. / [25] But My faithfulness and My mercy shall be with him; / And through My name shall his horn be exalted. / [26] I will set his hand also on the sea, / And his right hand on the rivers. / [27] He shall call unto Me: Thou art my Father, / My God, and the rock of my salvation. / [28] I also will appoint him first-born, / The highest of the kings of the earth. / [29] For ever will I keep for him My mercy, / And My covenant shall stand fast with him. / [30] His seed also will I make to endure for ever, / And his throne as the days of heaven. / [31] If his children forsake My law, / And walk not in Mine ordinances; / [32] If they profane My statutes, / And keep not My commandments; / [33] Then will I visit their transgression with the rod, / And their iniquity with strokes. / [34] But My mercy will I not break off from him, / Nor will I be false to My faithfulness. / [35] My covenant will I not profane, / Nor alter that which is gone out of My lips. / [36] Once have I sworn by My holiness Surely I will not be false unto David; / [37] His seed shall endure for ever, / And his throne as the sun before Me. / [38] It shall be established for ever as the moon; / And be stedfast as the witness in the sky.' Selah / [39] But Thou hast cast off and rejected, Thou hast been wroth with Thine anointed. / [40] Thou hast abhorred the covenant of Thy servant; / Thou hast profaned his crown even to the ground. / [41] Thou hast broken down all his fences, / Thou hast brought

זְרוֹעַ עִם־גְּבוּרָה תָּעֹז יָדְךָ תָּרוּם יְמִינֶךָ:
15 צֶדֶק וּמִשְׁפָּט מְכוֹן כִּסְאֶךָ חֶסֶד וֶאֱמֶת יְקַדְּמוּ פָנֶיךָ: 16 אַשְׁרֵי הָעָם יוֹדְעֵי תְרוּעָה יְהוָה בְּאוֹר־פָּנֶיךָ יְהַלֵּכוּן: 17 בְּשִׁמְךָ יְגִילוּן כָּל־הַיּוֹם וּבְצִדְקָתְךָ יָרוּמוּ: 18 כִּי־תִפְאֶרֶת עֻזָּמוֹ אָתָּה וּבִרְצֹנְךָ תרים תָּרוּם קַרְנֵנוּ: 19 כִּי לַיהוָה מָגִנֵּנוּ וְלִקְדוֹשׁ יִשְׂרָאֵל מַלְכֵּנוּ: 20 אָז דִּבַּרְתָּ־בְחָזוֹן לַחֲסִידֶיךָ וַתֹּאמֶר שִׁוִּיתִי עֵזֶר עַל־גִּבּוֹר הֲרִימוֹתִי בָחוּר מֵעָם: 21 מָצָאתִי דָּוִד עַבְדִּי בְּשֶׁמֶן קָדְשִׁי מְשַׁחְתִּיו: 22 אֲשֶׁר יָדִי תִּכּוֹן עִמּוֹ אַף־זְרוֹעִי תְאַמְּצֶנּוּ: 23 לֹא־יַשִּׁא אוֹיֵב בּוֹ וּבֶן־עַוְלָה לֹא יְעַנֶּנּוּ: 24 וְכַתּוֹתִי מִפָּנָיו צָרָיו וּמְשַׂנְאָיו אֶגּוֹף: 25 וֶאֱמוּנָתִי וְחַסְדִּי עִמּוֹ וּבִשְׁמִי תָּרוּם קַרְנוֹ: 26 וְשַׂמְתִּי בַיָּם יָדוֹ וּבַנְּהָרוֹת יְמִינוֹ: 27 הוּא יִקְרָאֵנִי אָבִי אַתָּה אֵלִי וְצוּר יְשׁוּעָתִי: 28 אַף־אָנִי בְּכוֹר אֶתְּנֵהוּ עֶלְיוֹן לְמַלְכֵי־אָרֶץ: 29 לְעוֹלָם אשמור אֶשְׁמָר־לוֹ חַסְדִּי וּבְרִיתִי נֶאֱמֶנֶת לוֹ: 30 וְשַׂמְתִּי לָעַד זַרְעוֹ וְכִסְאוֹ כִּימֵי שָׁמָיִם: 31 אִם־יַעַזְבוּ בָנָיו תּוֹרָתִי וּבְמִשְׁפָּטַי לֹא יֵלֵכוּן: 32 אִם־חֻקֹּתַי יְחַלֵּלוּ וּמִצְוֹתַי לֹא יִשְׁמֹרוּ: 33 וּפָקַדְתִּי בְשֵׁבֶט פִּשְׁעָם וּבִנְגָעִים עֲוֹנָם: 34 וְחַסְדִּי לֹא־אָפִיר מֵעִמּוֹ וְלֹא־אֲשַׁקֵּר בֶּאֱמוּנָתִי: 35 לֹא־אֲחַלֵּל בְּרִיתִי וּמוֹצָא שְׂפָתַי לֹא אֲשַׁנֶּה: 36 אַחַת נִשְׁבַּעְתִּי בְקָדְשִׁי אִם־לְדָוִד אֲכַזֵּב: 37 זַרְעוֹ לְעוֹלָם יִהְיֶה וְכִסְאוֹ כַשֶּׁמֶשׁ נֶגְדִּי: 38 כְּיָרֵחַ יִכּוֹן עוֹלָם וְעֵד בַּשַּׁחַק נֶאֱמָן סֶלָה: 39 וְאַתָּה זָנַחְתָּ וַתִּמְאָס הִתְעַבַּרְתָּ עִם־מְשִׁיחֶךָ: 40 נֵאַרְתָּה בְּרִית עַבְדֶּךָ חִלַּלְתָּ לָאָרֶץ נִזְרוֹ: 41 פָּרַצְתָּ כָל־גְּדֵרֹתָיו שַׂמְתָּ מִבְצָרָיו

his strongholds to ruin. / [42] All that pass by the way spoil him; / He is become a taunt to his neighbours. / [43] Thou hast exalted the right hand of his adversaries; / Thou hast made all his enemies to rejoice. / [44] Yea, Thou turnest back the edge of his sword, / And hast not made him to stand in the battle. / [45] Thou hast made his brightness to cease, / And cast his throne down to the ground. / [46] The days of his youth hast Thou shortened; / Thou hast covered him with shame. Selah / [47] How long, O LORD, wilt Thou hide Thyself for ever? / How long shall Thy wrath burn like fire? / [48] O remember how short my time is; / For what vanity hast Thou created all the children of men! / [49] What man is he that liveth and shall not see death, / That shall deliver his soul from the power of the grave? Selah / [50] Where are Thy former mercies, O Lord, / Which Thou didst swear unto David in Thy faithfulness? / [51] Remember, Lord, the taunt of Thy servants; / How I do bear in my bosom [the taunt of] so many peoples; / [52] Wherewith Thine enemies have taunted, O LORD, / Wherewith they have taunted the footsteps of Thine anointed. / [53] Blessed be the LORD for evermore. Amen, and Amen.

מְחִתָּה׃ 42 שַׁסֻּהוּ כָּל־עֹבְרֵי דָרֶךְ הָיָה
חֶרְפָּה לִשְׁכֵנָיו׃ 43 הֲרִימוֹתָ יְמִין צָרָיו
הִשְׂמַחְתָּ כָּל־אוֹיְבָיו׃ 44 אַף־תָּשִׁיב צוּר
חַרְבּוֹ וְלֹא הֲקֵימֹתוֹ בַּמִּלְחָמָה׃ 45 הִשְׁבַּתָּ
מִטְּהָרוֹ וְכִסְאוֹ לָאָרֶץ מִגַּרְתָּה׃ 46 הִקְצַרְתָּ
יְמֵי עֲלוּמָיו הֶעֱטִיתָ עָלָיו בּוּשָׁה סֶלָה׃
47 עַד־מָה יְהוָה תִּסָּתֵר לָנֶצַח תִּבְעַר כְּמוֹ־
אֵשׁ חֲמָתֶךָ׃ 48 זְכָר־אֲנִי מֶה־חָלֶד עַל־מַה־
שָּׁוְא בָּרָאתָ כָל־בְּנֵי־אָדָם׃ 49 מִי גֶבֶר יִחְיֶה
וְלֹא יִרְאֶה־מָּוֶת יְמַלֵּט נַפְשׁוֹ מִיַּד־שְׁאוֹל
סֶלָה׃ 50 אַיֵּה חֲסָדֶיךָ הָרִאשֹׁנִים אֲדֹנָי
נִשְׁבַּעְתָּ לְדָוִד בֶּאֱמוּנָתֶךָ׃ 51 זְכֹר אֲדֹנָי
חֶרְפַּת עֲבָדֶיךָ שְׂאֵתִי בְחֵיקִי כָּל־רַבִּים
עַמִּים׃ 52 אֲשֶׁר חֵרְפוּ אוֹיְבֶיךָ יְהוָה אֲשֶׁר
חֵרְפוּ עִקְּבוֹת מְשִׁיחֶךָ׃ 53 בָּרוּךְ יְהוָה
לְעוֹלָם אָמֵן וְאָמֵן׃

BOOK IV

ספר רביעי

90 A Prayer of Moses the man of God. / Lord, Thou hast been our dwelling-place in all generations. / [2] Before the mountains were brought forth, / Or ever Thou hadst formed the earth and the world, / Even from everlasting to everlasting, Thou art God. / [3] Thou turnest man to contrition; / And sayest: 'Return, ye children of men.' / [4] For a thousand years in Thy sight / Are but as yesterday when it is past, / And as a watch in the night. / [5] Thou carriest them away as with a flood; they are as a sleep; / In the morning they are like grass which groweth up. / [6] In the morning it flourisheth, and groweth up; / In the evening it is cut down, and withereth. / [7] For we are consumed in Thine anger, / And by Thy wrath are we hurried away. / [8] Thou hast set our iniquities before Thee, / Our secret sins in the light of Thy countenance. / [9] For all our days are passed away in Thy wrath; / We bring our years to an end as a tale that is told. / [10] The days of our years are threescore years and ten, / Or even by reason of strength fourscore years; / Yet is their pride but travail and vanity; / For it is speedily gone, and we fly away. / [11] Who knoweth the power of Thine anger, / And Thy wrath according

90 תְּפִלָּה לְמֹשֶׁה אִישׁ־הָאֱלֹהִים אֲדֹנָי
מָעוֹן אַתָּה הָיִיתָ לָּנוּ בְּדֹר וָדֹר׃ 2 בְּטֶרֶם
הָרִים יֻלָּדוּ וַתְּחוֹלֵל אֶרֶץ וְתֵבֵל וּמֵעוֹלָם
עַד־עוֹלָם אַתָּה אֵל׃ 3 תָּשֵׁב אֱנוֹשׁ עַד־
דַּכָּא וַתֹּאמֶר שׁוּבוּ בְנֵי־אָדָם׃ 4 כִּי אֶלֶף
שָׁנִים בְּעֵינֶיךָ כְּיוֹם אֶתְמוֹל כִּי יַעֲבֹר
וְאַשְׁמוּרָה בַלָּיְלָה׃ 5 זְרַמְתָּם שֵׁנָה יִהְיוּ
בַּבֹּקֶר כֶּחָצִיר יַחֲלֹף׃ 6 בַּבֹּקֶר יָצִיץ וְחָלָף
לָעֶרֶב יְמוֹלֵל וְיָבֵשׁ׃ 7 כִּי־כָלִינוּ בְאַפֶּךָ
וּבַחֲמָתְךָ נִבְהָלְנוּ׃ 8 שַׁתָּ עֲוֺנֹתֵינוּ
לְנֶגְדֶּךָ עֲלֻמֵנוּ לִמְאוֹר פָּנֶיךָ׃ 9 כִּי כָל־יָמֵינוּ
פָּנוּ בְעֶבְרָתֶךָ כִּלִּינוּ שָׁנֵינוּ כְמוֹ־הֶגֶה׃
10 יְמֵי־שְׁנוֹתֵינוּ בָהֶם שִׁבְעִים שָׁנָה וְאִם
בִּגְבוּרֹת שְׁמוֹנִים שָׁנָה וְרָהְבָּם עָמָל וָאָוֶן
כִּי־גָז חִישׁ וַנָּעֻפָה׃ 11 מִי־יוֹדֵעַ עֹז אַפֶּךָ

to the fear that is due unto Thee? / [12] So teach us to number our days, / That we may get us a heart of wisdom. / [13] Return, O LORD; how long? / And let it repent Thee concerning Thy servants. / [14] O satisfy us in the morning with Thy mercy; / That we may rejoice and be glad all our days. / [15] Make us glad according to the days wherein Thou hast afflicted us, / According to the years wherein we have seen evil. / [16] Let Thy work appear unto Thy servants, / And Thy glory upon their children. / [17] And let the graciousness of the Lord our God be upon us; / Establish Thou also upon us the work of our hands; / Yea, the work of our hands establish Thou it.

91 O thou that dwellest in the covert of the Most High, / And abidest in the shadow of the Almighty; / [2] I will say of the LORD, who is my refuge and my fortress, / My God, in whom I trust, / [3] That He will deliver thee from the snare of the fowler, / And from the noisome pestilence. / [4] He will cover thee with His pinions, / And under His wings shalt thou take refuge; / His truth is a shield and a buckler. / [5] Thou shalt not be afraid of the terror by night, / Nor of the arrow that flieth by day; / [6] Of the pestilence that walketh in darkness, / Nor of the destruction that wasteth at noonday. / [7] A thousand may fall at thy side, / And ten thousand at thy right hand; / It shall not come nigh thee. / [8] Only with thine eyes shalt thou behold, / And see the recompense of the wicked. / [9] For thou hast made the LORD who is my refuge, / Even the Most High, thy habitation. / [10] There shall no evil befall thee, / Neither shall any plague come nigh thy tent. / [11] For He will give His angels charge over thee, / To keep thee in all thy ways. / [12] They shall bear thee upon their hands, / Lest thou dash thy foot against a stone. / [13] Thou shalt tread upon the lion and asp; / The young lion and the serpent shalt thou trample under feet. / [14] 'Because he hath set his love upon Me, therefore will I deliver him; / I will set him on high, because he hath known My name. / [15] He shall call upon Me, and I will answer him; / I will be with him in trouble; / I will rescue him, and bring him to honour. / [16] With long life will I satisfy him, / And make him to behold My salvation.'

92 A Psalm, a Song. For the sabbath day. / [2] It is a good thing to give thanks unto the LORD, / And to sing praises unto Thy name, O Most High; / [3] To declare Thy lovingkindness in the morning, / And Thy faithfulness in the night seasons, / [4] With an instrument of ten strings, and with the psaltery; / With a solemn

וּכְיִרְאָתְךָ עֶבְרָתֶךָ: 12 לִמְנוֹת יָמֵינוּ כֵּן הוֹדַע וְנָבִא לְבַב חָכְמָה: 13 שׁוּבָה יְהוָה עַד־מָתָי וְהִנָּחֵם עַל־עֲבָדֶיךָ: 14 שַׂבְּעֵנוּ בַבֹּקֶר חַסְדֶּךָ וּנְרַנְּנָה וְנִשְׂמְחָה בְּכָל־יָמֵינוּ: 15 שַׂמְּחֵנוּ כִּימוֹת עִנִּיתָנוּ שְׁנוֹת רָאִינוּ רָעָה: 16 יֵרָאֶה אֶל־עֲבָדֶיךָ פָעֳלֶךָ וַהֲדָרְךָ עַל־בְּנֵיהֶם: 17 וִיהִי | נֹעַם אֲדֹנָי אֱלֹהֵינוּ עָלֵינוּ וּמַעֲשֵׂה יָדֵינוּ כּוֹנְנָה עָלֵינוּ וּמַעֲשֵׂה יָדֵינוּ כּוֹנְנֵהוּ:

91 יֹשֵׁב בְּסֵתֶר עֶלְיוֹן בְּצֵל שַׁדַּי יִתְלוֹנָן: 2 אֹמַר לַיהוָה מַחְסִי וּמְצוּדָתִי אֱלֹהַי אֶבְטַח־בּוֹ: 3 כִּי הוּא יַצִּילְךָ מִפַּח יָקוּשׁ מִדֶּבֶר הַוּוֹת: 4 בְּאֶבְרָתוֹ | יָסֶךְ לָךְ וְתַחַת־כְּנָפָיו תֶּחְסֶה צִנָּה וְסֹחֵרָה אֲמִתּוֹ: 5 לֹא־תִירָא מִפַּחַד לָיְלָה מֵחֵץ יָעוּף יוֹמָם: 6 מִדֶּבֶר בָּאֹפֶל יַהֲלֹךְ מִקֶּטֶב יָשׁוּד צָהֳרָיִם: 7 יִפֹּל מִצִּדְּךָ | אֶלֶף וּרְבָבָה מִימִינֶךָ אֵלֶיךָ לֹא יִגָּשׁ: 8 רַק בְּעֵינֶיךָ תַבִּיט וְשִׁלֻּמַת רְשָׁעִים תִּרְאֶה: 9 כִּי־אַתָּה יְהוָה מַחְסִי עֶלְיוֹן שַׂמְתָּ מְעוֹנֶךָ: 10 לֹא־תְאֻנֶּה אֵלֶיךָ רָעָה וְנֶגַע לֹא־יִקְרַב בְּאָהֳלֶךָ: 11 כִּי מַלְאָכָיו יְצַוֶּה־לָּךְ לִשְׁמָרְךָ בְּכָל־דְּרָכֶיךָ: 12 עַל־כַּפַּיִם יִשָּׂאוּנְךָ פֶּן־תִּגֹּף בָּאֶבֶן רַגְלֶךָ: 13 עַל־שַׁחַל וָפֶתֶן תִּדְרֹךְ תִּרְמֹס כְּפִיר וְתַנִּין: 14 כִּי בִי חָשַׁק וַאֲפַלְּטֵהוּ אֲשַׂגְּבֵהוּ כִּי־יָדַע שְׁמִי: 15 יִקְרָאֵנִי | וְאֶעֱנֵהוּ עִמּוֹ־אָנֹכִי בְצָרָה אֲחַלְּצֵהוּ וַאֲכַבְּדֵהוּ: 16 אֹרֶךְ יָמִים אַשְׂבִּיעֵהוּ וְאַרְאֵהוּ בִּישׁוּעָתִי:

92 מִזְמוֹר שִׁיר לְיוֹם הַשַּׁבָּת: 2 טוֹב לְהֹדוֹת לַיהוָה וּלְזַמֵּר לְשִׁמְךָ עֶלְיוֹן: 3 לְהַגִּיד בַּבֹּקֶר חַסְדֶּךָ וֶאֱמוּנָתְךָ בַּלֵּילוֹת: 4 עֲלֵי־עָשׂוֹר וַעֲלֵי־נָבֶל עֲלֵי הִגָּיוֹן בְּכִנּוֹר:

sound upon the harp. / [5] For Thou, LORD, hast made me glad through Thy work; / I will exult in the works of Thy hands. / [6] How great are Thy works, O LORD! Thy thoughts are very deep. / [7] A brutish man knoweth not, / Neither doth a fool understand this. / [8] When the wicked spring up as the grass, / And when all the workers of iniquity do flourish; / It is that they may be destroyed for ever. / [9] But Thou, O LORD, art on high for evermore. / [10] For, lo, Thine enemies, O LORD, / For, lo, Thine enemies shall perish; / All the workers of iniquity shall be scattered. / [11] But my horn hast Thou exalted like the horn of the wild-ox; / I am anointed with rich oil. / [12] Mine eye also hath gazed on them that lie in wait for me, / Mine ears have heard my desire of the evil-doers that rise up against me. / [13] The righteous shall flourish like the palm-tree; / He shall grow like a cedar in Lebanon. / [14] Planted in the house of the LORD, / They shall flourish in the courts of our God. / [15] They shall still bring forth fruit in old age; / They shall be full of sap and richness; / [16] To declare that the LORD is upright, / My Rock, in whom there is no unrighteousness.

93 The LORD reigneth; He is clothed in majesty: / The LORD is clothed, He hath girded / Himself with strength; / Yea, the world is established, that it cannot be moved. / [2] Thy throne is established of old; / Thou art from everlasting. / [3] The floods have lifted up, O LORD, / The floods have lifted up their voice; / The floods lift up their roaring. / [4] Above the voices of many waters, / The mighty breakers of the sea, / The LORD on high is mighty. / [5] Thy testimonies are very sure, / Holiness becometh Thy house, / O LORD, for evermore.

94 O LORD, Thou God to whom vengeance belongeth, / Thou God to whom vengeance belongeth, shine forth. / [2] Lift up Thyself, Thou Judge of the earth; / Render to the proud their recompense. / [3] LORD, how long shall the wicked, / How long shall the wicked exult? / [4] They gush out, they speak arrogancy; / All the workers of iniquity bear themselves loftily. / [5] They crush Thy people, O LORD, / And afflict Thy heritage. / [6] They slay the widow and the stranger, / And murder the fatherless. / [7] And they say: 'The LORD will not see, / Neither will the God of Jacob give heed.' /

כִּי שִׂמַּחְתַּנִי יְהֹוָה בְּפָעֳלֶךָ בְּמַעֲשֵׂי יָדֶיךָ 5
אֲרַנֵּן: 6 מַה־גָּדְלוּ מַעֲשֶׂיךָ יְהֹוָה מְאֹד
עָמְקוּ מַחְשְׁבֹתֶיךָ: 7 אִישׁ־בַּעַר לֹא יֵדָע
וּכְסִיל לֹא־יָבִין אֶת־זֹאת: 8 בִּפְרֹחַ
רְשָׁעִים ׀ כְּמוֹ עֵשֶׂב וַיָּצִיצוּ כָּל־פֹּעֲלֵי אָוֶן
לְהִשָּׁמְדָם עֲדֵי־עַד: 9 וְאַתָּה מָרוֹם לְעֹלָם
יְהֹוָה: 10 כִּי הִנֵּה אֹיְבֶיךָ ׀ יְהֹוָה כִּי־הִנֵּה
אֹיְבֶיךָ יֹאבֵדוּ יִתְפָּרְדוּ כָּל־פֹּעֲלֵי אָוֶן:
11 וַתָּרֶם כִּרְאֵים קַרְנִי בַּלֹּתִי בְּשֶׁמֶן רַעֲנָן:
12 וַתַּבֵּט עֵינִי בְּשׁוּרָי בַּקָּמִים עָלַי מְרֵעִים
תִּשְׁמַעְנָה אָזְנָי: 13 צַדִּיק כַּתָּמָר יִפְרָח
כְּאֶרֶז בַּלְּבָנוֹן יִשְׂגֶּה: 14 שְׁתוּלִים בְּבֵית
יְהֹוָה בְּחַצְרוֹת אֱלֹהֵינוּ יַפְרִיחוּ: 15 עוֹד
יְנוּבוּן בְּשֵׂיבָה דְּשֵׁנִים וְרַעֲנַנִּים יִהְיוּ:
16 לְהַגִּיד כִּי־יָשָׁר יְהֹוָה צוּרִי וְלֹא־עַלְתָה
עוֹלָתָה בּוֹ:

93 יְהֹוָה מָלָךְ גֵּאוּת לָבֵשׁ לָבֵשׁ יְהֹוָה
עֹז הִתְאַזָּר אַף־תִּכּוֹן תֵּבֵל בַּל־תִּמּוֹט:
2 נָכוֹן כִּסְאֲךָ מֵאָז מֵעוֹלָם אָתָּה: 3 נָשְׂאוּ
נְהָרוֹת ׀ יְהֹוָה נָשְׂאוּ נְהָרוֹת קוֹלָם יִשְׂאוּ
נְהָרוֹת דָּכְיָם: 4 מִקֹּלוֹת ׀ מַיִם רַבִּים
אַדִּירִים מִשְׁבְּרֵי־יָם אַדִּיר בַּמָּרוֹם יְהֹוָה:
5 עֵדֹתֶיךָ ׀ נֶאֶמְנוּ מְאֹד לְבֵיתְךָ נַאֲוָה־קֹדֶשׁ
יְהֹוָה לְאֹרֶךְ יָמִים:

94 אֵל־נְקָמוֹת יְהֹוָה אֵל נְקָמוֹת הוֹפִיעַ:
2 הִנָּשֵׂא שֹׁפֵט הָאָרֶץ הָשֵׁב גְּמוּל עַל־
גֵּאִים: 3 עַד־מָתַי רְשָׁעִים ׀ יְהֹוָה עַד־מָתַי
רְשָׁעִים יַעֲלֹזוּ: 4 יַבִּיעוּ יְדַבְּרוּ עָתָק
יִתְאַמְּרוּ כָּל־פֹּעֲלֵי אָוֶן: 5 עַמְּךָ יְהֹוָה
יְדַכְּאוּ וְנַחֲלָתְךָ יְעַנּוּ: 6 אַלְמָנָה וְגֵר יַהֲרֹגוּ
וִיתוֹמִים יְרַצֵּחוּ: 7 וַיֹּאמְרוּ לֹא יִרְאֶה־יָּהּ

[8] Consider, ye brutish among the people; / And ye fools, when will ye understand? / [9] He that planted the ear, shall He not hear? / He that formed the eye, shall He not see? / [10] He that instructeth nations, shall not He correct, / Even He that teacheth man knowledge? / [11] The LORD knoweth the thoughts of man, / That they are vanity. / [12] Happy is the man whom Thou instructest, O LORD, / And teachest out of Thy law; / [13] That Thou mayest give him rest from the days of evil, / Until the pit be digged for the wicked. / [14] For the LORD will not cast off His people, / Neither will He forsake His inheritance. / [15] For right shall return unto justice, / And all the upright in heart shall follow it. / [16] Who will rise up for me against the evil-doers? / Who will stand up for me against the workers of iniquity? / [17] Unless the LORD had been my help, / My soul had soon dwelt in silence. / [18] If I say: 'My foot slippeth', / Thy mercy, O LORD, holdeth me up. / [19] When my cares are many within me, / Thy comforts delight my soul. / [20] Shall the seat of wickedness have fellowship with Thee, / Which frameth mischief by statute? / [21] They gather themselves together against the soul of the righteous, / And condemn innocent blood. / [22] But the LORD hath been my high / tower, / And my God the rock of my refuge. / [23] And He hath brought upon them their own iniquity, / And will cut them off in their own / evil; / The LORD our God will cut them off.

95 O come, let us sing unto the LORD; / Let us shout for joy to the Rock of our salvation. / [2] Let us come before His presence with thanksgiving, / Let us shout for joy unto Him with psalms. / [3] For the LORD is a great God, / And a great King above all gods; / [4] In whose hand are the depths of the earth; / The heights of the mountains are His also. / [5] The sea is His, and He made it; / And His hands formed the dry land. / [6] O come, let us bow down and bend the knee; / Let us kneel before the LORD our Maker; / [7] For He is our God, / And we are the people of His pasture, and the flock of His hand. / To-day, if ye would but hearken to His voice! / [8] 'Harden not your heart, as at Meribah, / As in the day of Massah in the wilderness; / [9] When

וְלֹא־יָבִין אֱלֹהֵי יַעֲקֹב: 8 בִּינוּ בֹּעֲרִים בָּעָם וּכְסִילִים מָתַי תַּשְׂכִּילוּ: 9 הֲנֹטַע אֹזֶן הֲלֹא יִשְׁמָע אִם־יֹצֵר עַיִן הֲלֹא יַבִּיט: 10 הֲיֹסֵר גּוֹיִם הֲלֹא יוֹכִיחַ הַמְלַמֵּד אָדָם דָּעַת: 11 יְהֹוָה יֹדֵעַ מַחְשְׁבוֹת אָדָם כִּי־הֵמָּה הָבֶל: 12 אַשְׁרֵי | הַגֶּבֶר אֲשֶׁר־תְּיַסְּרֶנּוּ יָּהּ וּמִתּוֹרָתְךָ תְלַמְּדֶנּוּ: 13 לְהַשְׁקִיט לוֹ מִימֵי רָע עַד יִכָּרֶה לָרָשָׁע שָׁחַת: 14 כִּי | לֹא־יִטֹּשׁ יְהֹוָה עַמּוֹ וְנַחֲלָתוֹ לֹא יַעֲזֹב: 15 כִּי־עַד־צֶדֶק יָשׁוּב מִשְׁפָּט וְאַחֲרָיו כָּל־ יִשְׁרֵי־לֵב: 16 מִי־יָקוּם לִי עִם־מְרֵעִים מִי־ יִתְיַצֵּב לִי עִם־פֹּעֲלֵי אָוֶן: 17 לוּלֵי יְהֹוָה עֶזְרָתָה לִּי כִּמְעַט | שָׁכְנָה דוּמָה נַפְשִׁי: 18 אִם־אָמַרְתִּי מָטָה רַגְלִי חַסְדְּךָ יְהֹוָה יִסְעָדֵנִי: 19 בְּרֹב שַׂרְעַפַּי בְּקִרְבִּי תַּנְחוּמֶיךָ יְשַׁעַשְׁעוּ נַפְשִׁי: 20 הַיְחָבְרְךָ כִּסֵּא הַוּוֹת יֹצֵר עָמָל עֲלֵי־חֹק: 21 יָגוֹדּוּ עַל־נֶפֶשׁ צַדִּיק וְדָם נָקִי יַרְשִׁיעוּ: 22 וַיְהִי יְהֹוָה לִי לְמִשְׂגָּב וֵאלֹהַי לְצוּר מַחְסִי: 23 וַיָּשֶׁב עֲלֵיהֶם | אֶת־אוֹנָם וּבְרָעָתָם יַצְמִיתֵם יַצְמִיתֵם יְהֹוָה אֱלֹהֵינוּ:

95 לְכוּ נְרַנְּנָה לַיהֹוָה נָרִיעָה לְצוּר יִשְׁעֵנוּ: 2 נְקַדְּמָה פָנָיו בְּתוֹדָה בִּזְמִרוֹת נָרִיעַ לוֹ: 3 כִּי אֵל גָּדוֹל יְהֹוָה וּמֶלֶךְ גָּדוֹל עַל־כָּל־אֱלֹהִים: 4 אֲשֶׁר בְּיָדוֹ מֶחְקְרֵי־ אָרֶץ וְתוֹעֲפוֹת הָרִים לוֹ: 5 אֲשֶׁר־לוֹ הַיָּם וְהוּא עָשָׂהוּ וְיַבֶּשֶׁת יָדָיו יָצָרוּ: 6 בֹּאוּ נִשְׁתַּחֲוֶה וְנִכְרָעָה נִבְרְכָה לִפְנֵי־יְהֹוָה עֹשֵׂנוּ: 7 כִּי הוּא אֱלֹהֵינוּ וַאֲנַחְנוּ עַם מַרְעִיתוֹ וְצֹאן יָדוֹ הַיּוֹם אִם־בְּקֹלוֹ תִשְׁמָעוּ: 8 אַל־תַּקְשׁוּ לְבַבְכֶם כִּמְרִיבָה כְּיוֹם מַסָּה בַּמִּדְבָּר: 9 אֲשֶׁר נִסּוּנִי

your fathers tried Me, / Proved Me, even though they saw My work. / [10] For forty years was I wearied with that generation, / And said: It is a people that do err in their heart, / And they have not known My ways; / [11] Wherefore I swore in My wrath, / That they should not enter into My [a]rest.'

96 O sing unto the LORD a new song; / Sing unto the LORD, all the earth. / [2] Sing unto the LORD, bless His name; / Proclaim His salvation from day to day. / [3] Declare His glory among the nations, / His marvellous works among all the peoples. / [4] For great is the LORD, and highly to be praised; / He is to be feared above all gods. / [5] For all the gods of the peoples are things of nought; / But the LORD made the heavens. / [6] Honour and majesty are before Him; / Strength and beauty are in His sanctuary. / [7] Ascribe unto the LORD, ye kindreds of the peoples, / Ascribe unto the LORD glory and strength. / [8] Ascribe unto the LORD the glory due unto His name; / Bring an offering, and come into His courts. / [9] O worship the LORD in the beauty of holiness; / Tremble before Him, all the earth. / [10] Say among the nations: 'The LORD reigneth.' / The world also is established that it cannot be moved; / He will judge the peoples with equity. / [11] Let the heavens be glad, and let the earth rejoice; / Let the sea roar, and the fulness thereof; / [12] Let the field exult, and all that is therein; / Then shall all the trees of the wood sing for, joy; / [13] Before the LORD, for He is come; / For He is come to judge the earth; / He will judge the world with righteousness, / And the peoples in His faithfulness.

97 The LORD reigneth; let the earth rejoice; / Let the multitude of isles be glad. / [2] Clouds and darkness are round about Him; / Righteousness and justice are the foundation of His throne. / [3] A fire goeth before Him, / And burneth up His adversaries round about. / [4] His lightnings lighted up the world; / The earth saw, and trembled. / [5] The mountains melted like wax at the presence of the LORD, / At the presence of the Lord of the whole earth. / [6] The heavens declared His righteousness, /

אֲבוֹתֵיכֶם בְּחָנוּנִי גַּם־רָאוּ פָעֳלִי: 10 אַרְבָּעִים שָׁנָה ׀ אָקוּט בְּדוֹר וָאֹמַר עַם תֹּעֵי לֵבָב הֵם וְהֵם לֹא־יָדְעוּ דְרָכָי: 11 אֲשֶׁר־נִשְׁבַּעְתִּי בְאַפִּי אִם־יְבֹאוּן אֶל־מְנוּחָתִי:

96 שִׁירוּ לַיהוָה שִׁיר חָדָשׁ שִׁירוּ לַיהוָה כָּל־הָאָרֶץ: 2 שִׁירוּ לַיהוָה בָּרְכוּ שְׁמוֹ בַּשְּׂרוּ מִיּוֹם־לְיוֹם יְשׁוּעָתוֹ: 3 סַפְּרוּ בַגּוֹיִם כְּבוֹדוֹ בְּכָל־הָעַמִּים נִפְלְאוֹתָיו: 4 כִּי גָדוֹל יְהוָה וּמְהֻלָּל מְאֹד נוֹרָא הוּא עַל־כָּל־אֱלֹהִים: 5 כִּי ׀ כָּל־אֱלֹהֵי הָעַמִּים אֱלִילִים וַיהוָה שָׁמַיִם עָשָׂה: 6 הוֹד־וְהָדָר לְפָנָיו עֹז וְתִפְאֶרֶת בְּמִקְדָּשׁוֹ: 7 הָבוּ לַיהוָה מִשְׁפְּחוֹת עַמִּים הָבוּ לַיהוָה כָּבוֹד וָעֹז: 8 הָבוּ לַיהוָה כְּבוֹד שְׁמוֹ שְׂאוּ־מִנְחָה וּבֹאוּ לְחַצְרוֹתָיו: 9 הִשְׁתַּחֲווּ לַיהוָה בְּהַדְרַת־קֹדֶשׁ חִילוּ מִפָּנָיו כָּל־הָאָרֶץ: 10 אִמְרוּ בַגּוֹיִם ׀ יְהוָה מָלָךְ אַף־תִּכּוֹן תֵּבֵל בַּל־תִּמּוֹט יָדִין עַמִּים בְּמֵישָׁרִים: 11 יִשְׂמְחוּ הַשָּׁמַיִם וְתָגֵל הָאָרֶץ יִרְעַם הַיָּם וּמְלֹאוֹ: 12 יַעֲלֹז שָׂדַי וְכָל־אֲשֶׁר־בּוֹ אָז יְרַנְּנוּ כָּל־עֲצֵי־יָעַר: 13 לִפְנֵי יְהוָה ׀ כִּי בָא כִּי בָא לִשְׁפֹּט הָאָרֶץ יִשְׁפֹּט־תֵּבֵל בְּצֶדֶק וְעַמִּים בֶּאֱמוּנָתוֹ:

97 יְהוָה מָלָךְ תָּגֵל הָאָרֶץ יִשְׂמְחוּ אִיִּים רַבִּים: 2 עָנָן וַעֲרָפֶל סְבִיבָיו צֶדֶק וּמִשְׁפָּט מְכוֹן כִּסְאוֹ: 3 אֵשׁ לְפָנָיו תֵּלֵךְ וּתְלַהֵט סָבִיב צָרָיו: 4 הֵאִירוּ בְרָקָיו תֵּבֵל רָאֲתָה וַתָּחֵל הָאָרֶץ: 5 הָרִים כַּדּוֹנַג נָמַסּוּ מִלִּפְנֵי יְהוָה מִלִּפְנֵי אֲדוֹן כָּל־הָאָרֶץ: 6 הִגִּידוּ הַשָּׁמַיִם צִדְקוֹ וְרָאוּ כָל־הָעַמִּים כְּבוֹדוֹ:

---

a   See Deut. xii. 9.

And all the peoples saw His glory. / [7] Ashamed be all they that serve graven images, / That boast themselves of things of nought; / Bow down to Him, all ye gods. / [8] Zion heard and was glad, / And the daughters of Judah rejoiced, / Because of Thy judgments, O LORD. / [9] For Thou, LORD, art most high above all the earth; / Thou art exalted far above all gods. / [10] O ye that love the LORD, hate evil; / He preserveth the souls of His saints; / He delivereth them out of the hand of the wicked. / [11] Light is sown for the righteous, / And gladness for the upright in heart. / [12] Be glad in the LORD, ye righteous; / And give thanks to His holy name.

98 A Psalm. / O sing unto the LORD a new song; / For He hath done marvellous things; / His right hand, and His holy arm, hath wrought salvation for Him. / [2] The LORD hath made known His salvation; / His righteousness hath He revealed in the sight of the nations. / [3] He hath remembered His mercy and His faithfulness toward the house of Israel; / All the ends of the earth have seen the salvation of our God. / [4] Shout unto the LORD, all the earth; / Break forth and sing for joy, yea, sing praises. / [5] Sing praises unto the LORD with the harp; / With the harp and the voice of melody. / [6] With trumpets and sound of the horn / Shout ye before the King, the LORD. / [7] Let the sea roar, and the fulness thereof; / The world, and they that dwell therein; / [8] Let the floods clap their hands; / Let the mountains sing for joy together; / [9] Before the LORD, for He is come to judge the earth; / He will judge the world with righteousness, / And the peoples with equity.

99 The LORD reigneth; let the peoples tremble; / He is enthroned upon the cherubim; let the earth quake. / [2] The LORD is great in Zion; / And. He is high above all the peoples. / [3] Let them praise Thy name as great and awful; / Holy is He. / [4] The strength also of the king who loveth justice— / Thou hast established equity, / Thou hast executed justice and righteousness in Jacob. / [5] Exalt ye the LORD our God, / And. prostrate yourselves at His footstool; / Holy is He. / [6] Moses and Aaron among His priests, / And Samuel among

7 יֵבֹשׁוּ ׀ כָּל־עֹבְדֵי פֶסֶל הַמִּתְהַלְלִים בָּאֱלִילִים הִשְׁתַּחֲווּ־לוֹ כָּל־אֱלֹהִים: 8 שָׁמְעָה וַתִּשְׂמַח ׀ צִיּוֹן וַתָּגֵלְנָה בְּנוֹת יְהוּדָה לְמַעַן מִשְׁפָּטֶיךָ יְהוָה: 9 כִּי־אַתָּה יְהוָה עֶלְיוֹן עַל־כָּל־הָאָרֶץ מְאֹד נַעֲלֵיתָ עַל־כָּל־אֱלֹהִים: 10 אֹהֲבֵי יְהוָה שִׂנְאוּ רָע שֹׁמֵר נַפְשׁוֹת חֲסִידָיו מִיַּד רְשָׁעִים יַצִּילֵם: 11 אוֹר זָרֻעַ לַצַּדִּיק וּלְיִשְׁרֵי־לֵב שִׂמְחָה: 12 שִׂמְחוּ צַדִּיקִים בַּיהוָה וְהוֹדוּ לְזֵכֶר קָדְשׁוֹ:

98 מִזְמוֹר שִׁירוּ לַיהוָה ׀ שִׁיר חָדָשׁ כִּי־נִפְלָאוֹת עָשָׂה הוֹשִׁיעָה־לּוֹ יְמִינוֹ וּזְרוֹעַ קָדְשׁוֹ: 2 הוֹדִיעַ יְהוָה יְשׁוּעָתוֹ לְעֵינֵי הַגּוֹיִם גִּלָּה צִדְקָתוֹ: 3 זָכַר חַסְדּוֹ ׀ וֶאֱמוּנָתוֹ לְבֵית יִשְׂרָאֵל רָאוּ כָל־אַפְסֵי־אָרֶץ אֵת יְשׁוּעַת אֱלֹהֵינוּ: 4 הָרִיעוּ לַיהוָה כָּל־הָאָרֶץ פִּצְחוּ וְרַנְּנוּ וְזַמֵּרוּ: 5 זַמְּרוּ לַיהוָה בְּכִנּוֹר בְּכִנּוֹר וְקוֹל זִמְרָה: 6 בַּחֲצֹצְרוֹת וְקוֹל שׁוֹפָר הָרִיעוּ לִפְנֵי ׀ הַמֶּלֶךְ יְהוָה: 7 יִרְעַם הַיָּם וּמְלֹאוֹ תֵּבֵל וְיֹשְׁבֵי בָהּ: 8 נְהָרוֹת יִמְחֲאוּ־כָף יַחַד הָרִים יְרַנֵּנוּ: 9 לִפְנֵי־יְהוָה כִּי בָא לִשְׁפֹּט הָאָרֶץ יִשְׁפֹּט־תֵּבֵל בְּצֶדֶק וְעַמִּים בְּמֵישָׁרִים:

99 יְהוָה מָלָךְ יִרְגְּזוּ עַמִּים יֹשֵׁב כְּרוּבִים תָּנוּט הָאָרֶץ: 2 יְהוָה בְּצִיּוֹן גָּדוֹל וְרָם הוּא עַל־כָּל־הָעַמִּים: 3 יוֹדוּ שִׁמְךָ גָּדוֹל וְנוֹרָא קָדוֹשׁ הוּא: 4 וְעֹז מֶלֶךְ מִשְׁפָּט אָהֵב אַתָּה כּוֹנַנְתָּ מֵישָׁרִים מִשְׁפָּט וּצְדָקָה בְּיַעֲקֹב אַתָּה עָשִׂיתָ: 5 רוֹמְמוּ יְהוָה אֱלֹהֵינוּ וְהִשְׁתַּחֲווּ לַהֲדֹם רַגְלָיו קָדוֹשׁ הוּא: 6 מֹשֶׁה וְאַהֲרֹן ׀ בְּכֹהֲנָיו וּשְׁמוּאֵל בְּקֹרְאֵי

them that call upon His name, / Did call upon the LORD, and He answered them. / [7] He spoke unto them in the pillar of cloud; / They kept His testimonies, and the statute that He gave them. / [8] O LORD our God, Thou didst answer them; / A forgiving God wast Thou unto them, / Though Thou tookest vengeance of their misdeeds. / [9] Exalt ye the LORD our God, / And worship at His holy hill; / For the LORD our God is holy.

100 A Psalm of thanksgiving. / Shout unto the LORD, all the earth. / [2] Serve the LORD with gladness; / Come before His presence with singing. / [3] Know ye that the LORD He is God; / It is He that hath made us, and we are His, / His people, and the flock of His pasture. / [4] Enter into His gates with thanksgiving, / And into His courts with praise; / Give thanks unto Him, and bless His name. / [5] For the LORD is good; His mercy endureth for ever; / And His faithfulness unto all generations.

101 A Psalm of David. / I will sing of mercy and justice; / Unto Thee, O LORD, will I sing praises. / [2] I will give heed unto the way of integrity; / Oh when wilt Thou come unto me? / I will walk within my house in the integrity of my heart. / [3] I will set no base thing before mine eyes, / I hate the doing of things crooked; / It shall not cleave unto me. / [4] A perverse heart shall depart from me; / I will know no evil thing. / [5] Whoso slandereth his neighbour in secret, him will I destroy; / Whoso is haughty of eye and proud of heart, him will I not suffer. / [6] Mine eyes are upon the faithful of the land, that they may dwell with me; / He that walketh in a way of integrity, he shall minister unto me. / [7] He that worketh deceit shall not dwell within my house; / He that speaketh falsehood shall not be established before mine eyes. / [8] Morning by morning will I destroy all the wicked of the land; / To cut off all the workers of iniquity from the city of the LORD.

102 A Prayer of the afflicted, when he fainteth, and pour-eth out his complaint before the LORD. / [2] O LORD, hear my prayer, / And let my cry come unto Thee. /

שְׁמוֹ קֹרְאִים אֶל־יְהֹוָה וְהוּא יַעֲנֵם: 7 בְּעַמּוּד עָנָן יְדַבֵּר אֲלֵיהֶם שָׁמְרוּ עֵדֹתָיו וְחֹק נָתַן־לָמוֹ: 8 יְהֹוָה אֱלֹהֵינוּ אַתָּה עֲנִיתָם אֵל נֹשֵׂא הָיִיתָ לָהֶם וְנֹקֵם עַל־עֲלִילוֹתָם: 9 רוֹמְמוּ יְהֹוָה אֱלֹהֵינוּ וְהִשְׁתַּחֲווּ לְהַר קָדְשׁוֹ כִּי־קָדוֹשׁ יְהֹוָה אֱלֹהֵינוּ:

100 מִזְמוֹר לְתוֹדָה הָרִיעוּ לַיהֹוָה כָּל־הָאָרֶץ: 2 עִבְדוּ אֶת־יְהֹוָה בְּשִׂמְחָה בֹּאוּ לְפָנָיו בִּרְנָנָה: 3 דְּעוּ כִּי־יְהֹוָה הוּא אֱלֹהִים הוּא־עָשָׂנוּ ולא וְלוֹ אֲנַחְנוּ עַמּוֹ וְצֹאן מַרְעִיתוֹ: 4 בֹּאוּ שְׁעָרָיו בְּתוֹדָה חֲצֵרֹתָיו בִּתְהִלָּה הוֹדוּ־לוֹ בָּרְכוּ שְׁמוֹ: 5 כִּי־טוֹב יְהֹוָה לְעוֹלָם חַסְדּוֹ וְעַד־דֹּר וָדֹר אֱמוּנָתוֹ:

101 לְדָוִד מִזְמוֹר חֶסֶד־וּמִשְׁפָּט אָשִׁירָה לְךָ יְהֹוָה אֲזַמֵּרָה: 2 אַשְׂכִּילָה | בְּדֶרֶךְ תָּמִים מָתַי תָּבוֹא אֵלָי אֶתְהַלֵּךְ בְּתָם־לְבָבִי בְּקֶרֶב בֵּיתִי: 3 לֹא־אָשִׁית | לְנֶגֶד עֵינַי דְּבַר־בְּלִיָּעַל עֲשֹׂה־סֵטִים שָׂנֵאתִי לֹא יִדְבַּק בִּי: 4 לֵבָב עִקֵּשׁ יָסוּר מִמֶּנִּי רָע לֹא אֵדָע: 5 מְלוֹשְׁנִי בַסֵּתֶר | רֵעֵהוּ אוֹתוֹ אַצְמִית גְּבַהּ־עֵינַיִם וּרְחַב לֵבָב אֹתוֹ לֹא אוּכָל: 6 עֵינַי | בְּנֶאֶמְנֵי־אֶרֶץ לָשֶׁבֶת עִמָּדִי הֹלֵךְ בְּדֶרֶךְ תָּמִים הוּא יְשָׁרְתֵנִי: 7 לֹא־יֵשֵׁב | בְּקֶרֶב בֵּיתִי עֹשֵׂה רְמִיָּה דֹּבֵר שְׁקָרִים לֹא־יִכּוֹן לְנֶגֶד עֵינָי: 8 לַבְּקָרִים אַצְמִית כָּל־רִשְׁעֵי־אָרֶץ לְהַכְרִית מֵעִיר־יְהֹוָה כָּל־פֹּעֲלֵי אָוֶן:

102 תְּפִלָּה לְעָנִי כִי־יַעֲטֹף וְלִפְנֵי יְהֹוָה יִשְׁפֹּךְ שִׂיחוֹ: 2 יְהֹוָה שִׁמְעָה תְפִלָּתִי

[3] Hide not Thy face from me in the day of my distress; / Incline Thine ear unto me; / In the day when I call answer me speedily. / [4] For my days are consumed like smoke, / And my bones are burned as a hearth. / [5] My heart is smitten like grass, and withered; / For I forget to eat my bread. / [6] By reason of the voice of my sighing / My bones cleave to my flesh. / [7] I am like a pelican of the wilderness; / I am become as an owl of the waste places. / [8] I watch, and am become / Like a sparrow that is alone upon the housetop. / [9] Mine enemies taunt me all the day; / They that are mad against me do curse by me. / [10] For I have eaten ashes like bread, / And mingled my drink with weeping. / [11] Because of Thine indignation and Thy wrath; / For Thou hast taken me up, and cast me away. / [12] My days are like a lengthening shadow; / And I am withered like grass. / [13] But Thou, O LORD, sittest enthroned for ever; / And Thy name is unto all generations. / [14] Thou wilt arise, and have compassion upon Zion; / For it is time to be gracious unto her, for the appointed time is come. / [15] For Thy servants take pleasure in her stones, / And love her dust. / [16] So the nations will fear the name of the LORD, / And all the kings of the earth Thy glory; / [17] When the LORD hath built up Zion, / When He hath appeared in His glory; / [18] When He hath regarded the prayer of the destitute, / And hath not despised their prayer. / [19] This shall be written for the generation to come; / And a people which shall be created shall praise the LORD. / [20] For He hath looked down from the height of His sanctuary; / From heaven did the LORD behold the earth; / [21] To hear the groaning of the prisoner; / To loose those that are appointed to death; / [22] That men may tell of the name of the LORD in Zion, / And His praise in Jerusalem; / [23] When the peoples are gathered together, / And the kingdoms, to serve the LORD. / [24] He weakened my strength in the way; / He shortened my days. / [25] I say: 'O my God, take me not away in the midst of my days, / Thou whose years endure throughout all generations. / [26] Of old Thou didst lay the foundation of the earth; / And the heavens are the work of Thy hands. / [27] They shall perish, but Thou shalt endure; / Yea, all of them shall wax old like a garment; / As a vesture shalt Thou change them, and they shall pass away; / [28] But Thou art the selfsame, / And Thy years shall

וְשַׁוְעָתִי אֵלֶיךָ תָבוֹא: 3 אַל־תַּסְתֵּר פָּנֶיךָ מִמֶּנִּי בְּיוֹם צַר לִי הַטֵּה־אֵלַי אָזְנֶךָ בְּיוֹם אֶקְרָא מַהֵר עֲנֵנִי: 4 כִּי־כָלוּ בְעָשָׁן יָמָי וְעַצְמוֹתַי כְּמוֹקֵד נִחָרוּ: 5 הוּכָּה־כָעֵשֶׂב וַיִּבַשׁ לִבִּי כִּי־שָׁכַחְתִּי מֵאֲכֹל לַחְמִי: 6 מִקּוֹל אַנְחָתִי דָּבְקָה עַצְמִי לִבְשָׂרִי: 7 דָּמִיתִי לִקְאַת מִדְבָּר הָיִיתִי כְּכוֹס חֳרָבוֹת: 8 שָׁקַדְתִּי וָאֶהְיֶה כְּצִפּוֹר בּוֹדֵד עַל־גָּג: 9 כָּל־הַיּוֹם חֵרְפוּנִי אוֹיְבָי מְהוֹלָלַי בִּי נִשְׁבָּעוּ: 10 כִּי־אֵפֶר כַּלֶּחֶם אָכָלְתִּי וְשִׁקֻּוַי בִּבְכִי מָסָכְתִּי: 11 מִפְּנֵי־זַעַמְךָ וְקִצְפֶּךָ כִּי נְשָׂאתַנִי וַתַּשְׁלִיכֵנִי: 12 יָמַי כְּצֵל נָטוּי וַאֲנִי כָּעֵשֶׂב אִיבָשׁ: 13 וְאַתָּה יְהוָה לְעוֹלָם תֵּשֵׁב וְזִכְרְךָ לְדֹר וָדֹר: 14 אַתָּה תָקוּם תְּרַחֵם צִיּוֹן כִּי־עֵת לְחֶנְנָהּ כִּי־בָא מוֹעֵד: 15 כִּי־רָצוּ עֲבָדֶיךָ אֶת־אֲבָנֶיהָ וְאֶת־עֲפָרָהּ יְחֹנֵנוּ: 16 וְיִירְאוּ גוֹיִם אֶת־שֵׁם יְהוָה וְכָל־מַלְכֵי הָאָרֶץ אֶת־כְּבוֹדֶךָ: 17 כִּי־בָנָה יְהוָה צִיּוֹן נִרְאָה בִּכְבוֹדוֹ: 18 פָּנָה אֶל־תְּפִלַּת הָעַרְעָר וְלֹא־בָזָה אֶת־תְּפִלָּתָם: 19 תִּכָּתֶב זֹאת לְדוֹר אַחֲרוֹן וְעַם נִבְרָא יְהַלֶּל־יָהּ: 20 כִּי־הִשְׁקִיף מִמְּרוֹם קָדְשׁוֹ יְהוָה מִשָּׁמַיִם אֶל־אֶרֶץ הִבִּיט: 21 לִשְׁמֹעַ אֶנְקַת אָסִיר לְפַתֵּחַ בְּנֵי תְמוּתָה: 22 לְסַפֵּר בְּצִיּוֹן שֵׁם יְהוָה וּתְהִלָּתוֹ בִּירוּשָׁלָ͏ִם: 23 בְּהִקָּבֵץ עַמִּים יַחְדָּו וּמַמְלָכוֹת לַעֲבֹד אֶת־יְהוָה: 24 עִנָּה בַדֶּרֶךְ כֹּחִו קִצַּר יָמָי: 25 אֹמַר אֵלִי אַל־תַּעֲלֵנִי בַּחֲצִי יָמָי בְּדוֹר דּוֹרִים שְׁנוֹתֶיךָ: 26 לְפָנִים הָאָרֶץ יָסַדְתָּ וּמַעֲשֵׂה יָדֶיךָ שָׁמָיִם: 27 הֵמָּה יֹאבֵדוּ וְאַתָּה תַעֲמֹד וְכֻלָּם כַּבֶּגֶד יִבְלוּ כַּלְּבוּשׁ תַּחֲלִיפֵם וְיַחֲלֹפוּ: 28 וְאַתָּה־הוּא וּשְׁנוֹתֶיךָ לֹא

have no end. / [29] The children of Thy servants shall dwell securely, / And their seed shall be established before Thee.'

103 [A Psalm] of David. / Bless the LORD, O my soul; / And all that is within me, bless His holy name. / [2] Bless the LORD, O my soul, / And forget not all His benefits; / [3] Who forgiveth all thine iniquity; / Who healeth all thy diseases; / [4] Who redeemeth thy life from the pit; / Who encompasseth thee with loving- kindness and tender mercies; / [5] Who satisfieth thine old age with good things; / So that thy youth is renewed like the eagle. / [6] The LORD executeth righteousness, / And acts of justice for all that are oppressed. / [7] He made known His ways unto Moses, / His doings unto the children of Israel. / [8] The LORD is full of compassion and gracious, / Slow to anger, and plenteous in mercy. / [9] He will not always contend; / Neither will He keep His anger for ever. / [10] He hath not dealt with us after our sins, / Nor requited us according to our iniquities. / [11] For as the heaven is high above the earth, / So great is His mercy toward them that fear Him. / [12] As far as the east is from the west, / So far hath He removed our transgressions from us. / [13] Like as a father hath compassion upon his children, / So hath the LORD compassion upon them that fear Him. / [14] For He knoweth our frame; / He remembereth that we are dust. / [15] As for man, his days are as grass; / As a flower of the field, so he flour-isheth. / [16] For the wind passeth over it, and it is gone; / And the place thereof knoweth it no more. / [17] But the mercy of the LORD is from everlasting to everlasting upon them that fear Him, / And His righteousness unto children's children; / [18] To such as keep His covenant, / And to those that remember His precepts to do them. / [19] The LORD hath established His throne in the heavens; / And His kingdom ruleth over all. / [20] Bless the LORD, ye angels of His, / Ye mighty in strength, that fulfil His word, / Hearkening unto the voice of His word. / [21] Bless the LORD, all ye His hosts; / Ye ministers of His, that do His pleasure. / [22] Bless the LORD, all ye His works, / In all places of His dominion; / Bless the LORD, O my soul.

יִתַּֽמּוּ: 29 בְּנֵי־עֲבָדֶיךָ יִשְׁכּוֹנוּ וְזַרְעָם לְפָנֶיךָ יִכּֽוֹן:

103 לְדָוִד ׀ בָּרְכִי נַפְשִׁי אֶת־יְהוָה וְכָל־קְרָבַי אֶת־שֵׁם קָדְשֽׁוֹ: 2 בָּרְכִי נַפְשִׁי אֶת־יְהוָה וְאַל־תִּשְׁכְּחִי כָּל־גְּמוּלָֽיו: 3 הַסֹּלֵחַ לְכָל־עֲוֺנֵכִי הָרֹפֵא לְכָל־תַּחֲלֻאָֽיְכִי: 4 הַגּוֹאֵל מִשַּׁחַת חַיָּיְכִי הַֽמְעַטְּרֵכִי חֶסֶד וְרַחֲמִֽים: 5 הַמַּשְׂבִּיעַ בַּטּוֹב עֶדְיֵךְ תִּתְחַדֵּשׁ כַּנֶּשֶׁר נְעוּרָֽיְכִי: 6 עֹשֵׂה צְדָקוֹת יְהוָה וּמִשְׁפָּטִים לְכָל־עֲשׁוּקִֽים: 7 יוֹדִיעַ דְּרָכָיו לְמֹשֶׁה לִבְנֵי יִשְׂרָאֵל עֲלִילוֹתָֽיו: 8 רַחוּם וְחַנּוּן יְהוָה אֶרֶךְ אַפַּיִם וְרַב־חָֽסֶד: 9 לֹא־לָנֶצַח יָרִיב וְלֹא לְעוֹלָם יִטּֽוֹר: 10 לֹא כַחֲטָאֵינוּ עָשָׂה לָנוּ וְלֹא כַעֲוֺנֹתֵינוּ גָּמַל עָלֵֽינוּ: 11 כִּי כִגְבֹהַּ שָׁמַיִם עַל־הָאָרֶץ גָּבַר חַסְדּוֹ עַל־יְרֵאָֽיו: 12 כִּרְחֹק מִזְרָח מִֽמַּעֲרָב הִרְחִיק מִמֶּנּוּ אֶת־פְּשָׁעֵֽינוּ: 13 כְּרַחֵם אָב עַל־בָּנִים רִחַם יְהוָה עַל־יְרֵאָֽיו: 14 כִּי־הוּא יָדַע יִצְרֵנוּ זָכוּר כִּי־עָפָר אֲנָֽחְנוּ: 15 אֱנוֹשׁ כֶּחָצִיר יָמָיו כְּצִיץ הַשָּׂדֶה כֵּן יָצִֽיץ: 16 כִּי רוּחַ עָבְרָה־בּוֹ וְאֵינֶנּוּ וְלֹא־יַכִּירֶנּוּ עוֹד מְקוֹמֽוֹ: 17 וְחֶסֶד יְהוָה ׀ מֵעוֹלָם וְעַד־עוֹלָם עַל־יְרֵאָיו וְצִדְקָתוֹ לִבְנֵי בָנִֽים: 18 לְשֹׁמְרֵי בְרִיתוֹ וּלְזֹכְרֵי פִקֻּדָיו לַעֲשׂוֹתָֽם: 19 יְהוָה בַּשָּׁמַיִם הֵכִין כִּסְאוֹ וּמַלְכוּתוֹ בַּכֹּל מָשָֽׁלָה: 20 בָּרְכוּ יְהוָה מַלְאָכָיו גִּבֹּרֵי כֹחַ עֹשֵׂי דְבָרוֹ לִשְׁמֹעַ בְּקוֹל דְּבָרֽוֹ: 21 בָּרְכוּ יְהוָה כָּל־צְבָאָיו מְשָׁרְתָיו עֹשֵׂי רְצוֹנֽוֹ: 22 בָּרְכוּ יְהוָה ׀ כָּל־מַעֲשָׂיו בְּכָל־מְקֹמוֹת מֶמְשַׁלְתּוֹ בָּרְכִי נַפְשִׁי אֶת־יְהוָה:

104 Bless the LORD, O my soul. / O LORD my God, Thou art very great; / Thou art clothed with glory and majesty. / [2] Who coverest Thyself with light as with a garment, / Who stretchest out the heavens like a curtain; / [3] Who layest the beams of Thine upper chambers in the waters, / Who makest the clouds Thy chariot, / Who walkest upon the wings of the wind; / [4] Who makest winds Thy messengers, / The flaming fire Thy ministers. / [5] Who didst establish the earth upon its foundations, / That it should not be moved for ever and ever; / [6] Thou didst cover it with the deep as with a vesture; / The waters stood above the mountains. / [7] At Thy rebuke they fled, / At the voice of Thy thunder they hasted away— / [8] The mountains rose, the valleys sank down— / Unto the place which Thou hadst founded for them; / [9] Thou didst set a bound which they should not pass over, / That they might not return to cover the earth. / [10] Who sendest forth springs into the valleys; / They run between the mountains; / [11] They give drink to every beast of the field, / The wild asses quench their thirst. / [12] Beside them dwell the fowl of the heaven, / From among the branches they sing. / [13] Who waterest the mountains from Thine upper chambers; / The earth is full of the fruit of Thy works. / [14] Who causest the grass to spring up for the cattle, / And herb for the service of man; / To bring forth bread out of the earth, / [15] And wine that maketh glad the heart of man, / Making the face brighter than oil, / And bread that stayeth man's heart. / [16] The trees of the LORD have their fill, / The cedars of Lebanon, which He hath planted; / [17] Wherein the birds make their nests; / As for the stork, the fir-trees are her house. / [18] The high mountains are for the wild goats; / The rocks are a refuge for the conies. / [19] Who appointedst the moon for seasons; / The sun knoweth his going down. / [20] Thou makest darkness, and it is night, / Wherein all the beasts of the forest do creep forth. / [21] The young lions roar after their prey, / And seek their food from God. / [22] The sun ariseth, they slink away, / And couch in their dens. / [23] Man goeth forth unto his work / And to his labour until the evening. / [24] How manifold are Thy works, O LORD! / In wisdom hast Thou made them all; / The earth is full of Thy creatures. / [25] Yonder sea, great and wide, / Therein are

104 בָּרְכִי נַפְשִׁי אֶת־יְהֹוָה יְהֹוָה אֱלֹהַי
גָּדַלְתָּ מְּאֹד הוֹד וְהָדָר לָבָשְׁתָּ: 2 עֹטֶה־אוֹר
כַּשַּׂלְמָה נוֹטֶה שָׁמַיִם כַּיְרִיעָה: 3 הַמְקָרֶה
בַמַּיִם עֲלִיּוֹתָיו הַשָּׂם־עָבִים רְכוּבוֹ
הַמְהַלֵּךְ עַל־כַּנְפֵי־רוּחַ: 4 עֹשֶׂה מַלְאָכָיו
רוּחוֹת מְשָׁרְתָיו אֵשׁ לֹהֵט: 5 יָסַד־אֶרֶץ
עַל־מְכוֹנֶיהָ בַּל־תִּמּוֹט עוֹלָם וָעֶד: 6 תְּהוֹם
כַּלְּבוּשׁ כִּסִּיתוֹ עַל־הָרִים יַעַמְדוּ־מָיִם:
7 מִן־גַּעֲרָתְךָ יְנוּסוּן מִן־קוֹל רַעַמְךָ יֵחָפֵזוּן:
8 יַעֲלוּ הָרִים יֵרְדוּ בְקָעוֹת אֶל־מְקוֹם זֶה |
יָסַדְתָּ לָהֶם: 9 גְּבוּל־שַׂמְתָּ בַּל־יַעֲבֹרוּן
בַּל־יְשׁוּבוּן לְכַסּוֹת הָאָרֶץ: 10 הַמְשַׁלֵּחַ
מַעְיָנִים בַּנְּחָלִים בֵּין הָרִים יְהַלֵּכוּן:
11 יַשְׁקוּ כָּל־חַיְתוֹ שָׂדָי יִשְׁבְּרוּ פְרָאִים
צְמָאָם: 12 עֲלֵיהֶם עוֹף־הַשָּׁמַיִם יִשְׁכּוֹן
מִבֵּין עֳפָאיִם יִתְּנוּ־קוֹל: 13 מַשְׁקֶה הָרִים
מֵעֲלִיּוֹתָיו מִפְּרִי מַעֲשֶׂיךָ תִּשְׂבַּע הָאָרֶץ:
14 מַצְמִיחַ חָצִיר | לַבְּהֵמָה וְעֵשֶׂב לַעֲבֹדַת
הָאָדָם לְהוֹצִיא לֶחֶם מִן־הָאָרֶץ: 15 וְיַיִן |
יְשַׂמַּח לְבַב־אֱנוֹשׁ לְהַצְהִיל פָּנִים מִשָּׁמֶן
וְלֶחֶם לְבַב־אֱנוֹשׁ יִסְעָד: 16 יִשְׂבְּעוּ עֲצֵי
יְהֹוָה אַרְזֵי לְבָנוֹן אֲשֶׁר נָטָע: 17 אֲשֶׁר־שָׁם
צִפֳּרִים יְקַנֵּנוּ חֲסִידָה בְּרוֹשִׁים בֵּיתָהּ:
18 הָרִים הַגְּבֹהִים לַיְּעֵלִים סְלָעִים מַחְסֶה
לַשְׁפַנִּים: 19 עָשָׂה יָרֵחַ לְמוֹעֲדִים שֶׁמֶשׁ
יָדַע מְבוֹאוֹ: 20 תָּשֶׁת־חֹשֶׁךְ וִיהִי לָיְלָה
בּוֹ־תִרְמֹשׂ כָּל־חַיְתוֹ־יָעַר: 21 הַכְּפִירִים
שֹׁאֲגִים לַטָּרֶף וּלְבַקֵּשׁ מֵאֵל אָכְלָם:
22 תִּזְרַח הַשֶּׁמֶשׁ יֵאָסֵפוּן וְאֶל־מְעוֹנֹתָם
יִרְבָּצוּן: 23 יֵצֵא אָדָם לְפָעֳלוֹ וְלַעֲבֹדָתוֹ
עֲדֵי־עָרֶב: 24 מָה־רַבּוּ מַעֲשֶׂיךָ | יְהֹוָה כֻּלָּם
בְּחָכְמָה עָשִׂיתָ מָלְאָה הָאָרֶץ קִנְיָנֶךָ:
25 זֶה | הַיָּם גָּדוֹל וּרְחַב יָדָיִם שָׁם־רֶמֶשׂ

creeping things innumerable, / Living creatures, both small and great. / [26] There go the ships; / There is leviathan, whom Thou hast formed to sport therein. / [27] All of them wait for Thee, / That Thou mayest give them their food in due season. / [28] Thou givest it unto them, they gather it; / Thou openest Thy hand, they are satisfied with good. / [29] Thou hidest Thy face, they vanish; / Thou withdrawest their breath, they perish, / And return to their dust. / [30] Thou sendest forth Thy spirit, they are created; / And Thou renewest the face of the earth. / [31] May the glory of the LORD endure for ever; / Let the LORD rejoice in His works! / [32] Who looketh on the earth, and it trembleth; / He toucheth the mountains, and they smoke. / [33] I will sing unto the LORD as long as I live; / I will sing praise to my God while I have any being. / [34] Let my musing be sweet unto Him; / As for me, I will rejoice in the LORD. / [35] Let sinners cease out of the earth, / And let the wicked be no more. / Bless the LORD, O my soul. / [a]Hallelujah.

105 O give thanks unto the LORD, call upon His name; / Make known His doings among the peoples. / [2] Sing unto Him, sing praises unto Him; / Speak ye of all His marvellous works. / [3] Glory ye in His holy name; / Let the heart of them rejoice that seek the LORD. / [4] Seek ye the LORD and His strength; / Seek His face continually. / [5] Remember His marvellous works that He hath done, / His wonders, and the judgments of His mouth; / [6] O ye seed of Abraham His servant, / Ye children of Jacob, His chosen ones. / [7] He is the LORD our God, / His judgments are in all the earth. / [8] He hath remembered His covenant for ever, / The word which He commanded to a thousand generations; / [9] [The covenant] which He made with Abraham, / And His oath unto Isaac; / [10] And He established it unto Jacob for a statute, / To Israel for an everlasting covenant; / [11] Saying: 'Unto thee will I give the land of Canaan, / The lot of your inhentance.' / [12] When they were but a few men in number, / Yea, very few, and sojourners in it, / [13] And when they went about from nation to nation, / From one kingdom to another people, / [14] He suffered no man to do them wrong, / Yea, for their sake He reproved kings: / [15] 'Touch not Mine anointed ones, / And do My prophets no harm.' / [16] And He called a famine upon

וְאֵין מִסְפָּר חַיּוֹת קְטַנּוֹת עִם־גְּדֹלוֹת׃
26 שָׁם אֳנִיּוֹת יְהַלֵּכוּן לִוְיָתָן זֶה־יָצַרְתָּ לְשַׂחֶק־בּוֹ׃ 27 כֻּלָּם אֵלֶיךָ יְשַׂבֵּרוּן לָתֵת אָכְלָם בְּעִתּוֹ׃ 28 תִּתֵּן לָהֶם יִלְקֹטוּן תִּפְתַּח יָדְךָ יִשְׂבְּעוּן טוֹב׃ 29 תַּסְתִּיר פָּנֶיךָ יִבָּהֵלוּן תֹּסֵף רוּחָם יִגְוָעוּן וְאֶל־עֲפָרָם יְשׁוּבוּן׃ 30 תְּשַׁלַּח רוּחֲךָ יִבָּרֵאוּן וּתְחַדֵּשׁ פְּנֵי אֲדָמָה׃ 31 יְהִי כְבוֹד יְהוָה לְעוֹלָם יִשְׂמַח יְהוָה בְּמַעֲשָׂיו׃ 32 הַמַּבִּיט לָאָרֶץ וַתִּרְעָד יִגַּע בֶּהָרִים וְיֶעֱשָׁנוּ׃ 33 אָשִׁירָה לַיהוָה בְּחַיָּי אֲזַמְּרָה לֵאלֹהַי בְּעוֹדִי׃ 34 יֶעֱרַב עָלָיו שִׂיחִי אָנֹכִי אֶשְׂמַח בַּיהוָה׃ 35 יִתַּמּוּ חַטָּאִים ׀ מִן־הָאָרֶץ וּרְשָׁעִים ׀ עוֹד אֵינָם בָּרְכִי נַפְשִׁי אֶת־יְהוָה הַלְלוּ־יָהּ׃

105 הוֹדוּ לַיהוָה קִרְאוּ בִּשְׁמוֹ הוֹדִיעוּ בָעַמִּים עֲלִילוֹתָיו׃ 2 שִׁירוּ־לוֹ זַמְּרוּ־לוֹ שִׂיחוּ בְּכָל־נִפְלְאוֹתָיו׃ 3 הִתְהַלְלוּ בְּשֵׁם קָדְשׁוֹ יִשְׂמַח לֵב ׀ מְבַקְשֵׁי יְהוָה׃ 4 דִּרְשׁוּ יְהוָה וְעֻזּוֹ בַּקְּשׁוּ פָנָיו תָּמִיד׃ 5 זִכְרוּ נִפְלְאוֹתָיו אֲשֶׁר־עָשָׂה מֹפְתָיו וּמִשְׁפְּטֵי־פִיו׃ 6 זֶרַע אַבְרָהָם עַבְדּוֹ בְּנֵי יַעֲקֹב בְּחִירָיו׃ 7 הוּא יְהוָה אֱלֹהֵינוּ בְּכָל־הָאָרֶץ מִשְׁפָּטָיו׃ 8 זָכַר לְעוֹלָם בְּרִיתוֹ דָּבָר צִוָּה לְאֶלֶף דּוֹר׃ 9 אֲשֶׁר כָּרַת אֶת־אַבְרָהָם וּשְׁבוּעָתוֹ לְיִשְׂחָק׃ 10 וַיַּעֲמִידֶהָ לְיַעֲקֹב לְחֹק לְיִשְׂרָאֵל בְּרִית עוֹלָם׃ 11 לֵאמֹר לְךָ אֶתֵּן אֶת־אֶרֶץ־כְּנָעַן חֶבֶל נַחֲלַתְכֶם׃ 12 בִּהְיוֹתָם מְתֵי מִסְפָּר כִּמְעַט וְגָרִים בָּהּ׃ 13 וַיִּתְהַלְּכוּ מִגּוֹי אֶל־גּוֹי מִמַּמְלָכָה אֶל־עַם אַחֵר׃ 14 לֹא־הִנִּיחַ אָדָם לְעָשְׁקָם וַיּוֹכַח עֲלֵיהֶם מְלָכִים׃ 15 אַל־תִּגְּעוּ בִמְשִׁיחָי וְלִנְבִיאַי אַל־תָּרֵעוּ׃ 16 וַיִּקְרָא

---

a   That is, Praise ye the LORD.

the land; / He broke the whole staff of bread. / [17] He sent a man before them; / Joseph was sold for a servant; / [18] His feet they hurt with fetters, / His person was laid in iron; / [19] Until the time that his word came to pass, / The word of the LORD tested him. / [20] The king sent and loosed him; / Even the ruler of peoples, and set him free. / [21] He made him lord of his house, / And ruler of all his possessions; / [22] To bind bis princes at his pleasure, / And teach his elders wisdom. / [23] Israel also came into Egypt; / And Jacob sojourned in the land of Ham. / [24] And He increased His people greatly / And made them too mighty for their adversaries. / [25] He turned their heart to hate His people, / To deal craftily with His servants. / [26] He sent Moses His servant, / And Aaron whom He had chosen. / [27] They wrought among them His manifold signs, / And wonders in the land of Ham. / [28] He sent darkness, and it was dark; / And they rebelled not against His word. / [29] He turned their waters into blood, / And slew their fish. / [30] Their land swarmed with frogs, / In the chambers of their kings. / [31] He spoke, and there came swarms of flies, / And gnats in all their borders. / [32] He gave them hail for rain, / And flaming fire in their land. / [33] He smote their vines also and their fig-trees; / And broke the trees of their borders. / [34] He spoke, and the locust came, / And the canker-worm without number, / [35] And did eat up every herb in their land, / And did eat up the fruit of their ground. / [36] He smote also all the first-born in their land, / The first-fruits of all their strength. / [37] And He brought them forth with silver and gold; / And there was none that stumbled among His tribes. / [38] Egypt was glad when they departed; / For the fear of them had fallen upon them. / [39] He spread a cloud for a screen; / And fire to give light in the night. / [40] They asked, and He brought quails, / And gave them in plenty the bread of heaven. / [41] He opened the rock, and waters gushed out; / They ran, a river in the dry places. / [42] For He remembered His holy word / Unto Abraham His servant; / [43] And He brought forth His people with joy, / His chosen ones with singing. / [44] And He gave them the lands of the nations, / And they took the labour of the peoples

רָעָב עַל־הָאָרֶץ קָרָא כָּל־מַטֵּה־לֶחֶם שָׁבָר׃
17 שָׁלַח לִפְנֵיהֶם אִישׁ לְעֶבֶד נִמְכַּר יוֹסֵף׃
18 עִנּוּ בַכֶּבֶל רַגְלָיו בַּרְזֶל בָּאָה נַפְשׁוֹ׃
19 עַד־עֵת בֹּא־דְבָרוֹ אִמְרַת יְהוָה צְרָפָתְהוּ׃ 20 שָׁלַח מֶלֶךְ וַיַּתִּירֵהוּ מֹשֵׁל
עַמִּים וַיְפַתְּחֵהוּ׃ 21 שָׂמוֹ אָדוֹן לְבֵיתוֹ וּמֹשֵׁל בְּכָל־קִנְיָנוֹ׃ 22 לֶאְסֹר שָׂרָיו בְּנַפְשׁוֹ
וּזְקֵנָיו יְחַכֵּם׃ 23 וַיָּבֹא יִשְׂרָאֵל מִצְרָיִם וְיַעֲקֹב גָּר בְּאֶרֶץ־חָם׃ 24 וַיֶּפֶר אֶת־עַמּוֹ
מְאֹד וַיַּעֲצִמֵהוּ מִצָּרָיו׃ 25 הָפַךְ לִבָּם לִשְׂנֹא עַמּוֹ לְהִתְנַכֵּל בַּעֲבָדָיו׃ 26 שָׁלַח
מֹשֶׁה עַבְדּוֹ אַהֲרֹן אֲשֶׁר בָּחַר־בּוֹ׃ 27 שָׂמוּ־בָם דִּבְרֵי אֹתוֹתָיו וּמֹפְתִים בְּאֶרֶץ חָם׃
28 שָׁלַח חֹשֶׁךְ וַיַּחְשִׁךְ וְלֹא־מָרוּ אֶת־דְּבָרוֹ׃ 29 הָפַךְ אֶת־מֵימֵיהֶם לְדָם וַיָּמֶת
אֶת־דְּגָתָם׃ 30 שָׁרַץ אַרְצָם צְפַרְדְּעִים בְּחַדְרֵי מַלְכֵיהֶם׃ 31 אָמַר וַיָּבֹא עָרֹב כִּנִּים
בְּכָל־גְּבוּלָם׃ 32 נָתַן גִּשְׁמֵיהֶם בָּרָד אֵשׁ לֶהָבוֹת בְּאַרְצָם׃ 33 וַיַּךְ גַּפְנָם וּתְאֵנָתָם
וַיְשַׁבֵּר עֵץ גְּבוּלָם׃ 34 אָמַר וַיָּבֹא אַרְבֶּה וְיֶלֶק וְאֵין מִסְפָּר׃ 35 וַיֹּאכַל כָּל־עֵשֶׂב
בְּאַרְצָם וַיֹּאכַל פְּרִי אַדְמָתָם׃ 36 וַיַּךְ כָּל־בְּכוֹר בְּאַרְצָם רֵאשִׁית לְכָל־אוֹנָם׃
37 וַיּוֹצִיאֵם בְּכֶסֶף וְזָהָב וְאֵין בִּשְׁבָטָיו כּוֹשֵׁל׃ 38 שָׂמַח מִצְרַיִם בְּצֵאתָם כִּי־נָפַל
פַּחְדָּם עֲלֵיהֶם׃ 39 פָּרַשׂ עָנָן לְמָסָךְ וְאֵשׁ לְהָאִיר לָיְלָה׃ 40 שָׁאַל וַיָּבֵא שְׂלָו וְלֶחֶם
שָׁמַיִם יַשְׂבִּיעֵם׃ 41 פָּתַח צוּר וַיָּזוּבוּ מָיִם הָלְכוּ בַּצִּיּוֹת נָהָר׃ 42 כִּי־זָכַר אֶת־דְּבַר
קָדְשׁוֹ אֶת־אַבְרָהָם עַבְדּוֹ׃ 43 וַיּוֹצִא עַמּוֹ בְשָׂשׂוֹן בְּרִנָּה אֶת־בְּחִירָיו׃ 44 וַיִּתֵּן לָהֶם
אַרְצוֹת גּוֹיִם וַעֲמַל לְאֻמִּים יִירָשׁוּ׃

in possession; / [45] That they might keep His statutes, / And observe His laws. / Hallelujah.

106 Hallelujah. / O give thanks unto the LORD, for He is good, / For His mercy endureth for ever. / [2] Who can express the mighty acts of the LORD, / Or make all His praise to be heard? / [3] Happy are they that keep justice, / That do righteousness at all times. / [4] Remember me, O LORD, when Thou favourest Thy people; / O think of me at Thy salvation; / [5] That I may behold the prosperity of Thy chosen, / That I may rejoice in the gladness of Thy nation, / That I may glory with Thine inheritance. / [6] We have sinned with our fathers, / We have done iniquitously, we have dealt wickedly. / [7] Our fathers in Egypt gave no heed unto Thy wonders; / They remembered not the multitude of Thy mercies; / But were rebellious at the sea, even at the Red Sea. / [8] Nevertheless He saved them for His name's sake, / That He might make His mighty power to be known. / [9] And He rebuked the Red Sea, and it was dried up; / And He led them through the depths, as through a wilderness. / [10] And He saved them from the hand of him that hated them, / And redeemed them from the hand of the enemy. / [11] And the waters covered their adversaries; / There was not one of them left. / [12] Then believed they His words; / They sang His praise. / [13] They soon forgot His works; / They waited not for His counsel; / [14] But lusted exceedingly in the wilderness, / And tried God in the desert. / [15] And He gave them their request; / But sent leanness into their soul. / [16] They were jealous also of Moses in the camp, / And of Aaron the holy one of the LORD. / [17] The earth opened and swallowed up Dathan, / And covered the company of Abi-ram. / [18] And a fire was kindled in their company; / The flame burned up the wicked. / [19] They made a calf in Horeb, / And worshipped a molten image. / [20] Thus they exchanged their glory / For the likeness of an ox that eateth grass. / [21] They forgot God their saviour, / Who had done great things in Egypt; / [22] Wondrous works in the land of Ham, / Terrible things by the Red Sea. / [23] Therefore He said that He would destroy them, / Had not Moses His chosen stood before Him in the breach, / To turn back His wrath, lest

45 בַּעֲבוּר ׀ יִשְׁמְרוּ חֻקָּיו וְתוֹרֹתָיו יִנְצֹרוּ הַלְלוּ־יָהּ:

106 הַלְלוּיָהּ ׀ הוֹדוּ לַיהוָה כִּי־טוֹב כִּי לְעוֹלָם חַסְדּוֹ: 2 מִי יְמַלֵּל גְּבוּרוֹת יְהוָה יַשְׁמִיעַ כָּל־תְּהִלָּתוֹ: 3 אַשְׁרֵי שֹׁמְרֵי מִשְׁפָּט עֹשֵׂה צְדָקָה בְכָל־עֵת: 4 זָכְרֵנִי יְהוָה בִּרְצוֹן עַמֶּךָ פָּקְדֵנִי בִּישׁוּעָתֶךָ: 5 לִרְאוֹת ׀ בְּטוֹבַת בְּחִירֶיךָ לִשְׂמֹחַ בְּשִׂמְחַת גּוֹיֶךָ לְהִתְהַלֵּל עִם־נַחֲלָתֶךָ: 6 חָטָאנוּ עִם־אֲבוֹתֵינוּ הֶעֱוִינוּ הִרְשָׁעְנוּ: 7 אֲבוֹתֵינוּ בְמִצְרַיִם ׀ לֹא־הִשְׂכִּילוּ נִפְלְאוֹתֶיךָ לֹא זָכְרוּ אֶת־רֹב חֲסָדֶיךָ וַיַּמְרוּ עַל־יָם בְּיַם־סוּף: 8 וַיּוֹשִׁיעֵם לְמַעַן שְׁמוֹ לְהוֹדִיעַ אֶת־גְּבוּרָתוֹ: 9 וַיִּגְעַר בְּיַם־סוּף וַיֶּחֱרָב וַיּוֹלִיכֵם בַּתְּהֹמוֹת כַּמִּדְבָּר: 10 וַיּוֹשִׁיעֵם מִיַּד שׂוֹנֵא וַיִּגְאָלֵם מִיַּד אוֹיֵב: 11 וַיְכַסּוּ־מַיִם צָרֵיהֶם אֶחָד מֵהֶם לֹא נוֹתָר: 12 וַיַּאֲמִינוּ בִדְבָרָיו יָשִׁירוּ תְּהִלָּתוֹ: 13 מִהֲרוּ שָׁכְחוּ מַעֲשָׂיו לֹא־חִכּוּ לַעֲצָתוֹ: 14 וַיִּתְאַוּוּ תַאֲוָה בַּמִּדְבָּר וַיְנַסּוּ־אֵל בִּישִׁימוֹן: 15 וַיִּתֵּן לָהֶם שֶׁאֱלָתָם וַיְשַׁלַּח רָזוֹן בְּנַפְשָׁם: 16 וַיְקַנְאוּ לְמֹשֶׁה בַּמַּחֲנֶה לְאַהֲרֹן קְדוֹשׁ יְהוָה: 17 תִּפְתַּח־אֶרֶץ וַתִּבְלַע דָּתָן וַתְּכַס עַל־עֲדַת אֲבִירָם: 18 וַתִּבְעַר־אֵשׁ בַּעֲדָתָם לֶהָבָה תְּלַהֵט רְשָׁעִים: 19 יַעֲשׂוּ־עֵגֶל בְּחֹרֵב וַיִּשְׁתַּחֲווּ לְמַסֵּכָה: 20 וַיָּמִירוּ אֶת־כְּבוֹדָם בְּתַבְנִית שׁוֹר אֹכֵל עֵשֶׂב: 21 שָׁכְחוּ אֵל מוֹשִׁיעָם עֹשֶׂה גְדֹלוֹת בְּמִצְרָיִם: 22 נִפְלָאוֹת בְּאֶרֶץ חָם נוֹרָאוֹת עַל־יַם־סוּף: 23 וַיֹּאמֶר לְהַשְׁמִידָם לוּלֵי מֹשֶׁה בְחִירוֹ עָמַד בַּפֶּרֶץ לְפָנָיו לְהָשִׁיב חֲמָתוֹ מֵהַשְׁחִית:

כד וַיִּמְאֲסוּ בְּאֶרֶץ חֶמְדָּה לֹא־הֶאֱמִינוּ
לִדְבָרוֹ: כה וַיֵּרָגְנוּ בְאָהֳלֵיהֶם לֹא שָׁמְעוּ
בְּקוֹל יְהוָה: כו וַיִּשָּׂא יָדוֹ לָהֶם לְהַפִּיל
אוֹתָם בַּמִּדְבָּר: כז וּלְהַפִּיל זַרְעָם בַּגּוֹיִם
וּלְזָרוֹתָם בָּאֲרָצוֹת: כח וַיִּצָּמְדוּ לְבַעַל
פְּעוֹר וַיֹּאכְלוּ זִבְחֵי מֵתִים: כט וַיַּכְעִיסוּ
בְּמַעַלְלֵיהֶם וַתִּפְרָץ־בָּם מַגֵּפָה: ל וַיַּעֲמֹד
פִּינְחָס וַיְפַלֵּל וַתֵּעָצַר הַמַּגֵּפָה: לא וַתֵּחָשֶׁב
לוֹ לִצְדָקָה לְדֹר וָדֹר עַד־עוֹלָם: לב וַיַּקְצִיפוּ
עַל־מֵי מְרִיבָה וַיֵּרַע לְמֹשֶׁה בַּעֲבוּרָם:
לג כִּי־הִמְרוּ אֶת־רוּחוֹ וַיְבַטֵּא בִּשְׂפָתָיו:
לד לֹא־הִשְׁמִידוּ אֶת־הָעַמִּים אֲשֶׁר אָמַר
יְהוָה לָהֶם: לה וַיִּתְעָרְבוּ בַגּוֹיִם וַיִּלְמְדוּ
מַעֲשֵׂיהֶם: לו וַיַּעַבְדוּ אֶת־עֲצַבֵּיהֶם וַיִּהְיוּ
לָהֶם לְמוֹקֵשׁ: לז וַיִּזְבְּחוּ אֶת־בְּנֵיהֶם וְאֶת־
בְּנוֹתֵיהֶם לַשֵּׁדִים: לח וַיִּשְׁפְּכוּ דָם נָקִי
דַּם־בְּנֵיהֶם וּבְנוֹתֵיהֶם אֲשֶׁר זִבְּחוּ לַעֲצַבֵּי
כְנַעַן וַתֶּחֱנַף הָאָרֶץ בַּדָּמִים: לט וַיִּטְמְאוּ
בְמַעֲשֵׂיהֶם וַיִּזְנוּ בְּמַעַלְלֵיהֶם: מ וַיִּחַר־אַף
יְהוָה בְּעַמּוֹ וַיְתָעֵב אֶת־נַחֲלָתוֹ: מא וַיִּתְּנֵם
בְּיַד־גּוֹיִם וַיִּמְשְׁלוּ בָהֶם שֹׂנְאֵיהֶם:
מב וַיִּלְחָצוּם אוֹיְבֵיהֶם וַיִּכָּנְעוּ תַּחַת יָדָם:
מג פְּעָמִים רַבּוֹת יַצִּילֵם וְהֵמָּה יַמְרוּ
בַעֲצָתָם וַיָּמֹכּוּ בַּעֲוֺנָם: מד וַיַּרְא בַּצַּר
לָהֶם בְּשָׁמְעוֹ אֶת־רִנָּתָם: מה וַיִּזְכֹּר לָהֶם
בְּרִיתוֹ וַיִּנָּחֵם כְּרֹב חסדו חֲסָדָיו: מו וַיִּתֵּן
אוֹתָם לְרַחֲמִים לִפְנֵי כָּל־שׁוֹבֵיהֶם:
מז הוֹשִׁיעֵנוּ ׀ יְהוָה אֱלֹהֵינוּ וְקַבְּצֵנוּ מִן־
הַגּוֹיִם לְהֹדוֹת לְשֵׁם קָדְשֶׁךָ לְהִשְׁתַּבֵּחַ
בִּתְהִלָּתֶךָ: מח בָּרוּךְ־יְהוָה אֱלֹהֵי יִשְׂרָאֵל
מִן־הָעוֹלָם ׀ וְעַד הָעוֹלָם וְאָמַר כָּל־הָעָם
אָמֵן הַלְלוּ־יָהּ:

He should destroy them. / [24] Moreover, they scorned the desirable land, / They believed not His word; / [25] And they murmured in their tents, / They hearkened not unto the voice of the LORD. / [26] Therefore He swore concerning them, / That He would overthrow them in the wilderness; / [27] And that He would cast out their seed among the nations, / And scatter them in the lands. / [28] They joined themselves also unto Baal of Peor, / And ate the sacrifices of the dead. / [29] Thus they provoked Him with their doings, / And the plague broke in upon them. / [30] Then stood up Phinehas, and wrought judgment, / And so the plague was stayed. / [31] And that was counted unto him for righteousness, / Unto all generations for ever. / [32] They angered Him also at the waters of Meribah, / And it went ill with Moses because of them; / [33] For they embittered his spirit, / And he spoke rashly with his lips. / [34] They did not destroy the peoples, / As the LORD commanded them; / [35] But mingled themselves with the nations, / And learned their works; / [36] And they served their idols, / Which became a snare unto them; / [37] Yea, they sacrificed their sons and their daughters unto demons, / [38] And shed innocent blood, even the blood of their sons and of their daughters, / Whom they sacrificed unto the idols of Canaan; / And the land was polluted with blood. / [39] Thus were they defiled with their works, / And went astray in their doings. / [40] Therefore was the wrath of the LORD kindled against His people, / And He abhorred His inheritance. / [41] And He gave them into the hand of the nations; / And they that hated them ruled over them. / [42] Their enemies also oppressed them, / And they were subdued under their hand. / [43] Many times did He deliver them; / But they were rebellious in their counsel, / And sank low through their iniquity. / [44] Nevertheless He looked upon their distress, / When He heard their cry; / [45] And He remembered for them His covenant, / And repented according to the multitude of His mercies. / [46] He made them also to be pitied / Of all those that carried them captive. / [47] Save us, O LORD our God, / And gather us from among the nations, / That we may give thanks unto Thy holy name, / That we may triumph in Thy praise. / [48] Blessed be the LORD, the God of Israel, / From everlasting even to everlasting / And let all the people say 'Amen.' Hallelujah.

BOOK V												ספר חמישי

107 ‘O give thanks unto the lord, for He is good, / For His mercy endureth for ever.’ / [2] So let the redeemed of the Lord say, / Whom He hath redeemed from the hand of the adversary, / [3] And gathered them out of the lands, / From the east and from the west, / From the north and from the sea. / [4] They wandered in the wilderness in a desert way; / They found no city of habitation. / [5] Hungry and thirsty, / Their soul fainted in them. / [6] Then they cried unto the Lord in their trouble, / And He delivered them out of their distresses. / [7] And He led them by a straight way, / That they might go to a city of habitation. / [8] Let them give thanks unto the Lord for His mercy, / And for His wonderful works to the children of men! / [9] For He hath satisfied the longing soul, / And the hungry soul He hath filled with good. / [10] Such as sat in darkness and in the shadow of death, / Being bound in affliction and iron— / [11] Because they rebelled against the words of God, / And contemned the counsel of the Most High. / [12] Therefore He humbled their heart with travail, / They stumbled, and there was none to help— / [13] They cried unto the Lord in their trouble, / And He saved them out of their distresses. / [14] He brought them out of darkness and the shadow of death, / And broke their bands in sunder. / [15] Let them give thanks unto the Lord for His mercy, / And for His wonderful works to the children of men! / [16] For He hath broken the gates of brass, / And cut the bars of iron in sunder. / [17] Crazed because of the way of their transgression, / And afflicted because of their iniquities— / [18] Their soul abhorred all manner of food, / And they drew near unto the gates of death— / [19] They cried unto the Lord in their trouble, / And He saved them out of their distresses; / [20] He sent His word, and healed them, / And delivered them from their graves. / [21] Let them give thanks unto the Lord for His mercy, / And for His wonderful works to the children of men! / [22] And let them offer the sacrifices of thanksgiving, / And declare His works with singing. / [23] They that go down to the sea in ships, / That do business in great waters— / [24] These saw the works of the Lord, / And His wonders in the deep; / [25] For He commanded, and raised the stormy wind, / Which lifted up the waves thereof; / [26] They mounted up to the heaven, they went down to the deeps; / Their soul melted away because of trouble; / [27] They reeled to and fro, and staggered like a drunken man, / And all their

107 הֹדוּ לַיהוָה כִּי־טוֹב כִּי לְעוֹלָם חַסְדּוֹ: 2 יֹאמְרוּ גְּאוּלֵי יְהוָה אֲשֶׁר גְּאָלָם מִיַּד־צָר: 3 וּמֵאֲרָצוֹת קִבְּצָם מִמִּזְרָח וּמִמַּעֲרָב מִצָּפוֹן וּמִיָּם: 4 תָּעוּ בַמִּדְבָּר בִּישִׁימוֹן דָּרֶךְ עִיר מוֹשָׁב לֹא מָצָאוּ: 5 רְעֵבִים גַּם־צְמֵאִים נַפְשָׁם בָּהֶם תִּתְעַטָּף: 6 וַיִּצְעֲקוּ אֶל־יְהוָה בַּצַּר לָהֶם מִמְּצוּקוֹתֵיהֶם יַצִּילֵם: 7 וַיַּדְרִיכֵם בְּדֶרֶךְ יְשָׁרָה לָלֶכֶת אֶל־עִיר מוֹשָׁב: 8 יוֹדוּ לַיהוָה חַסְדּוֹ וְנִפְלְאוֹתָיו לִבְנֵי אָדָם: 9 כִּי־הִשְׂבִּיעַ נֶפֶשׁ שֹׁקֵקָה וְנֶפֶשׁ רְעֵבָה מִלֵּא־טוֹב: 10 יֹשְׁבֵי חֹשֶׁךְ וְצַלְמָוֶת אֲסִירֵי עֳנִי וּבַרְזֶל: 11 כִּי־הִמְרוּ אִמְרֵי־אֵל וַעֲצַת עֶלְיוֹן נָאָצוּ: 12 וַיַּכְנַע בֶּעָמָל לִבָּם כָּשְׁלוּ וְאֵין עֹזֵר: 13 וַיִּזְעֲקוּ אֶל־יְהוָה בַּצַּר לָהֶם מִמְּצֻקוֹתֵיהֶם יוֹשִׁיעֵם: 14 יוֹצִיאֵם מֵחֹשֶׁךְ וְצַלְמָוֶת וּמוֹסְרוֹתֵיהֶם יְנַתֵּק: 15 יוֹדוּ לַיהוָה חַסְדּוֹ וְנִפְלְאוֹתָיו לִבְנֵי אָדָם: 16 כִּי־שִׁבַּר דַּלְתוֹת נְחֹשֶׁת וּבְרִיחֵי בַרְזֶל גִּדֵּעַ: 17 אֱוִלִים מִדֶּרֶךְ פִּשְׁעָם וּמֵעֲוֺנֹתֵיהֶם יִתְעַנּוּ: 18 כָּל־אֹכֶל תְּתַעֵב נַפְשָׁם וַיַּגִּיעוּ עַד־שַׁעֲרֵי מָוֶת: 19 וַיִּזְעֲקוּ אֶל־יְהוָה בַּצַּר לָהֶם מִמְּצֻקוֹתֵיהֶם יוֹשִׁיעֵם: 20 יִשְׁלַח דְּבָרוֹ וְיִרְפָּאֵם וִימַלֵּט מִשְּׁחִיתוֹתָם: ׃ 21 יוֹדוּ לַיהוָה חַסְדּוֹ וְנִפְלְאוֹתָיו לִבְנֵי אָדָם: ׃ 22 וְיִזְבְּחוּ זִבְחֵי תוֹדָה וִיסַפְּרוּ מַעֲשָׂיו בְּרִנָּה: ׃ 23 יוֹרְדֵי הַיָּם בָּאֳנִיּוֹת עֹשֵׂי מְלָאכָה בְּמַיִם רַבִּים: ׃ 24 הֵמָּה רָאוּ מַעֲשֵׂי יְהוָה וְנִפְלְאוֹתָיו בִּמְצוּלָה: ׃ 25 וַיֹּאמֶר וַיַּעֲמֵד רוּחַ סְעָרָה וַתְּרוֹמֵם גַּלָּיו: ׃ 26 יַעֲלוּ שָׁמַיִם יֵרְדוּ תְהוֹמוֹת נַפְשָׁם בְּרָעָה תִתְמוֹגָג: 27 יָחוֹגּוּ וְיָנוּעוּ

wisdom was swallowed up— / [28] They cried unto the LORD in their trouble, / And He brought them out of their distresses. / [29] He made the storm a calm, / So that the waves thereof were still. / [30] Then were they glad because they were quiet, / And He led them unto their desired haven. / [31] Let them give thanks unto the LORD for His mercy, / And for His wonderful works to the children of men! / [32] Let them exalt Him also in the assembly of the people, / And praise Him in the seat of the elders. / [33] He turneth rivers into a wilderness, / And watersprings into a thirsty ground; / [34] A fruitful land into a salt waste, / For the wickedness of them that dwell therein. / [35] He turneth a wilderness into a pool of water, / And a dry land into watersprings. / [36] And there He maketh the hungry to dwell, / And they establish a city of habitation; / [37] And sow fields, and plant vineyards, / Which yield fruits of increase. / [38] He blesseth them also, so that they are multiplied greatly, / And suffereth not their cattle to decrease. / [39] Again, they are minished and dwindle away / Through oppression of evil and sorrow. / [40] He poureth contempt upon princes, / And causeth them to wander in the waste, where there is no way. / [41] Yet setteth He the needy on high from affliction, / And maketh his families like a flock. / [42] The upright see it, and are glad; / And all iniquity stoppeth her mouth. / [43] Whoso is wise, let him observe these things, / And let them consider the mercies of the LORD.

108 A Song, a Psalm of David. / [2] My heart is stedfast, O God; / I will sing, yea, I will sing praises, even with my glory. / [3] Awake, psaltery and harp; / I will awake the dawn. / [4] I will give thanks unto Thee, O LORD, among the peoples; / And I will sing praises unto Thee among the nations. / [5] For Thy mercy is great above the heavens, / And Thy truth reacheth unto the skies. / [6] Be Thou exalted, O God, above the heavens; / And Thy glory be above all the earth. / [7] That Thy beloved may be delivered, / Save with Thy right hand, and answer me. / [8] God spoke in His holiness, that I would exult; / That I would divide Shechem, and mete out the valley of Succoth. / [9] Gilead is mine, Manasseh is mine; / Ephraim also is the defence of my head; / Judah is my sceptre. / [10] Moab is my washpot; / Upon Edom do I cast my shoe; / Over Philistia do I cry aloud. / [11] Who will bring me into the fortified city? /

כַּשִּׁכּוֹר וְכָל־חָכְמָתָם תִּתְבַּלָּע׃ 28 וַיִּצְעֲקוּ אֶל־יְהֹוָה בַּצַּר לָהֶם וּמִמְּצוּקֹתֵיהֶם יוֹצִיאֵם׃ 29 יָקֵם סְעָרָה לִדְמָמָה וַיֶּחֱשׁוּ גַּלֵּיהֶם׃ 30 וַיִּשְׂמְחוּ כִי־יִשְׁתֹּקוּ וַיַּנְחֵם אֶל־מְחוֹז חֶפְצָם׃ 31 יוֹדוּ לַיהֹוָה חַסְדּוֹ וְנִפְלְאוֹתָיו לִבְנֵי אָדָם׃ 32 וִירֹמְמוּהוּ בִּקְהַל־עָם וּבְמוֹשַׁב זְקֵנִים יְהַלְלוּהוּ׃ 33 יָשֵׂם נְהָרוֹת לְמִדְבָּר וּמֹצָאֵי מַיִם לְצִמָּאוֹן׃ 34 אֶרֶץ פְּרִי לִמְלֵחָה מֵרָעַת יֹשְׁבֵי בָהּ׃ 35 יָשֵׂם מִדְבָּר לַאֲגַם־מַיִם וְאֶרֶץ צִיָּה לְמֹצָאֵי מָיִם׃ 36 וַיּוֹשֶׁב שָׁם רְעֵבִים וַיְכוֹנְנוּ עִיר מוֹשָׁב׃ 37 וַיִּזְרְעוּ שָׂדוֹת וַיִּטְּעוּ כְרָמִים וַיַּעֲשׂוּ פְּרִי תְבוּאָה׃ 38 וַיְבָרֲכֵם וַיִּרְבּוּ מְאֹד וּבְהֶמְתָּם לֹא יַמְעִיט׃ 39 וַיִּמְעֲטוּ וַיָּשֹׁחוּ מֵעֹצֶר רָעָה וְיָגוֹן׃ 40 שֹׁפֵךְ בּוּז עַל־נְדִיבִים וַיַּתְעֵם בְּתֹהוּ לֹא־דָרֶךְ׃ 41 וַיְשַׂגֵּב אֶבְיוֹן מֵעוֹנִי וַיָּשֶׂם כַּצֹּאן מִשְׁפָּחוֹת׃ 42 יִרְאוּ יְשָׁרִים וְיִשְׂמָחוּ וְכָל־עַוְלָה קָפְצָה פִּיהָ׃ 43 מִי־חָכָם וְיִשְׁמָר־אֵלֶּה וְיִתְבּוֹנְנוּ חַסְדֵי יְהֹוָה׃

108 שִׁיר מִזְמוֹר לְדָוִד׃ 2 נָכוֹן לִבִּי אֱלֹהִים אָשִׁירָה וַאֲזַמְּרָה אַף־כְּבוֹדִי׃ 3 עוּרָה הַנֵּבֶל וְכִנּוֹר אָעִירָה שָּׁחַר׃ 4 אוֹדְךָ בָעַמִּים ׀ יְהֹוָה וַאֲזַמֶּרְךָ בַּל־אֻמִּים׃ 5 כִּי־גָדוֹל מֵעַל־שָׁמַיִם חַסְדֶּךָ וְעַד־שְׁחָקִים אֲמִתֶּךָ׃ 6 רוּמָה עַל־שָׁמַיִם אֱלֹהִים וְעַל כָּל־הָאָרֶץ כְּבוֹדֶךָ׃ 7 לְמַעַן יֵחָלְצוּן יְדִידֶיךָ הוֹשִׁיעָה יְמִינְךָ וַעֲנֵנִי׃ 8 אֱלֹהִים ׀ דִּבֶּר בְּקָדְשׁוֹ אֶעְלֹזָה אֲחַלְּקָה שְׁכֶם וְעֵמֶק סֻכּוֹת אֲמַדֵּד׃ 9 לִי גִלְעָד ׀ לִי מְנַשֶּׁה וְאֶפְרַיִם מָעוֹז רֹאשִׁי יְהוּדָה מְחֹקְקִי׃ 10 מוֹאָב ׀ סִיר רַחְצִי עַל־אֱדוֹם אַשְׁלִיךְ נַעֲלִי עֲלֵי־פְלֶשֶׁת אֶתְרוֹעָע׃ 11 מִי יֹבִלֵנִי

Who will lead me unto Edom? / [12] Hast not Thou cast us off, O God? / And Thou goest not forth, O God, with our hosts. / [13] Give us help against the adversary; / For vain is the help of man. / [14] Through God we shall do valiantly; / For He it is that will tread down our adversaries.

109 For the Leader. A Psalm of David. / O God of my praise, keep not silence, / [2] For the mouth of the wicked and the mouth of deceit have they opened against me; / They have spoken unto me with a lying tongue. / [3] They compassed me about also with words of hatred, / And fought against me without a cause. / [4] In return for my love they are my adversaries; / But I am all prayer. / [5] And they have laid upon me evil for good, / And hatred for my love: / [6] 'Set Thou a wicked man over him; / And let an adversary stand at his right hand. / [7] When he is judged, let him go forth condemned; / And let his prayer be turned into sin. / [8] Let his days be few; / Let another take his charge. / [9] Let his children be fatherless, / And his wife a widow. / [10] Let his children be vagabonds, and beg; / And let them seek their bread out of their desolate places. / [11] Let the creditor distrain all that he hath; / And let strangers make spoil of his labour. / [12] Let there be none to extend kindness unto him; / Neither let there be any to be gracious unto his fatherless children. / [13] Let his posterity be cut off; / In the generation following let their name be blotted out. / [14] Let the iniquity of his fathers be brought to remembrance unto the LORD; / And let not the sin of his mother be blotted out. / [15] Let them be before the LORD continually, / That He may cut off the memory of them from the earth. / [16] Because that he remembered not to do kindness, / But persecuted the poor and needy man, / And the broken in heart he was ready to slay. / [17] Yea, he loved cursing, and it came unto him; / And he delighted not in blessing and it is far from him. / [18] He clothed himself also with cursing as with his raiment, / And it is come into his inward parts like water, / And like oil into his bones. / [19] Let it be unto him as the garment which he putteth on, / And for the girdle wherewith he is girded continually.' / [20] This would mine adversaries effect from the LORD, / And they that speak evil against my soul. / [21] But Thou, O GOD the Lord, deal with me for Thy name's sake; / Because Thy mercy

עִיר מִבְצָר מִי נָחַנִי עַד־אֱדוֹם: 12 הֲלֹא־אֱלֹהִים זְנַחְתָּנוּ וְלֹא־תֵצֵא אֱלֹהִים בְּצִבְאוֹתֵינוּ: 13 הָבָה־לָּנוּ עֶזְרָת מִצָּר וְשָׁוְא תְּשׁוּעַת אָדָם: 14 בֵּאלֹהִים נַעֲשֶׂה־חָיִל וְהוּא יָבוּס צָרֵינוּ:

109 לַמְנַצֵּחַ לְדָוִד מִזְמוֹר אֱלֹהֵי תְהִלָּתִי אַל־תֶּחֱרַשׁ: 2 כִּי פִי רָשָׁע וּפִי־מִרְמָה עָלַי פָּתָחוּ דִּבְּרוּ אִתִּי לְשׁוֹן שָׁקֶר: 3 וְדִבְרֵי שִׂנְאָה סְבָבוּנִי וַיִּלָּחֲמוּנִי חִנָּם: 4 תַּחַת־אַהֲבָתִי יִשְׂטְנוּנִי וַאֲנִי תְפִלָּה: 5 וַיָּשִׂימוּ עָלַי רָעָה תַּחַת טוֹבָה וְשִׂנְאָה תַּחַת אַהֲבָתִי: 6 הַפְקֵד עָלָיו רָשָׁע וְשָׂטָן יַעֲמֹד עַל־יְמִינוֹ: 7 בְּהִשָּׁפְטוֹ יֵצֵא רָשָׁע וּתְפִלָּתוֹ תִּהְיֶה לַחֲטָאָה: 8 יִהְיוּ־יָמָיו מְעַטִּים פְּקֻדָּתוֹ יִקַּח אַחֵר: 9 יִהְיוּ־בָנָיו יְתוֹמִים וְאִשְׁתּוֹ אַלְמָנָה: 10 וְנוֹעַ יָנוּעוּ בָנָיו וְשִׁאֵלוּ וְדָרְשׁוּ מֵחָרְבוֹתֵיהֶם: 11 יְנַקֵּשׁ נוֹשֶׁה לְכָל־אֲשֶׁר־לוֹ וְיָבֹזּוּ זָרִים יְגִיעוֹ: 12 אַל־יְהִי־לוֹ מֹשֵׁךְ חָסֶד וְאַל־יְהִי חוֹנֵן לִיתוֹמָיו: 13 יְהִי־אַחֲרִיתוֹ לְהַכְרִית בְּדוֹר אַחֵר יִמַּח שְׁמָם: 14 יִזָּכֵר | עֲוֹן אֲבֹתָיו אֶל־יְהוָה וְחַטַּאת אִמּוֹ אַל־תִּמָּח: 15 יִהְיוּ נֶגֶד־יְהוָה תָּמִיד וְיַכְרֵת מֵאֶרֶץ זִכְרָם: 16 יַעַן אֲשֶׁר | לֹא זָכַר עֲשׂוֹת חָסֶד וַיִּרְדֹּף אִישׁ־עָנִי וְאֶבְיוֹן וְנִכְאֵה לֵבָב לְמוֹתֵת: 17 וַיֶּאֱהַב קְלָלָה וַתְּבוֹאֵהוּ וְלֹא־חָפֵץ בִּבְרָכָה וַתִּרְחַק מִמֶּנּוּ: 18 וַיִּלְבַּשׁ קְלָלָה כְּמַדּוֹ וַתָּבֹא כַמַּיִם בְּקִרְבּוֹ וְכַשֶּׁמֶן בְּעַצְמוֹתָיו: 19 תְּהִי־לוֹ כְּבֶגֶד יַעְטֶה וּלְמֵזַח תָּמִיד יַחְגְּרֶהָ: 20 זֹאת פְּעֻלַּת שֹׂטְנַי מֵאֵת יְהוָה וְהַדֹּבְרִים רָע עַל־נַפְשִׁי: 21 וְאַתָּה | יְהוִה אֲדֹנָי עֲשֵׂה־אִתִּי לְמַעַן שְׁמֶךָ כִּי־טוֹב חַסְדְּךָ הַצִּילֵנִי:

is good, deliver Thou me. / [22] For I am poor and needy, / And my heart is wounded within me. / [23] I am gone like the shadow when it lengtheneth; / I am shaken off as the locust. / [24] My knees totter through fasting; / And my flesh is lean, and hath no fatness. / [25] I am become also a taunt unto them; / When they see me, they shake their head. / [26] Help me, O LORD my God; / O save me according to Thy mercy; / [27] That they may know that this is Thy hand; / That Thou, LORD, hast done it. / [28] Let them curse, but bless Thou; / When they arise, they shall be put to shame, but Thy servant shall rejoice. / [29] Mine adversaries shall be clothed with confusion, / And shall put on their own shame as a robe. / [30] I will give great thanks unto the LORD with my mouth; / Yea, I will praise Him among the multitude; / [31] Because He standeth at the right hand of the needy, / To save him from them that judge his soul.

110 A Psalm of David / The LORD saith unto my lord: / 'Sit thou at My right hand, / Until I make thine enemies thy footstool.' / [2] The rod of thy strength the LORD will send out of Zion: / 'Rule thou in the midst of thine enemies.' / [3] Thy people offer themselves willingly in the day of thy warfare; / In adornments of holiness, from the womb of the dawn, / Thine is the dew of thy youth. / [4] The LORD hath sworn, and will not repent: / 'Thou art a priest for ever / After the manner of Melchizedek.' / [5] The Lord at thy right hand / Doth crush kings in the day of His wrath. / [6] He will judge among the nations; / He filleth it with dead bodies, / He crusheth the head over a wide land. / [7] He will drink of the brook in the way; / Therefore will he lift up the head.

111 Hallelujah. / א I will give thanks unto the LORD with my whole heart, / ב In the council of the upright, and in the congregation. / ג [2] The works of the LORD are great, / ד Sought out of all them that have delight therein. / ה [3] His work is glory and majesty; / ו And His righteousness endureth for ever. / ז [4] He hath made a memorial for His wonderful works; / ח The LORD is gracious and full of compassion. / ט [5] He hath given food unto them that fear Him; / י He will ever be mindful of His covenant. / כ [6] He hath declared to His people the power of His works, / ל In giving them the heritage of the nations. / מ [7] The works of His hands are truth and justice; / נ All His precepts

22 כִּי־עָנִי וְאֶבְיוֹן אָנֹכִי וְלִבִּי חָלַל בְּקִרְבִּי:

23 כְּצֵל־כִּנְטוֹתוֹ נֶהֱלָכְתִּי נִנְעַרְתִּי כָּאַרְבֶּה:

24 בִּרְכַּי כָּשְׁלוּ מִצּוֹם וּבְשָׂרִי כָּחַשׁ מִשָּׁמֶן:

25 וַאֲנִי ׀ הָיִיתִי חֶרְפָּה לָהֶם יִרְאוּנִי יְנִיעוּן רֹאשָׁם: 26 עָזְרֵנִי יְהוָה אֱלֹהָי הוֹשִׁיעֵנִי כְחַסְדֶּךָ: 27 וְיֵדְעוּ כִּי־יָדְךָ זֹּאת אַתָּה יְהוָה עֲשִׂיתָהּ: 28 יְקַלְלוּ־הֵמָּה וְאַתָּה תְבָרֵךְ קָמוּ ׀ וַיֵּבֹשׁוּ וְעַבְדְּךָ יִשְׂמָח: 29 יִלְבְּשׁוּ שׂוֹטְנַי כְּלִמָּה וְיַעֲטוּ כַמְעִיל בָּשְׁתָּם: 30 אוֹדֶה יְהוָה מְאֹד בְּפִי וּבְתוֹךְ רַבִּים אֲהַלְלֶנּוּ: 31 כִּי־יַעֲמֹד לִימִין אֶבְיוֹן לְהוֹשִׁיעַ מִשֹּׁפְטֵי נַפְשׁוֹ:

110 לְדָוִד מִזְמוֹר נְאֻם יְהוָה ׀ לַאדֹנִי שֵׁב לִימִינִי עַד־אָשִׁית אֹיְבֶיךָ הֲדֹם לְרַגְלֶיךָ: 2 מַטֵּה־עֻזְּךָ יִשְׁלַח יְהוָה מִצִּיּוֹן רְדֵה בְּקֶרֶב אֹיְבֶיךָ: 3 עַמְּךָ נְדָבֹת בְּיוֹם חֵילֶךָ בְּהַדְרֵי־קֹדֶשׁ מֵרֶחֶם מִשְׁחָר לְךָ טַל יַלְדֻתֶיךָ: 4 נִשְׁבַּע יְהוָה ׀ וְלֹא יִנָּחֵם אַתָּה־כֹהֵן לְעוֹלָם עַל־דִּבְרָתִי מַלְכִּי־צֶדֶק: 5 אֲדֹנָי עַל־יְמִינְךָ מָחַץ בְּיוֹם־אַפּוֹ מְלָכִים: 6 יָדִין בַּגּוֹיִם מָלֵא גְוִיּוֹת מָחַץ רֹאשׁ עַל־אֶרֶץ רַבָּה: 7 מִנַּחַל בַּדֶּרֶךְ יִשְׁתֶּה עַל־כֵּן יָרִים רֹאשׁ:

111 הַלְלוּ יָהּ ׀ אוֹדֶה יְהוָה בְּכָל־לֵבָב בְּסוֹד יְשָׁרִים וְעֵדָה: 2 גְּדֹלִים מַעֲשֵׂי יְהוָה דְּרוּשִׁים לְכָל־חֶפְצֵיהֶם: 3 הוֹד־וְהָדָר פָּעֳלוֹ וְצִדְקָתוֹ עֹמֶדֶת לָעַד: 4 זֵכֶר עָשָׂה לְנִפְלְאֹתָיו חַנּוּן וְרַחוּם יְהוָה: 5 טֶרֶף נָתַן לִירֵאָיו יִזְכֹּר לְעוֹלָם בְּרִיתוֹ: 6 כֹּחַ מַעֲשָׂיו הִגִּיד לְעַמּוֹ לָתֵת לָהֶם נַחֲלַת גּוֹיִם: 7 מַעֲשֵׂי יָדָיו אֱמֶת וּמִשְׁפָּט נֶאֱמָנִים כָּל־

are sure. / ס [8] They are established for ever and ever, / ע They are done in truth and uprightness. / פ [9] He hath sent redemption unto His people; / צ He hath commanded His covenant for ever; / ק Holy and awful is His name. / ר [10] The fear of the LORD is the beginning of wisdom; / שׁ A good understanding have all they that do thereafter; / ת His praise endureth for ever.

112 Hallelujah. / א Happy is the man that feareth the LORD, / ב That delighteth greatly in His commandments. / ג [2] His seed shall be mighty upon earth; / ד The generation of the upright shall be blessed. / ה [3] Wealth and riches are in his house, / ו And his merit endureth for ever / ז [4] Unto the upright He shineth as a light in the darkness, / ח Gracious, and full of compassion, and righteous. / ט [5] Well is it with the man that dealeth graciously and lendeth, / י That ordereth his affairs rightfully. / כ [6] For he shall never be moved; / ל The righteous shall be had in everlasting remembrance. / מ [7] He shall not be afraid of evil tidings, / נ His heart is stedfast, trusting in the LORD. / ס [8] His heart is established, he shall not be afraid, / ע Until he gaze upon his adversaries. / פ [9] He hath scattered abroad, he hath given to the needy; / צ His righteousness endureth for ever; / ק His horn shall be exalted in honour. / ר [10] The wicked shall see, and be vexed; / שׁ He shall gnash with his teeth, and melt away; / ת The desire of the wicked shall perish.

113 Hallelujah. / Praise, O ye servants of the LORD, / Praise the name of the LORD. / [2] Blessed be the name of the LORD / From this time forth and for ever. / [3] From the rising of the sun unto the going down thereof / The LORD's name is to be praised. / [4] The LORD is high above all nations, / His glory is above the heavens. / [5] Who is like unto the LORD our God, / That is enthroned on high, / [6] That looketh down low / Upon heaven and upon the earth? / [7] Who raiseth up the poor out of the dust, / And lifteth up the needy out of the dunghill; / [8] That He may set him with princes, / Even with the princes of His people. / [9] Who maketh the barren woman to dwell in her house / As a joyful mother of children. / Hallelujah.

פְּקוּדָיו: ‏8‏ סְמוּכִים לָעַד לְעוֹלָם עֲשׂוּיִם בֶּאֱמֶת וְיָשָׁר: ‏9‏ פְּדוּת ׀ שָׁלַח לְעַמּוֹ צִוָּה־לְעוֹלָם בְּרִיתוֹ קָדוֹשׁ וְנוֹרָא שְׁמוֹ: ‏10‏ רֵאשִׁית חָכְמָה ׀ יִרְאַת יְהוָה שֵׂכֶל טוֹב לְכָל־עֹשֵׂיהֶם תְּהִלָּתוֹ עֹמֶדֶת לָעַד:

112 הַלְלוּ יָהּ ׀ אַשְׁרֵי־אִישׁ יָרֵא אֶת־יְהוָה בְּמִצְוֹתָיו חָפֵץ מְאֹד: ‏2‏ גִּבּוֹר בָּאָרֶץ יִהְיֶה זַרְעוֹ דּוֹר יְשָׁרִים יְבֹרָךְ: ‏3‏ הוֹן־וָעֹשֶׁר בְּבֵיתוֹ וְצִדְקָתוֹ עֹמֶדֶת לָעַד: ‏4‏ זָרַח בַּחֹשֶׁךְ אוֹר לַיְשָׁרִים חַנּוּן וְרַחוּם וְצַדִּיק: ‏5‏ טוֹב־אִישׁ חוֹנֵן וּמַלְוֶה יְכַלְכֵּל דְּבָרָיו בְּמִשְׁפָּט: ‏6‏ כִּי־לְעוֹלָם לֹא־יִמּוֹט לְזֵכֶר עוֹלָם יִהְיֶה צַדִּיק: ‏7‏ מִשְּׁמוּעָה רָעָה לֹא יִירָא נָכוֹן לִבּוֹ בָּטֻחַ בַּיהוָה: ‏8‏ סָמוּךְ לִבּוֹ לֹא יִירָא עַד אֲשֶׁר־יִרְאֶה בְצָרָיו: ‏9‏ פִּזַּר ׀ נָתַן לָאֶבְיוֹנִים צִדְקָתוֹ עֹמֶדֶת לָעַד קַרְנוֹ תָּרוּם בְּכָבוֹד: ‏10‏ רָשָׁע יִרְאֶה ׀ וְכָעָס שִׁנָּיו יַחֲרֹק וְנָמָס תַּאֲוַת רְשָׁעִים תֹּאבֵד:

113 הַלְלוּ יָהּ ׀ הַלְלוּ עַבְדֵי יְהוָה הַלְלוּ אֶת־שֵׁם יְהוָה: ‏2‏ יְהִי שֵׁם יְהוָה מְבֹרָךְ מֵעַתָּה וְעַד־עוֹלָם: ‏3‏ מִמִּזְרַח־שֶׁמֶשׁ עַד־מְבוֹאוֹ מְהֻלָּל שֵׁם יְהוָה: ‏4‏ רָם עַל־כָּל־גּוֹיִם ׀ יְהוָה עַל הַשָּׁמַיִם כְּבוֹדוֹ: ‏5‏ מִי כַּיהוָה אֱלֹהֵינוּ הַמַּגְבִּיהִי לָשָׁבֶת: ‏6‏ הַמַּשְׁפִּילִי לִרְאוֹת בַּשָּׁמַיִם וּבָאָרֶץ: ‏7‏ מְקִימִי מֵעָפָר דָּל מֵאַשְׁפֹּת יָרִים אֶבְיוֹן: ‏8‏ לְהוֹשִׁיבִי עִם־נְדִיבִים עִם נְדִיבֵי עַמּוֹ: ‏9‏ מוֹשִׁיבִי ׀ עֲקֶרֶת הַבַּיִת אֵם־הַבָּנִים שְׂמֵחָה הַלְלוּ־יָהּ:

114 When Israel came forth out of Egypt, / The house of Jacob from a people of strange language; / [2] Judah became His sanctuary, / Israel His dominion. / [3] The sea saw it, and fled; / The Jordan turned backward. / [4] The mountains skipped like rams, / The hills like young sheep. / [5] What aileth thee, O thou sea, that thou fleest? / Thou Jordan, that thou turnest backward? / [6] Ye mountains, that ye skip like rams, / Ye hills, like young sheep? / [7] Tremble, thou earth, at the presence of the Lord, / At the presence of the God of Jacob; / [8] Who turned the rock into a pool of water, / The flint into a fountain of waters.

115 Not unto us, O Lord, not unto us, / But unto Thy name give glory, / For Thy mercy, and for Thy truth's sake. / [2] Wherefore should the nations say / 'Where is now their God?' / [3] But our God is in the heavens; / Whatsoever pleased Him He hath done. / [4] Their idols are silver and gold, / The work of men's hands. / [5] They have mouths, but they speak not; / Eyes have they, but they see not; / [6] They have ears, but they hear not; / Noses have they, but they smell not; / [7] They have hands, but they handle not; / Feet have they, but they walk not; / Neither speak they with their throat. / [8] They that make them shall be like unto them; / Yea, every one that trusteth in them. / [9] O Israel, trust thou in the Lord! / He is their help and their shield! / [10] O house of Aaron, trust ye in the Lord! / He is their help and their shield! / [11] Ye that fear the Lord, trust in the Lord! / He is their help and their shield. / [12] The Lord hath been mindful of us, He will bless— / He will bless the house of Israel; / He will bless the house of Aaron. / [13] He will bless them that fear the Lord, / Both small and great. / [14] The Lord increase you more and more, / You and your children. / [15] Blessed be ye of the Lord, / Who made heaven and earth. / [16] The heavens are the heavens of the I Lord: / But the earth hath He given to the children of men. / [17] The dead praise not the Lord, / Neither any that go down into silence; / [18] But we will bless the Lord / From this time forth and for ever. / Hallelujah.

114 בְּצֵאת יִשְׂרָאֵל מִמִּצְרָיִם בֵּית יַעֲקֹב מֵעַם לֹעֵז: 2 הָיְתָה יְהוּדָה לְקָדְשׁוֹ יִשְׂרָאֵל מַמְשְׁלוֹתָיו: 3 הַיָּם רָאָה וַיָּנֹס הַיַּרְדֵּן יִסֹּב לְאָחוֹר: 4 הֶהָרִים רָקְדוּ כְאֵילִים גְּבָעוֹת כִּבְנֵי־צֹאן: 5 מַה־לְּךָ הַיָּם כִּי תָנוּס הַיַּרְדֵּן תִּסֹּב לְאָחוֹר: 6 הֶהָרִים תִּרְקְדוּ כְאֵילִים גְּבָעוֹת כִּבְנֵי־צֹאן: 7 מִלִּפְנֵי אָדוֹן חוּלִי אָרֶץ מִלִּפְנֵי אֱלוֹהַּ יַעֲקֹב: 8 הַהֹפְכִי הַצּוּר אֲגַם־מָיִם חַלָּמִישׁ לְמַעְיְנוֹ־מָיִם:

115 לֹא לָנוּ יְהוָה לֹא לָנוּ כִּי־לְשִׁמְךָ תֵּן כָּבוֹד עַל־חַסְדְּךָ עַל־אֲמִתֶּךָ: 2 לָמָּה יֹאמְרוּ הַגּוֹיִם אַיֵּה־נָא אֱלֹהֵיהֶם: 3 וֵאלֹהֵינוּ בַשָּׁמָיִם כֹּל אֲשֶׁר־חָפֵץ עָשָׂה: 4 עֲצַבֵּיהֶם כֶּסֶף וְזָהָב מַעֲשֵׂה יְדֵי אָדָם: 5 פֶּה־לָהֶם וְלֹא יְדַבֵּרוּ עֵינַיִם לָהֶם וְלֹא יִרְאוּ: 6 אָזְנַיִם לָהֶם וְלֹא יִשְׁמָעוּ אַף לָהֶם וְלֹא יְרִיחוּן: 7 יְדֵיהֶם וְלֹא יְמִישׁוּן רַגְלֵיהֶם וְלֹא יְהַלֵּכוּ לֹא־יֶהְגּוּ בִּגְרוֹנָם: 8 כְּמוֹהֶם יִהְיוּ עֹשֵׂיהֶם כֹּל אֲשֶׁר־בֹּטֵחַ בָּהֶם: 9 יִשְׂרָאֵל בְּטַח בַּיהוָה עֶזְרָם וּמָגִנָּם הוּא: 10 בֵּית אַהֲרֹן בִּטְחוּ בַיהוָה עֶזְרָם וּמָגִנָּם הוּא: 11 יִרְאֵי יְהוָה בִּטְחוּ בַיהוָה עֶזְרָם וּמָגִנָּם הוּא: 12 יְהוָה זְכָרָנוּ יְבָרֵךְ יְבָרֵךְ אֶת־בֵּית יִשְׂרָאֵל יְבָרֵךְ אֶת־בֵּית אַהֲרֹן: 13 יְבָרֵךְ יִרְאֵי יְהוָה הַקְּטַנִּים עִם־הַגְּדֹלִים: 14 יֹסֵף יְהוָה עֲלֵיכֶם עֲלֵיכֶם וְעַל־בְּנֵיכֶם: 15 בְּרוּכִים אַתֶּם לַיהוָה עֹשֵׂה שָׁמַיִם וָאָרֶץ: 16 הַשָּׁמַיִם שָׁמַיִם לַיהוָה וְהָאָרֶץ נָתַן לִבְנֵי־אָדָם: 17 לֹא הַמֵּתִים יְהַלְלוּ־יָהּ וְלֹא כָּל־יֹרְדֵי דוּמָה: 18 וַאֲנַחְנוּ נְבָרֵךְ יָהּ מֵעַתָּה וְעַד־עוֹלָם הַלְלוּ־יָהּ:

116 I love that the LORD should hear / My voice and my supplications. / [2] Because He hath inclined His ear unto me, / Therefore will I call upon Him all my days. / [3] The cords of death compassed me, / And the straits of the nether-world got hold upon me; / I found trouble and sorrow. / [4] But I called upon the name of the LORD: / 'I beseech Thee, O LORD, deliver my soul.' / [5] Gracious is the LORD, and righteous / Yea, our God is compassionate / [6] The LORD preserveth the simple; / I was brought low, and He saved me. / [7] Return, O my soul, unto thy rest; / For the LORD hath dealt bountifully with thee. / [8] For Thou hast delivered my soul from death, / Mine eyes from tears, / And my feet from stumbling. / [9] I shall walk before the LORD / In the lands of the living. / [10] I trusted even when I spoke: / 'I am greatly afflicted.' / [11] I said in my haste: / 'All men are liars.' / [12] How can I repay unto the LORD / All His bountiful dealings toward me? / [13] I will lift up the cup of salvation, / And call upon the name of the LORD. / [14] My vows will I pay unto the LORD, / Yea, in the presence of all His people. / [15] Precious in the sight of the LORD / Is the death of His saints. / [16] I beseech Thee, O LORD, for I am Thy servant, / I am Thy servant, the son of Thy handmaid; / Thou hast loosed my bands. / [17] I will offer to Thee the sacrifice of thanksgiving, / And will call upon the name of the LORD. / [18] I will pay my vows unto the LORD, / Yea, in the presence of all His people; / [19] In the courts of the LORD's house, / In the midst of thee, O Jerusalem. / Hallelujah.

117 O praise the LORD, all ye nations; / Laud Him, all ye peoples. / [2] For His mercy is great toward us; / And the truth of the LORD endureth for ever. / Hallelujah.

118 'O give thanks unto the LORD, for He is good, / For His mercy endureth for ever.' / [2] So let Israel now say, / For His mercy endureth for ever. / [3] So let the house of Aaron now say, / For His mercy endureth for ever. / [4] So let them now that fear the LORD say, / For His mercy endureth for ever. / [5] Out of my straits I called upon the LORD; / He answered me with great enlargement. / [6] The LORD is for me; / I will not fear; / What can man do unto me? /

116 אָהַבְתִּי כִּי־יִשְׁמַע ׀ יְהֹוָה אֶת־קוֹלִי תַּחֲנוּנָי: 2 כִּי־הִטָּה אָזְנוֹ לִי וּבְיָמַי אֶקְרָא: 3 אֲפָפוּנִי ׀ חֶבְלֵי־מָוֶת וּמְצָרֵי שְׁאוֹל מְצָאוּנִי צָרָה וְיָגוֹן אֶמְצָא: 4 וּבְשֵׁם־יְהֹוָה אֶקְרָא אָנָּה יְהֹוָה מַלְּטָה נַפְשִׁי: 5 חַנּוּן יְהֹוָה וְצַדִּיק וֵאלֹהֵינוּ מְרַחֵם: 6 שֹׁמֵר פְּתָאיִם יְהֹוָה דַּלּוֹתִי וְלִי יְהוֹשִׁיעַ: 7 שׁוּבִי נַפְשִׁי לִמְנוּחָיְכִי כִּי־יְהֹוָה גָּמַל עָלָיְכִי: 8 כִּי חִלַּצְתָּ נַפְשִׁי מִמָּוֶת אֶת־עֵינִי מִן־דִּמְעָה אֶת־רַגְלִי מִדֶּחִי: 9 אֶתְהַלֵּךְ לִפְנֵי יְהֹוָה בְּאַרְצוֹת הַחַיִּים: 10 הֶאֱמַנְתִּי כִּי אֲדַבֵּר אֲנִי עָנִיתִי מְאֹד: 11 אֲנִי אָמַרְתִּי בְחָפְזִי כָּל־הָאָדָם כֹּזֵב: 12 מָה־אָשִׁיב לַיהֹוָה כָּל־תַּגְמוּלוֹהִי עָלָי: 13 כּוֹס־יְשׁוּעוֹת אֶשָּׂא וּבְשֵׁם יְהֹוָה אֶקְרָא: 14 נְדָרַי לַיהֹוָה אֲשַׁלֵּם נֶגְדָה־נָּא לְכָל־עַמּוֹ: 15 יָקָר בְּעֵינֵי יְהֹוָה הַמָּוְתָה לַחֲסִידָיו: 16 אָנָּה יְהֹוָה כִּי־אֲנִי עַבְדֶּךָ אֲנִי־עַבְדְּךָ בֶּן־אֲמָתֶךָ פִּתַּחְתָּ לְמוֹסֵרָי: 17 לְךָ־אֶזְבַּח זֶבַח תּוֹדָה וּבְשֵׁם יְהֹוָה אֶקְרָא: 18 נְדָרַי לַיהֹוָה אֲשַׁלֵּם נֶגְדָה־נָּא לְכָל־עַמּוֹ: 19 בְּחַצְרוֹת ׀ בֵּית יְהֹוָה בְּתוֹכֵכִי יְרוּשָׁלָ͏ִם הַלְלוּ־יָהּ:

117 הַלְלוּ אֶת־יְהֹוָה כָּל־גּוֹיִם שַׁבְּחוּהוּ כָּל־הָאֻמִּים: 2 כִּי גָבַר עָלֵינוּ ׀ חַסְדּוֹ וֶאֱמֶת־יְהֹוָה לְעוֹלָם הַלְלוּ־יָהּ:

118 הוֹדוּ לַיהֹוָה כִּי־טוֹב כִּי לְעוֹלָם חַסְדּוֹ: 2 יֹאמַר־נָא יִשְׂרָאֵל כִּי לְעוֹלָם חַסְדּוֹ: 3 יֹאמְרוּ־נָא בֵית־אַהֲרֹן כִּי לְעוֹלָם חַסְדּוֹ: 4 יֹאמְרוּ־נָא יִרְאֵי יְהֹוָה כִּי לְעוֹלָם חַסְדּוֹ: 5 מִן־הַמֵּצַר קָרָאתִי יָּהּ עָנָנִי בַמֶּרְחָב יָהּ: 6 יְהֹוָה לִי לֹא אִירָא מַה־

[7] The Lord is for me as my helper; / And I shall gaze upon them that hate me. / [8] It is better to take refuge in the Lord / Than to trust in man. / [9] It is better to take refuge in the Lord / Than to trust in princes. / [10] All nations compass me about, / Verily, in the name of the Lord I will cut them off. / [11] They compass me about, yea, they compass me about; / Verily, in the name of the Lord I will cut them off. / [12] They compass me about like bees; / They are quenched as the fire of thorns; / Verily, in the name of the Lord I will cut them off. / [13] Thou didst thrust sore at me that I might fall; / But the Lord helped me. / [14] The Lord is my strength and song; / And He is become my salvation. / [15] The voice of rejoicing and salvation is in the tents of the righteous; / The right hand of the Lord doeth valiantly. / [16] The right hand of the Lord is exalted; / The right hand of the Lord doeth valiantly. / [17] I shall not die, but live, / And declare the works of the Lord. / [18] The Lord hath chastened me sore; / But He hath not given me over unto death. / [19] Open to me the gates of righteousness; / I will enter into them, I will give thanks unto the Lord. / [20] This is the gate of the Lord; / The righteous shall enter into it. / [21] I will give thanks unto Thee, for Thou hast answered me, / And art become my salvation. / [22] The stone which the builders rejected / Is become the chief corner-stone. / [23] This is the Lord's doing; / It is marvellous in our eyes. / [24] This is the day which the Lord hath made; / We will rejoice and be glad in it. / [25] We beseech Thee, O Lord, save now! / We beseech Thee, O Lord, make us now to prosper! / [26] Blessed be he that cometh in the name of the Lord; / We bless you out of the house of the Lord. / [27] The Lord is God, and hath given us light; / Order the festival procession with boughs, even unto the horns of the altar. / [28] Thou art my God, and I will give thanks unto Thee; / Thou art my God, I will exalt Thee. / [29] O give thanks unto the Lord, for He is good, / For His mercy endureth for ever.

119 א ALEPH. / Happy are they that are upright in the way, / Who walk in the law of the Lord / [2] Happy are they that keep His testimonies, / That seek Him with the whole heart; / [3] Yea, they do no unrighteousness; / They walk in His ways. / [4] Thou hast ordained Thy precepts, / That we should observe them diligently. / [5] Oh that my ways were directed / To observe Thy statutes! / [6] Then should I not be ashamed, / When I have

יַעֲשֶׂה לִּי אָדָם: 7 יְהוָה לִי בְּעֹזְרָי וַאֲנִי אֶרְאֶה בְשֹׂנְאָי: 8 טוֹב לַחֲסוֹת בַּיהוָה מִבְּטֹחַ בָּאָדָם: 9 טוֹב לַחֲסוֹת בַּיהוָה מִבְּטֹחַ בִּנְדִיבִים: 10 כָּל־גּוֹיִם סְבָבוּנִי בְּשֵׁם יְהוָה כִּי אֲמִילַם: 11 סַבּוּנִי גַם־סְבָבוּנִי בְּשֵׁם יְהוָה כִּי אֲמִילַם: 12 סַבּוּנִי כִדְבוֹרִים דֹּעֲכוּ כְּאֵשׁ קוֹצִים בְּשֵׁם יְהוָה כִּי אֲמִילַם: 13 דַּחֹה דְחִיתַנִי לִנְפֹּל וַיהוָה עֲזָרָנִי: 14 עָזִּי וְזִמְרָת יָהּ וַיְהִי־לִי לִישׁוּעָה: 15 קוֹל רִנָּה וִישׁוּעָה בְּאָהֳלֵי צַדִּיקִים יְמִין יְהוָה עֹשָׂה חָיִל: 16 יְמִין יְהוָה רוֹמֵמָה יְמִין יְהוָה עֹשָׂה חָיִל: 17 לֹא אָמוּת כִּי־אֶחְיֶה וַאֲסַפֵּר מַעֲשֵׂי יָהּ: 18 יַסֹּר יִסְּרַנִּי יָּהּ וְלַמָּוֶת לֹא נְתָנָנִי: 19 פִּתְחוּ־לִי שַׁעֲרֵי־צֶדֶק אָבֹא־בָם אוֹדֶה יָהּ: 20 זֶה־הַשַּׁעַר לַיהוָה צַדִּיקִים יָבֹאוּ בוֹ: 21 אוֹדְךָ כִּי עֲנִיתָנִי וַתְּהִי־לִי לִישׁוּעָה: 22 אֶבֶן מָאֲסוּ הַבּוֹנִים הָיְתָה לְרֹאשׁ פִּנָּה: 23 מֵאֵת יְהוָה הָיְתָה זֹּאת הִיא נִפְלָאת בְּעֵינֵינוּ: 24 זֶה־הַיּוֹם עָשָׂה יְהוָה נָגִילָה וְנִשְׂמְחָה בוֹ: 25 אָנָּא יְהוָה הוֹשִׁיעָה נָּא אָנָּא יְהוָה הַצְלִיחָה נָּא: 26 בָּרוּךְ הַבָּא בְּשֵׁם יְהוָה בֵּרַכְנוּכֶם מִבֵּית יְהוָה: 27 אֵל יְהוָה וַיָּאֶר לָנוּ אִסְרוּ־חַג בַּעֲבֹתִים עַד־קַרְנוֹת הַמִּזְבֵּחַ: 28 אֵלִי אַתָּה וְאוֹדֶךָּ אֱלֹהַי אֲרוֹמְמֶךָּ: 29 הוֹדוּ לַיהוָה כִּי־טוֹב כִּי לְעוֹלָם חַסְדּוֹ:

119 אַשְׁרֵי תְמִימֵי־דָרֶךְ הַהֹלְכִים בְּתוֹרַת יְהוָה: 2 אַשְׁרֵי נֹצְרֵי עֵדֹתָיו בְּכָל־לֵב יִדְרְשׁוּהוּ: 3 אַף לֹא־פָעֲלוּ עַוְלָה בִּדְרָכָיו הָלָכוּ: 4 אַתָּה צִוִּיתָה פִקֻּדֶיךָ לִשְׁמֹר מְאֹד: 5 אַחֲלַי יִכֹּנוּ דְרָכָי לִשְׁמֹר חֻקֶּיךָ: 6 אָז לֹא־אֵבוֹשׁ בְּהַבִּיטִי אֶל־כָּל־

regard unto all Thy commandments. / [7] I will give thanks unto Thee with uprightness of heart, / When I learn Thy righteous ordinances. / [8] I will observe Thy statutes; / O forsake me not utterly. / ב BETH. / [9] Wherewithal shall a young man keep his way pure? / By taking heed thereto according to Thy word. / [10] With my whole heart have I sought Thee; / O let me not err from Thy commandments. / [11] Thy word have I laid up in my heart, / That I might not sin against Thee. / [12] Blessed art Thou, O LORD; Teach me Thy statutes. / [13] With my lips have I told / All the ordinances of Thy mouth. / [14] I have rejoiced in the way of Thy testimonies, / As much as in all riches. / [15] I will meditate in Thy precepts, / And have respect unto Thy ways. / [16] I will delight myself in Thy statutes; / I will not forget Thy word. / ג GIMEL. / [17] Deal bountifully with Thy servant, that I may live, / And I will observe Thy word. / [18] Open Thou mine eyes, that I may behold / Wondrous things out of Thy law. / [19] I am a sojourner in the earth; / Hide not Thy commandments from me. / [20] My soul breaketh for the longing / That it hath unto Thine ordinances at all times. / [21] Thou hast rebuked the proud that are cursed, / That do err from Thy commandments. / [22] Take away from me reproach and contempt; / For I have kept Thy testimonies. / [23] Even though princes sit and talk against me, / Thy servant doth meditate in Thy statutes. / [24] Yea, Thy testimonies are my delight, / They are my counsellors. / ד DALETH. / [25] My soul cleaveth unto the dust; / Quicken Thou me according to Thy word. / [26] I told of my ways, and Thou didst answer me; / Teach me Thy statutes. / [27] Make me to understand the way of Thy precepts, / That I may talk of Thy wondrous works. / [28] My soul melteth away for heaviness; / Sustain me according unto Thy word. / [29] Remove from me the way of falsehood; / And grant me Thy law graciously. / [30] I have chosen the way of faithfulness; / Thine ordinances have I set [before me]. / [31] I cleave unto Thy testimonies; / O LORD, put me not to shame. / [32] I will run the way of Thy commandments, / For Thou dost enlarge my heart. / ה HE. / [33] Teach me, O LORD, the way of Thy statutes; / And I will keep it at every step. / [34] Give me understanding, that I keep Thy law / And observe it with my whole heart. / [35] Make me to tread in the path of Thy commandments; / For therein do I delight. / [36] Incline my heart unto Thy testimonies, / And not to covetousness. / [37] Turn away mine eyes from beholding vanity, / And quicken me in Thy ways. /

אוֹדְךָ בְּיֹשֶׁר לֵבָב בְּלָמְדִי 7 מִצְוֹתֶיךָ:
מִשְׁפְּטֵי צִדְקֶךָ: 8 אֶת־חֻקֶּיךָ אֶשְׁמֹר אַל־
תַּעַזְבֵנִי עַד־מְאֹד: 9 בַּמֶּה יְזַכֶּה־נַּעַר אֶת־
אָרְחוֹ לִשְׁמֹר כִּדְבָרֶךָ: 10 בְּכָל־לִבִּי
דְרַשְׁתִּיךָ אַל־תַּשְׁגֵּנִי מִמִּצְוֹתֶיךָ: 11 בְּלִבִּי
צָפַנְתִּי אִמְרָתֶךָ לְמַעַן לֹא אֶחֱטָא־לָךְ:
12 בָּרוּךְ אַתָּה יְהוָה לַמְּדֵנִי חֻקֶּיךָ:
13 בִּשְׂפָתַי סִפַּרְתִּי כֹּל מִשְׁפְּטֵי־פִיךָ:
14 בְּדֶרֶךְ עֵדְוֹתֶיךָ שַׂשְׂתִּי כְּעַל כָּל־הוֹן:
15 בְּפִקֻּדֶיךָ אָשִׂיחָה וְאַבִּיטָה אֹרְחֹתֶיךָ:
16 בְּחֻקֹּתֶיךָ אֶשְׁתַּעֲשָׁע לֹא אֶשְׁכַּח דְּבָרֶךָ:
17 גְּמֹל עַל־עַבְדְּךָ אֶחְיֶה וְאֶשְׁמְרָה דְבָרֶךָ:
18 גַּל־עֵינַי וְאַבִּיטָה נִפְלָאוֹת מִתּוֹרָתֶךָ:
19 גֵּר אָנֹכִי בָאָרֶץ אַל־תַּסְתֵּר מִמֶּנִּי
מִצְוֹתֶיךָ: 20 גָּרְסָה נַפְשִׁי לְתַאֲבָה אֶל־
מִשְׁפָּטֶיךָ בְכָל־עֵת: 21 גָּעַרְתָּ זֵדִים
אֲרוּרִים הַשֹּׁגִים מִמִּצְוֹתֶיךָ: 22 גַּל מֵעָלַי
חֶרְפָּה וָבוּז כִּי עֵדֹתֶיךָ נָצָרְתִּי: 23 גַּם יָשְׁבוּ
שָׂרִים בִּי נִדְבָּרוּ עַבְדְּךָ יָשִׂיחַ בְּחֻקֶּיךָ:
24 גַּם־עֵדֹתֶיךָ שַׁעֲשֻׁעָי אַנְשֵׁי עֲצָתִי:
25 דָּבְקָה לֶעָפָר נַפְשִׁי חַיֵּנִי כִּדְבָרֶךָ:
26 דְּרָכַי סִפַּרְתִּי וַתַּעֲנֵנִי לַמְּדֵנִי חֻקֶּיךָ:
27 דֶּרֶךְ־פִּקּוּדֶיךָ הֲבִינֵנִי וְאָשִׂיחָה
בְּנִפְלְאוֹתֶיךָ: 28 דָּלְפָה נַפְשִׁי מִתּוּגָה
קַיְּמֵנִי כִּדְבָרֶךָ: 29 דֶּרֶךְ־שֶׁקֶר הָסֵר מִמֶּנִּי
וְתוֹרָתְךָ חָנֵּנִי: 30 דֶּרֶךְ־אֱמוּנָה בָחָרְתִּי
מִשְׁפָּטֶיךָ שִׁוִּיתִי: 31 דָּבַקְתִּי בְעֵדְוֹתֶיךָ
יְהוָה אַל־תְּבִישֵׁנִי: 32 דֶּרֶךְ־מִצְוֹתֶיךָ אָרוּץ
כִּי תַרְחִיב לִבִּי: 33 הוֹרֵנִי יְהוָה דֶּרֶךְ חֻקֶּיךָ
וְאֶצְּרֶנָּה עֵקֶב: 34 הֲבִינֵנִי וְאֶצְּרָה תוֹרָתֶךָ
וְאֶשְׁמְרֶנָּה בְכָל־לֵב: 35 הַדְרִיכֵנִי בִּנְתִיב
מִצְוֹתֶיךָ כִּי־בוֹ חָפָצְתִּי: 36 הַט־לִבִּי אֶל־
עֵדְוֹתֶיךָ וְאַל אֶל־בָּצַע: 37 הַעֲבֵר עֵינַי

[38] Confirm Thy word unto Thy servant, / Which pertaineth unto the fear of Thee. / [39] Turn away my reproach which I dread; / For Thine ordinances are good. / [40] Behold, I have longed after Thy recepts; / Quicken me in Thy righteousness. / ו VAU / [41] Let Thy mercies also come unto me, O LORD, / Even Thy salvation, according to Thy word; / [42] That I may have an answer for him that taunteth me; / For I trust in Thy word. / [43] And take not the word of truth utterly out of my mouth; / For I hope in Thine ordinances; / [44] So shall I observe Thy law continually / For ever and ever; / [45] And I will walk at ease, / For I have sought Thy precepts; / [46] I will also speak of Thy testimonies before kings, / And will not be ashamed. / [47] And I will delight myself in Thy commandments, / Which I have loved. / [48] I will lift up my hands also unto Thy commandments, which I have loved; / And I will meditate in Thy statutes. / ז ZAIN. / [49] Remember the word unto Thy servant, / Because Thou hast made me to hope. / [50] This is my comfort in my affliction, / That Thy word hath quickened me. / [51] The proud have had me greatly in derision; / Yet have I not turned aside from Thy law. / [52] I have remembered Thine ordinances which are of old, O LORD, / And have comforted myself. / [53] Burning indignation hath taken hold upon me, because of the wicked / That forsake Thy law. / [54] Thy statutes have been my songs / In the house of my pilgrimage. / [55] I have remembered Thy name, O LORD, in the night, / And have observed Thy law. / [56] This I have had, / That I have kept Thy precepts. / ח HETH. / [57] My portion is the LORD, / I have said that I would observe Thy words. / [58] I have entreated Thy favour with my whole heart; / Be gracious unto me according to Thy word. / [59] I considered my ways, / And turned my feet unto Thy testimonies. / [60] I made haste, and delayed not, / To observe Thy commandments. / [61] The bands of the wicked have enclosed me; / But I have not forgotten Thy law. / [62] At midnight I will rise to give thanks unto Thee / Because of Thy righteous ordinances. / [63] I am a companion of all them that fear Thee, / And of them that observe Thy precepts. / [64] The earth, O LORD, is full of Thy mercy; / Teach me Thy statutes. / ט TETH. / [65] Thou hast dealt well with Thy servant, / O LORD, according unto Thy word. / [66] Teach me good discernment and

הָקֵם 38 : מַרְאוֹת שָׁוְא בְּדָרֶכֶךָ חַיֵּנִי
הַעֲבֵר 39 : לְעַבְדְּךָ אִמְרָתֶךָ אֲשֶׁר לְיִרְאָתֶךָ
חֶרְפָּתִי אֲשֶׁר יָגֹרְתִּי כִּי מִשְׁפָּטֶיךָ טוֹבִים:
40 הִנֵּה תָּאַבְתִּי לְפִקֻּדֶיךָ בְּצִדְקָתְךָ חַיֵּנִי
41 וִיבֹאֻנִי חֲסָדֶךָ יְהוָה תְּשׁוּעָתְךָ
כְּאִמְרָתֶךָ: 42 וְאֶעֱנֶה חֹרְפִי דָבָר כִּי־
בָטַחְתִּי בִּדְבָרֶךָ: 43 וְאַל־תַּצֵּל מִפִּי דְבַר־
אֱמֶת עַד־מְאֹד כִּי לְמִשְׁפָּטֶךָ יִחָלְתִּי:
44 וְאֶשְׁמְרָה תוֹרָתְךָ תָמִיד לְעוֹלָם וָעֶד:
45 וְאֶתְהַלְּכָה בָרְחָבָה כִּי פִקֻּדֶיךָ דָרָשְׁתִּי:
46 וַאֲדַבְּרָה בְעֵדֹתֶיךָ נֶגֶד מְלָכִים וְלֹא
אֵבוֹשׁ: 47 וְאֶשְׁתַּעֲשַׁע בְּמִצְוֹתֶיךָ אֲשֶׁר
אָהָבְתִּי: 48 וְאֶשָּׂא־כַפַּי אֶל־מִצְוֹתֶיךָ אֲשֶׁר
אָהָבְתִּי וְאָשִׂיחָה בְחֻקֶּיךָ: 49 זְכֹר־דָּבָר
לְעַבְדֶּךָ עַל אֲשֶׁר יִחַלְתָּנִי: 50 זֹאת נֶחָמָתִי
בְעָנְיִי כִּי אִמְרָתְךָ חִיָּתְנִי: 51 זֵדִים הֱלִיצֻנִי
עַד־מְאֹד מִתּוֹרָתְךָ לֹא נָטִיתִי: 52 זָכַרְתִּי
מִשְׁפָּטֶיךָ מֵעוֹלָם | יְהוָה וָאֶתְנֶחָם:
53 זַלְעָפָה אֲחָזַתְנִי מֵרְשָׁעִים עֹזְבֵי
תוֹרָתֶךָ: 54 זְמִרוֹת הָיוּ־לִי חֻקֶּיךָ בְּבֵית
מְגוּרָי: 55 זָכַרְתִּי בַלַּיְלָה שִׁמְךָ יְהוָה
וָאֶשְׁמְרָה תוֹרָתֶךָ: 56 זֹאת הָיְתָה־לִּי כִּי
פִקֻּדֶיךָ נָצָרְתִּי: 57 חֶלְקִי יְהוָה אָמַרְתִּי
לִשְׁמֹר דְּבָרֶיךָ: 58 חִלִּיתִי פָנֶיךָ בְכָל־לֵב
חָנֵּנִי כְּאִמְרָתֶךָ: 59 חִשַּׁבְתִּי דְרָכָי וָאָשִׁיבָה
רַגְלַי אֶל־עֵדֹתֶיךָ: 60 חַשְׁתִּי וְלֹא
הִתְמַהְמָהְתִּי לִשְׁמֹר מִצְוֹתֶיךָ: 61 חֶבְלֵי
רְשָׁעִים עִוְּדֻנִי תּוֹרָתְךָ לֹא שָׁכָחְתִּי:
62 חֲצוֹת־לַיְלָה אָקוּם לְהוֹדוֹת לָךְ עַל
מִשְׁפְּטֵי צִדְקֶךָ: 63 חָבֵר אָנִי לְכָל־אֲשֶׁר
יְרֵאוּךָ וּלְשֹׁמְרֵי פִּקּוּדֶיךָ: 64 חַסְדְּךָ יְהוָה
מָלְאָה הָאָרֶץ חֻקֶּיךָ לַמְּדֵנִי: 65 טוֹב עָשִׂיתָ
עִם־עַבְדְּךָ יְהוָה כִּדְבָרֶךָ: 66 טוּב טַעַם

knowledge; / For I have believed in Thy commandments. / [67] Before I was afflicted, I did err; / But now I observe Thy word. / [68] Thou art good, and doest good; / Teach me Thy statutes. / [69] The proud have forged a lie against me; / But I with my whole heart will keep Thy precepts. / [70] Their heart is gross like fat; / But I delight in Thy law. / [71] It is good for me that I have been afflicted, / In order that I might learn Thy statutes. / [72] The law of Thy mouth is better unto me / Than thousands of gold and silver. / י IOD. / [73] Thy hands have made me and fashioned me; / Give me understanding, that I may learn Thy commandments. / [74] They that fear Thee shall see me and be glad, / Because I have hope in Thy word. / [75] I know, O LORD, that Thy judgments are righteous, / And that in faithfulness Thou hast afflicted me. / [76] Let, I pray thee, Thy lovingkindness be ready to comfort me, / According to Thy promise unto Thy servant. / [77] Let Thy tender mercies come unto me, that I may live; / For Thy law is my delight. / [78] Let the proud be put to shame, for they have distorted my cause with falsehood; / But I will meditate in Thy precepts. / [79] Let those that fear Thee return unto me, / And they that know Thy testimonies. / [80] Let my heart be undivided in Thy statutes, / In order that I may not be put to shame. / כ CAPH. / [81] My soul pineth for Thy salvation; In Thy word do I hope. / [82] Mine eyes fail for Thy word, Saying: / 'When wilt Thou comfort me?' / [83] For I am become like a wine-skin in the smoke; / Yet do I not forget Thy statutes. / [84] How many are the days of Thy servant? / When wilt Thou execute judgment on them that persecute me? / [85] The proud have digged pits for me, / Which is not according to Thy law. / [86] All Thy commandments are faithful; / They persecute me for nought; help Thou me. / [87] They had almost consumed me upon earth; / But as for me, I forsook not Thy precepts. / [88] Quicken me after Thy lovingkindness, / And I will observe the testimony of Thy mouth. / ל LAMED. / [89] For ever, O LORD, / Thy word standeth fast in heaven. / [90] Thy faithfulness is unto all generations; / Thou hast established the earth, and it standeth. / [91] They stand this day according to Thine ordinances; / For all things are Thy servants. / [92] Unless Thy law had been my delight, / I should then have perished in mine affliction. / [93] I will never forget Thy precepts; / For with them Thou hast quickened me. / [94] I am Thine, save me; / For I have sought Thy precepts. / [95] The wicked have waited for me to

וָדַעַת לַמְּדֵנִי כִּי בְמִצְוֹתֶיךָ הֶאֱמָנְתִּי: 67 טֶרֶם אֶעֱנֶה אֲנִי שֹׁגֵג וְעַתָּה אִמְרָתְךָ שָׁמָרְתִּי: 68 טוֹב־אַתָּה וּמֵטִיב לַמְּדֵנִי חֻקֶּיךָ: 69 טָפְלוּ עָלַי שֶׁקֶר זֵדִים אֲנִי בְּכָל־לֵב ׀ אֶצֹּר פִּקּוּדֶיךָ: 70 טָפַשׁ כַּחֵלֶב לִבָּם אֲנִי תּוֹרָתְךָ שִׁעֲשָׁעְתִּי: 71 טוֹב־לִי כִי־עֻנֵּיתִי לְמַעַן אֶלְמַד חֻקֶּיךָ: 72 טוֹב־לִי תוֹרַת־פִּיךָ מֵאַלְפֵי זָהָב וָכָסֶף: 73 יָדֶיךָ עָשׂוּנִי וַיְכוֹנְנוּנִי הֲבִינֵנִי וְאֶלְמְדָה מִצְוֹתֶיךָ: 74 יְרֵאֶיךָ יִרְאוּנִי וְיִשְׂמָחוּ כִּי לִדְבָרְךָ יִחָלְתִּי: 75 יָדַעְתִּי יְהוָה כִּי־צֶדֶק מִשְׁפָּטֶיךָ וֶאֱמוּנָה עִנִּיתָנִי: 76 יְהִי־נָא חַסְדְּךָ לְנַחֲמֵנִי כְּאִמְרָתְךָ לְעַבְדֶּךָ: 77 יְבֹאוּנִי רַחֲמֶיךָ וְאֶחְיֶה כִּי־תוֹרָתְךָ שַׁעֲשֻׁעָי: 78 יֵבֹשׁוּ זֵדִים כִּי־שֶׁקֶר עִוְּתוּנִי אֲנִי אָשִׂיחַ בְּפִקּוּדֶיךָ: 79 יָשׁוּבוּ לִי יְרֵאֶיךָ וְיֹדְעֵי עֵדֹתֶיךָ: 80 יְהִי־לִבִּי תָמִים בְּחֻקֶּיךָ לְמַעַן לֹא אֵבוֹשׁ: 81 כָּלְתָה לִתְשׁוּעָתְךָ נַפְשִׁי לִדְבָרְךָ יִחָלְתִּי: 82 כָּלוּ עֵינַי לְאִמְרָתֶךָ לֵאמֹר מָתַי תְּנַחֲמֵנִי: 83 כִּי־הָיִיתִי כְּנֹאד בְּקִיטוֹר חֻקֶּיךָ לֹא שָׁכָחְתִּי: 84 כַּמָּה יְמֵי־עַבְדֶּךָ מָתַי תַּעֲשֶׂה בְרֹדְפַי מִשְׁפָּט: 85 כָּרוּ־לִי זֵדִים שִׁיחוֹת אֲשֶׁר לֹא כְתוֹרָתֶךָ: 86 כָּל־מִצְוֹתֶיךָ אֱמוּנָה שֶׁקֶר רְדָפוּנִי עָזְרֵנִי: 87 כִּמְעַט כִּלּוּנִי בָאָרֶץ וַאֲנִי לֹא־עָזַבְתִּי פִקּוּדֶיךָ: 88 כְּחַסְדְּךָ חַיֵּנִי וְאֶשְׁמְרָה עֵדוּת פִּיךָ: 89 לְעוֹלָם יְהוָה דְּבָרְךָ נִצָּב בַּשָּׁמָיִם: 90 לְדֹר וָדֹר אֱמוּנָתֶךָ כּוֹנַנְתָּ אֶרֶץ וַתַּעֲמֹד: 91 לְמִשְׁפָּטֶיךָ עָמְדוּ הַיּוֹם כִּי הַכֹּל עֲבָדֶיךָ: 92 לוּלֵי תוֹרָתְךָ שַׁעֲשֻׁעָי אָז אָבַדְתִּי בְעָנְיִי: 93 לְעוֹלָם לֹא־אֶשְׁכַּח פִּקּוּדֶיךָ כִּי בָם חִיִּיתָנִי: 94 לְךָ־אֲנִי הוֹשִׁיעֵנִי כִּי פִקּוּדֶיךָ דָרָשְׁתִּי: 95 לִי

destroy me; / But I will consider Thy testimonies. / [96] I have seen an end to every purpose; / But Thy commandment is exceeding broad. / מ MEM. / [97] Oh how love I Thy law! / It is my meditation all the day. / [98] Thy commandments make me wiser than mine enemies; / For they are ever with me. / [99] I have more understanding than all my teachers; / For Thy testimonies are my meditation. / [100] I understand more than mine elders, / Because I have kept Thy precepts. / [101] I have refrained my feet from every evil way, / In order that I might observe Thy word. / [102] I have not turned aside from Thine ordinances; / For Thou hast instructed me. / [103] How sweet are Thy words unto my palate! / Yea, sweeter than honey to my mouth! / [104] From Thy precepts I get understanding; / Therefore I hate every false way. / נ NUN. / [105] Thy word is a lamp unto my feet, / And a light unto my path. / [106] I have sworn, and have confirmed it, / To observe Thy righteous ordinances. / [107] I am afflicted very much; Quicken me, O LORD, according unto Thy word. / [108] Accept, I beseech Thee, the freewill-offerings of my mouth, O LORD, / And teach me Thine ordinances / [109] My soul is continually in my hand, / Yet have I not forgotten Thy law. / [110] The wicked have laid a snare for me; / Yet went I not astray from Thy precepts. / [111] Thy testimonies have I taken as a heritage for ever; / For they are the rejoicing of my heart. / [112] I have inclined my heart to perform Thy statutes, / For ever, at every step. / ס SAMECH. / [113] I hate them that are of a double mind; / But Thy law do I love. / [114] Thou art my covert and my shield; / In Thy word do I hope. / [115] Depart from me, ye evil-doers; / That I may keep the commandments of my God. / [116] Uphold me according unto Thy word, that I may live; / And put me not to shame in my hope. / [117] Support Thou me, and I shall be saved; / And I will occupy myself with Thy statutes continually. / [118] Thou hast made light of all them that err from Thy statutes; / For their deceit is vain. / [119] Thou puttest away all the wicked of the earth like dross; / Therefore I love Thy testimonies. / [120] My flesh shuddereth for fear of Thee; / And I am afraid of Thy judgments. / ע AIN. / [121] I have done justice and righteousness; / Leave me not to mine oppressors. / [122] Be surety for Thy servant for good; / Let not the proud oppress me. / [123] Mine eyes fail for Thy salvation, /

קָוּוּ רְשָׁעִים לְאַבְּדֵנִי עֵדֹתֶיךָ אֶתְבּוֹנָן:
96 לְכָל תִּכְלָה רָאִיתִי קֵץ רְחָבָה מִצְוָתְךָ
מְאֹד: 97 מָה־אָהַבְתִּי תוֹרָתֶךָ כָּל־הַיּוֹם
הִיא שִׂיחָתִי: 98 מֵאֹיְבַי תְּחַכְּמֵנִי מִצְוֹתֶךָ
כִּי לְעוֹלָם הִיא־לִי: 99 מִכָּל־מְלַמְּדַי
הִשְׂכַּלְתִּי כִּי עֵדְוֹתֶיךָ שִׂיחָה לִי:
100 מִזְּקֵנִים אֶתְבּוֹנָן כִּי פִקּוּדֶיךָ נָצָרְתִּי:
101 מִכָּל־אֹרַח רָע כָּלִאתִי רַגְלָי לְמַעַן
אֶשְׁמֹר דְּבָרֶךָ: 102 מִמִּשְׁפָּטֶיךָ לֹא־סָרְתִּי
כִּי־אַתָּה הוֹרֵתָנִי: 103 מַה־נִּמְלְצוּ לְחִכִּי
אִמְרָתֶךָ מִדְּבַשׁ לְפִי: 104 מִפִּקּוּדֶיךָ אֶתְבּוֹנָן
עַל־כֵּן שָׂנֵאתִי כָּל־אֹרַח שָׁקֶר: 105 נֵר־
לְרַגְלִי דְבָרֶךָ וְאוֹר לִנְתִיבָתִי: 106 נִשְׁבַּעְתִּי
וָאֲקַיֵּמָה לִשְׁמֹר מִשְׁפְּטֵי צִדְקֶךָ:
107 נַעֲנֵיתִי עַד־מְאֹד יְהוָה חַיֵּנִי כִדְבָרֶךָ:
108 נִדְבוֹת פִּי רְצֵה־נָא יְהוָה וּמִשְׁפָּטֶיךָ
לַמְּדֵנִי: 109 נַפְשִׁי בְכַפִּי תָמִיד וְתוֹרָתְךָ לֹא
שָׁכָחְתִּי: 110 נָתְנוּ רְשָׁעִים פַּח לִי
וּמִפִּקּוּדֶיךָ לֹא תָעִיתִי: 111 נָחַלְתִּי עֵדְוֹתֶיךָ
לְעוֹלָם כִּי־שְׂשׂוֹן לִבִּי הֵמָּה: 112 נָטִיתִי
לִבִּי לַעֲשׂוֹת חֻקֶּיךָ לְעוֹלָם עֵקֶב:
113 סֵעֲפִים שָׂנֵאתִי וְתוֹרָתְךָ אָהָבְתִּי:
114 סִתְרִי וּמָגִנִּי אָתָּה לִדְבָרְךָ יִחָלְתִּי:
115 סוּרוּ־מִמֶּנִּי מְרֵעִים וְאֶצְּרָה מִצְוֹת
אֱלֹהָי: 116 סָמְכֵנִי כְאִמְרָתְךָ וְאֶחְיֶה וְאַל־
תְּבִישֵׁנִי מִשִּׂבְרִי: 117 סְעָדֵנִי וְאִוָּשֵׁעָה
וְאֶשְׁעָה בְחֻקֶּיךָ תָמִיד: 118 סָלִיתָ כָּל־
שׁוֹגִים מֵחֻקֶּיךָ כִּי־שֶׁקֶר תַּרְמִיתָם:
119 סִגִים הִשְׁבַּתָּ כָל־רִשְׁעֵי־אָרֶץ לָכֵן
אָהַבְתִּי עֵדֹתֶיךָ: 120 סָמַר מִפַּחְדְּךָ בְשָׂרִי
וּמִמִּשְׁפָּטֶיךָ יָרֵאתִי: 121 עָשִׂיתִי מִשְׁפָּט
וָצֶדֶק בַּל־תַּנִּיחֵנִי לְעֹשְׁקָי: 122 עֲרֹב עַבְדְּךָ
לְטוֹב אַל־יַעַשְׁקֻנִי זֵדִים: 123 עֵינַי כָּלוּ

And for Thy righteous word. / [124] Deal with Thy servant according unto Thy mercy, / And teach me Thy statutes. / [125] I am Thy servant, give me understanding; / That I may know Thy testimonies. / [126] It is time for the LORD to work; / They have made void Thy law. / [127] Therefore I love Thy commandments / Above gold, yea, above fine gold. / [128] Therefore I esteem all [Thy] precepts concerning all things to be right; / Every false way I hate. / פ PE. / [129] Thy testimonies are wonderful; / Therefore doth my soul keep them. / [130] The opening of Thy words giveth light; / It giveth understanding unto the simple. / [131] I opened wide my mouth, and panted; / For I longed for Thy commandments. / [132] Turn Thee towards me, and be gracious unto me, / As is Thy wont to do unto those that love Thy name. / [133] Order my footsteps by Thy word; / And let not any iniquity have dominion over me. / [134] Redeem me from the oppression of man, / And I will observe Thy precepts. / [135] Make Thy face to shine upon Thy servant; / And teach me Thy statutes. / [136] Mine eyes run down with rivers of water, / Because they observe not Thy law. / צ TZADE. / [137] Righteous art Thou, O LORD, / And upright are Thy judgments. / [138] Thou hast commanded Thy testimonies in righteousness / And exceeding faithfulness. / [139] My zeal hath undone me, / Because mine adversaries have forgotten Thy words. / [140] Thy word is tried to the uttermost, / And Thy servant loveth it. / [141] I am small and despised; / Yet have I not forgotten Thy precepts / [142] Thy righteousness is an everlasting righteousness, / And Thy law is truth. / [143] Trouble and anguish have overtaken me; / Yet Thy commandments are my delight. / [144] Thy testimonies are righteous for ever; / Give me understanding, and I shall live. / ק KOPH. / [145] I have called with my whole heart; answer me, O LORD; / I will keep Thy statutes. / [146] I have called Thee, save me, / And I will observe Thy testimonies. / [147] I rose early at dawn, and cried; / I hoped in Thy word. / [148] Mine eyes forestalled the night-watches, / That I might meditate in Thy word. / [149] Hear my voice according unto Thy lovingkindness; / Quicken me, O LORD, as Thou art wont. / [150] They draw nigh that follow after wickedness; / They are far from Thy law. / [151] Thou art nigh, O LORD; / And all Thy commandments are truth. / [152] Of old have I known from Thy testimonies / That Thou hast

לִישׁוּעָתְךָ וּלְאִמְרַת צִדְקֶךָ: 124 עֲשֵׂה עִם־עַבְדְּךָ כְחַסְדֶּךָ וְחֻקֶּיךָ לַמְּדֵנִי: 125 עַבְדְּךָ־אָנִי הֲבִינֵנִי וְאֵדְעָה עֵדֹתֶיךָ: 126 עֵת לַעֲשׂוֹת לַיהוָה הֵפֵרוּ תּוֹרָתֶךָ: 127 עַל־כֵּן אָהַבְתִּי מִצְוֹתֶיךָ מִזָּהָב וּמִפָּז | 128 עַל־כֵּן כָּל־פִּקּוּדֵי כֹל יִשָּׁרְתִּי כָּל־אֹרַח שֶׁקֶר שָׂנֵאתִי: 129 פְּלָאוֹת עֵדְוֹתֶיךָ עַל־כֵּן נְצָרָתַם נַפְשִׁי: 130 פֵּתַח דְּבָרֶיךָ יָאִיר מֵבִין פְּתָיִים: 131 פִּי־פָעַרְתִּי וָאֶשְׁאָפָה כִּי לְמִצְוֹתֶיךָ יָאָבְתִּי: 132 פְּנֵה־אֵלַי וְחָנֵּנִי כְּמִשְׁפָּט לְאֹהֲבֵי שְׁמֶךָ: 133 פְּעָמַי הָכֵן בְּאִמְרָתֶךָ וְאַל־תַּשְׁלֶט־בִּי כָל־אָוֶן: 134 פְּדֵנִי מֵעֹשֶׁק אָדָם וְאֶשְׁמְרָה פִּקּוּדֶיךָ: 135 פָּנֶיךָ הָאֵר בְּעַבְדֶּךָ וְלַמְּדֵנִי אֶת־חֻקֶּיךָ: 136 פַּלְגֵי־מַיִם יָרְדוּ עֵינָי עַל לֹא־שָׁמְרוּ תוֹרָתֶךָ: 137 צַדִּיק אַתָּה יְהוָה וְיָשָׁר מִשְׁפָּטֶיךָ: 138 צִוִּיתָ צֶדֶק עֵדֹתֶיךָ וֶאֱמוּנָה מְאֹד: 139 צִמְּתַתְנִי קִנְאָתִי כִּי־שָׁכְחוּ דְבָרֶיךָ צָרָי: 140 צְרוּפָה אִמְרָתְךָ מְאֹד וְעַבְדְּךָ אֲהֵבָהּ: 141 צָעִיר אָנֹכִי וְנִבְזֶה פִּקֻּדֶיךָ לֹא שָׁכָחְתִּי: 142 צִדְקָתְךָ צֶדֶק לְעוֹלָם וְתוֹרָתְךָ אֱמֶת: 143 צַר־וּמָצוֹק מְצָאוּנִי מִצְוֹתֶיךָ שַׁעֲשֻׁעָי: 144 צֶדֶק עֵדְוֹתֶיךָ לְעוֹלָם הֲבִינֵנִי וְאֶחְיֶה: 145 קָרָאתִי בְכָל־לֵב עֲנֵנִי יְהוָה חֻקֶּיךָ אֶצֹּרָה: 146 קְרָאתִיךָ הוֹשִׁיעֵנִי וְאֶשְׁמְרָה עֵדֹתֶיךָ: 147 קִדַּמְתִּי בַנֶּשֶׁף וָאֲשַׁוֵּעָה לִדְבָרְךָ יִחָלְתִּי: 148 קִדְּמוּ עֵינַי אַשְׁמֻרוֹת לָשִׂיחַ בְּאִמְרָתֶךָ: 149 קוֹלִי שִׁמְעָה כְחַסְדֶּךָ יְהוָה כְּמִשְׁפָּטֶךָ חַיֵּנִי: 150 קָרְבוּ רֹדְפֵי זִמָּה מִתּוֹרָתְךָ רָחָקוּ: 151 קָרוֹב אַתָּה יְהוָה וְכָל־מִצְוֹתֶיךָ אֱמֶת: 152 קֶדֶם יָדַעְתִּי מֵעֵדֹתֶיךָ כִּי לְעוֹלָם

founded them for ever. / ר RESH. / [153] O see mine affliction, and rescue me; / For I do not forget Thy law. / [154] Plead Thou my cause, and redeem me; / Quicken me according to Thy word. / [155] Salvation is far from the wicked; / For they seek not Thy statutes. / [156] Great are Thy compassions, O Lord; / Quicken me as Thou art wont. / [157] Many are my persecutors and mine adversaries; / Yet have I not turned aside from Thy testimonies. / [158] I beheld them that were faithless, and strove with them; / Because they observed not Thy word. / [159] O see how I love Thy precepts; / Quicken me, O Lord, according to Thy lovingkindness. / [160] The beginning of Thy word is truth; / And all Thy righteous ordinance endureth for ever. / ש SHIN. / [161] Princes have persecuted me without a cause; / But my heart standeth in awe of Thy words. / [162] I rejoice at Thy word, / As one that findeth great spoil. / [163] I hate and abhor falsehood; / Thy law do I love. / [164] Seven times a day do I praise Thee, / Because of Thy righteous ordinances. / [165] Great peace have they that love Thy law; / And there is no stumbling for them. / [166] I have hoped for Thy salvation, O Lord, / And have done Thy commandments. / [167] My soul hath observed Thy testimonies; / And I love them exceedingly. / [168] I have observed Thy precepts and Thy testimonies; / For all my ways are before Thee. / ת TAU. / [169] Let my cry come near before Thee, O Lord; / Give me understanding according to Thy word. / [170] Let my supplication come before Thee; / Deliver me according to Thy word. / [171] Let my lips utter praise: / Because Thou teachest me Thy statutes. / [172] Let my tongue sing of Thy word; / For all Thy commandments are righteousness. / [173] Let Thy hand be ready to help me; / For I have chosen Thy precepts. / [174] I have longed for Thy salvation, O Lord; / And Thy law is my delight. / [175] Let my soul live, and it shall praise Thee; / And let Thine ordinances help me. / [176] I have gone astray like a lost sheep; seek Thy servant; / For I have not forgotten Thy commandments.

120 A Song of Ascents. / In my distress I called unto the Lord, / And He answered me. / [2] O Lord, deliver my soul from lying lips, / From a deceitful tongue. / [3] What shall be given unto thee, and what shall be done more unto thee, / Thou deceitful

יְסַדְתָּם: 153 רְאֵה־עָנְיִי וְחַלְּצֵנִי כִּי־תוֹרָתְךָ
לֹא שָׁכָחְתִּי: 154 רִיבָה רִיבִי וּגְאָלֵנִי
לְאִמְרָתְךָ חַיֵּנִי: 155 רָחוֹק מֵרְשָׁעִים
יְשׁוּעָה כִּי־חֻקֶּיךָ לֹא דָרָשׁוּ: 156 רַחֲמֶיךָ
רַבִּים ׀ יְהֹוָה כְּמִשְׁפָּטֶיךָ חַיֵּנִי: 157 רַבִּים
רֹדְפַי וְצָרָי מֵעֵדְוֹתֶיךָ לֹא נָטִיתִי:
158 רָאִיתִי בֹגְדִים וָאֶתְקוֹטָטָה אֲשֶׁר
אִמְרָתְךָ לֹא שָׁמָרוּ: 159 רְאֵה כִּי־פִקּוּדֶיךָ
אָהָבְתִּי יְהֹוָה כְּחַסְדְּךָ חַיֵּנִי: 160 רֹאשׁ־
דְּבָרְךָ אֱמֶת וּלְעוֹלָם כָּל־מִשְׁפַּט צִדְקֶךָ:
161 שָׂרִים רְדָפוּנִי חִנָּם ומדבריך וּמִדְּבָרְךָ
פָּחַד לִבִּי: 162 שָׂשׂ אָנֹכִי עַל־אִמְרָתֶךָ
כְּמוֹצֵא שָׁלָל רָב: 163 שֶׁקֶר שָׂנֵאתִי
וָאֲתַעֵבָה תּוֹרָתְךָ אָהָבְתִּי: 164 שֶׁבַע בַּיּוֹם
הִלַּלְתִּיךָ עַל מִשְׁפְּטֵי צִדְקֶךָ: 165 שָׁלוֹם רָב
לְאֹהֲבֵי תוֹרָתֶךָ וְאֵין־לָמוֹ מִכְשׁוֹל:
166 שִׂבַּרְתִּי לִישׁוּעָתְךָ יְהֹוָה וּמִצְוֹתֶיךָ
עָשִׂיתִי: 167 שָׁמְרָה נַפְשִׁי עֵדֹתֶיךָ וָאֹהֲבֵם
מְאֹד: 168 שָׁמַרְתִּי פִקּוּדֶיךָ וְעֵדֹתֶיךָ כִּי
כָל־דְּרָכַי נֶגְדֶּךָ: 169 תִּקְרַב רִנָּתִי לְפָנֶיךָ
יְהֹוָה כִּדְבָרְךָ הֲבִינֵנִי: 170 תָּבוֹא תְּחִנָּתִי
לְפָנֶיךָ כְּאִמְרָתְךָ הַצִּילֵנִי: 171 תַּבַּעְנָה
שְׂפָתַי תְּהִלָּה כִּי תְלַמְּדֵנִי חֻקֶּיךָ: 172 תַּעַן
לְשׁוֹנִי אִמְרָתֶךָ כִּי כָל־מִצְוֹתֶיךָ צֶּדֶק:
173 תְּהִי־יָדְךָ לְעָזְרֵנִי כִּי פִקּוּדֶיךָ בָחָרְתִּי:
174 תָּאַבְתִּי לִישׁוּעָתְךָ יְהֹוָה וְתוֹרָתְךָ
שַׁעֲשֻׁעָי: 175 תְּחִי־נַפְשִׁי וּתְהַלְלֶךָּ
וּמִשְׁפָּטֶךָ יַעְזְרֻנִי: 176 תָּעִיתִי כְּשֶׂה אֹבֵד
בַּקֵּשׁ עַבְדֶּךָ כִּי מִצְוֹתֶיךָ לֹא שָׁכָחְתִּי:

120 שִׁיר הַמַּעֲלוֹת אֶל־יְהֹוָה בַּצָּרָתָה
לִּי קָרָאתִי וַיַּעֲנֵנִי: 2 יְהֹוָה הַצִּילָה נַפְשִׁי
מִשְּׂפַת־שֶׁקֶר מִלָּשׁוֹן רְמִיָּה: 3 מַה־יִּתֵּן לְךָ

tongue? / [4] Sharp arrows of the mighty, / With coals of broom. / [5] Woe is me, that I sojourn with Meshech, / That I dwell beside the tents of Kedar! / [6] My soul hath full long had her dwelling / With him that hateth peace. / [7] I am all peace; / But when I speak, they are for war.

121 A Song of Ascents. / I will lift up mine eyes unto the mountains: / From whence shall my help come? / [2] My help cometh from the LORD, / Who made heaven and earth. / [3] He will not suffer thy foot to be moved; / He that keepeth thee will not slumber. / [4] Behold, He that keepeth Israel / Doth neither slumber nor sleep. / [5] The LORD is thy keeper; / The LORD is thy shade upon thy right hand. / [6] The sun shall not smite thee by day, / Nor the moon by night. / [7] The LORD shall keep thee from all evil; / He shall keep thy soul. / [8] The LORD shall guard thy going out and thy coming in, / From this time forth and for ever.

122 A Song of Ascents; of David. / I rejoiced when they said unto me / 'Let us go unto the house of the LORD.' / [2] Our feet are standing / Within thy gates, O Jerusalem; / [3] Jerusalem, that art builded / As a city that is compact together, / [4] Whither the tribes went up, even the tribes of the LORD, / As a testimony unto Israel, / To give thanks unto the name of the LORD. / [5] For there were set thrones for judgment, / The thrones of the house of David. / [6] Pray for the peace of Jerusalem; / May they prosper that love thee. / [7] Peace be within thy walls, / And prosperity within thy palaces. / [8] For my brethren and companions' sakes, / I will now say 'Peace be within thee.' / [9] For the sake of the house of the LORD our God / I will seek thy good.

123 A Song of Ascents. / Unto Thee I lift up mine eyes, / O Thou that art enthroned in the heavens. / [2] Behold, as the eyes of servants unto the hand of their master, / As the eyes of a maiden unto the hand of her mistress; / So our eyes look unto the LORD our

וּמַה־יֹּסִיף לָךְ לָשׁוֹן רְמִיָּה: 4 חִצֵּי גִבּוֹר שְׁנוּנִים עִם גַּחֲלֵי רְתָמִים: 5 אוֹיָה־לִי כִּי־גַרְתִּי מֶשֶׁךְ שָׁכַנְתִּי עִם־אָהֳלֵי קֵדָר: 6 רַבַּת שָׁכְנָה־לָּהּ נַפְשִׁי עִם שׂוֹנֵא שָׁלוֹם: 7 אֲנִי־שָׁלוֹם וְכִי אֲדַבֵּר הֵמָּה לַמִּלְחָמָה:

121 שִׁיר לַמַּעֲלוֹת אֶשָּׂא עֵינַי אֶל־הֶהָרִים מֵאַיִן יָבֹא עֶזְרִי: 2 עֶזְרִי מֵעִם יְהוָה עֹשֵׂה שָׁמַיִם וָאָרֶץ: 3 אַל־יִתֵּן לַמּוֹט רַגְלֶךָ אַל־יָנוּם שֹׁמְרֶךָ: 4 הִנֵּה לֹא־יָנוּם וְלֹא יִישָׁן שׁוֹמֵר יִשְׂרָאֵל: 5 יְהוָה שֹׁמְרֶךָ יְהוָה צִלְּךָ עַל־יַד יְמִינֶךָ: 6 יוֹמָם הַשֶּׁמֶשׁ לֹא־יַכֶּכָּה וְיָרֵחַ בַּלָּיְלָה: 7 יְהוָה יִשְׁמָרְךָ מִכָּל־רָע יִשְׁמֹר אֶת־נַפְשֶׁךָ: 8 יְהוָה יִשְׁמָר־צֵאתְךָ וּבוֹאֶךָ מֵעַתָּה וְעַד־עוֹלָם:

122 שִׁיר הַמַּעֲלוֹת לְדָוִד שָׂמַחְתִּי בְּאֹמְרִים לִי בֵּית יְהוָה נֵלֵךְ: 2 עֹמְדוֹת הָיוּ רַגְלֵינוּ בִּשְׁעָרַיִךְ יְרוּשָׁלָ͏ִם: 3 יְרוּשָׁלַ͏ִם הַבְּנוּיָה כְּעִיר שֶׁחֻבְּרָה־לָּהּ יַחְדָּו: 4 שֶׁשָּׁם עָלוּ שְׁבָטִים שִׁבְטֵי־יָהּ עֵדוּת לְיִשְׂרָאֵל לְהֹדוֹת לְשֵׁם יְהוָה: 5 כִּי שָׁמָּה | יָשְׁבוּ כִסְאוֹת לְמִשְׁפָּט כִּסְאוֹת לְבֵית דָּוִיד: 6 שַׁאֲלוּ שְׁלוֹם יְרוּשָׁלָ͏ִם יִשְׁלָיוּ אֹהֲבָיִךְ: 7 יְהִי־שָׁלוֹם בְּחֵילֵךְ שַׁלְוָה בְּאַרְמְנוֹתָיִךְ: 8 לְמַעַן אַחַי וְרֵעָי אֲדַבְּרָה־נָּא שָׁלוֹם בָּךְ: 9 לְמַעַן בֵּית־יְהוָה אֱלֹהֵינוּ אֲבַקְשָׁה טוֹב לָךְ:

123 שִׁיר הַמַּעֲלוֹת אֵלֶיךָ נָשָׂאתִי אֶת־עֵינַי הַיֹּשְׁבִי בַּשָּׁמָיִם: 2 הִנֵּה כְעֵינֵי עֲבָדִים אֶל־יַד אֲדוֹנֵיהֶם כְּעֵינֵי שִׁפְחָה אֶל־יַד גְּבִרְתָּהּ כֵּן עֵינֵינוּ אֶל־יְהוָה אֱלֹהֵינוּ עַד

God, / Until He be gracious unto us. / [3] Be gracious unto us, O Lord, be gracious unto us; / For we are full sated with contempt. / [4] Our soul is full sated / With the scorning of those that are at ease, / And with the contempt of the proud oppressors.

124 A Song of Ascents; of David. / 'If it had not been the Lord who was for us', / Let Israel now say; / [2] 'If it had not been the Lord who was for us, / When men rose up against us, / [3] Then they had swallowed us up alive, / When their wrath was kindled against us; / [4] Then the waters had overwhelmed us, / The stream had gone over our soul; / [5] Then the proud waters / Had gone over our soul.' / [6] Blessed be the Lord, / Who hath not given us as a prey to their teeth. / [7] Our soul is escaped as a bird out of the snare of the fowlers; / The snare is broken, and we are escaped. / [8] Our help is in the name of the Lord, / Who made heaven and earth.

125 A Song of Ascents. / They that trust in the Lord / Are as mount Zion, which cannot be moved, but abideth for ever. / [2] As the mountains are round about Jerusalem, / So the Lord is round about His people, / From this time forth and for ever. / [3] For the rod of wickedness shall not rest upon the lot of the righteous; / That the righteous put not forth their hands unto iniquity. / [4] Do good, O Lord, unto the good, / And to them that are upright in their hearts. / [5] But as for such as turn aside unto their crooked ways, / The Lord will lead them away with the workers of iniquity. / Peace be upon Israel.

126 A Song of Ascents. / When the Lord brought back those that returned to Zion, / We were like unto them that dream. / [2] Then was our mouth filled with laughter, / And our tongue with singing; / Then said they among the nations. / 'The Lord hath done great things with these.' / [3] The Lord hath done great things with us; / We are rejoiced. / [4] Turn our captivity, O Lord, / As the streams in the dry land. / [5] They that sow in tears / Shall reap

שְׁיחָנֵנוּ : 3 חָנֵּנוּ יְהוָה חָנֵּנוּ כִּי־רַב שָׂבַעְנוּ בוּז : 4 רַבַּת שָׂבְעָה־לָּהּ נַפְשֵׁנוּ הַלַּעַג הַשַּׁאֲנַנִּים הַבּוּז לִגְאֵיוֹנִים לִגְאֵי יוֹנִים :

124 שִׁיר הַמַּעֲלוֹת לְדָוִד לוּלֵי יְהוָה שֶׁהָיָה לָנוּ יֹאמַר־נָא יִשְׂרָאֵל : 2 לוּלֵי יְהוָה שֶׁהָיָה לָנוּ בְּקוּם עָלֵינוּ אָדָם : 3 אֲזַי חַיִּים בְּלָעוּנוּ בַּחֲרוֹת אַפָּם בָּנוּ : 4 אֲזַי הַמַּיִם שְׁטָפוּנוּ נַחְלָה עָבַר עַל־נַפְשֵׁנוּ : 5 אֲזַי עָבַר עַל־נַפְשֵׁנוּ הַמַּיִם הַזֵּידוֹנִים : 6 בָּרוּךְ יְהוָה שֶׁלֹּא נְתָנָנוּ טֶרֶף לְשִׁנֵּיהֶם : 7 נַפְשֵׁנוּ כְּצִפּוֹר נִמְלְטָה מִפַּח יוֹקְשִׁים הַפַּח נִשְׁבָּר וַאֲנַחְנוּ נִמְלָטְנוּ : 8 עֶזְרֵנוּ בְּשֵׁם יְהוָה עֹשֵׂה שָׁמַיִם וָאָרֶץ :

125 שִׁיר הַמַּעֲלוֹת הַבֹּטְחִים בַּיהוָה כְּהַר־צִיּוֹן לֹא־יִמּוֹט לְעוֹלָם יֵשֵׁב : 2 יְרוּשָׁלַ͏ִם הָרִים סָבִיב לָהּ וַיהוָה סָבִיב לְעַמּוֹ מֵעַתָּה וְעַד־עוֹלָם : 3 כִּי לֹא יָנוּחַ שֵׁבֶט הָרֶשַׁע עַל גּוֹרַל הַצַּדִּיקִים לְמַעַן לֹא־יִשְׁלְחוּ הַצַּדִּיקִים בְּעַוְלָתָה יְדֵיהֶם : 4 הֵיטִיבָה יְהוָה לַטּוֹבִים וְלִישָׁרִים בְּלִבּוֹתָם : 5 וְהַמַּטִּים עֲקַלְקַלּוֹתָם יוֹלִיכֵם יְהוָה אֶת־פֹּעֲלֵי הָאָוֶן שָׁלוֹם עַל־יִשְׂרָאֵל :

126 שִׁיר הַמַּעֲלוֹת בְּשׁוּב יְהוָה אֶת־שִׁיבַת צִיּוֹן הָיִינוּ כְּחֹלְמִים : 2 אָז יִמָּלֵא שְׂחוֹק פִּינוּ וּלְשׁוֹנֵנוּ רִנָּה אָז יֹאמְרוּ בַגּוֹיִם הִגְדִּיל יְהוָה לַעֲשׂוֹת עִם־אֵלֶּה : 3 הִגְדִּיל יְהוָה לַעֲשׂוֹת עִמָּנוּ הָיִינוּ שְׂמֵחִים : 4 שׁוּבָה יְהוָה אֶת־שְׁבוּתֵנוּ כַּאֲפִיקִים בַּנֶּגֶב : 5 הַזֹּרְעִים בְּדִמְעָה בְּרִנָּה

in joy. / [6] Though he goeth on his way weeping that beareth the measure of seed, / He shall come home with joy, bearing his sheaves.

127 A Song of Ascents; of Solomon. / Except the LORD build the house, / They labour in vain that build it; / Except the LORD keep the city, / The watchman waketh but in vain. / [2] It is vain for you that ye rise early, and sit up late, / Ye that eat the bread of toil; / So He giveth unto His beloved in sleep. / [3] Lo, children are a heritage of the LORD; / The fruit of the womb is a reward. / [4] As arrows in the hand of a mighty man, / So are the children of one's youth. / [5] Happy is the man that hath his quiver full of them; / They shall not be put to shame, / When they speak with their enemies in the gate.

128 A Song of Ascents. / Happy is every one that feareth the LORD, / That walketh in His ways. / [2] When thou eatest the labour of thy hands, / Happy shalt thou be, and it shall be well with thee. / [3] Thy wife shall be as a fruitful vine, in the innermost parts of thy house; / Thy children like olive plants, round about thy table. / [4] Behold, surely thus shall the man be blessed / That feareth the LORD. / [5] The LORD bless thee out of Zion; / And see thou the good of Jerusalem all the days of thy life; / [6] And see thy children's children. / Peace be upon Israel!

129 A Song of Ascents. / 'Much have they afflicted me from my youth up', / Let Israel now say; / [2] 'Much have they afflicted me from my youth up, / But they have not prevailed against me. / [3] The plowers plowed upon my back; / They made long their furrows. / [4] The LORD is righteous; / He hath cut asunder the cords of the wicked.' / [5] Let them be ashamed and turned backward, / All they that hate Zion. / [6] Let them be as the grass upon the housetops, / Which withereth afore it springeth up; / [7] Wherewith the reaper filleth not his hand, / Nor he that bindeth sheaves his bosom, / [8] Neither do they that go by say: / 'The blessing of the LORD be upon you; / We bless you in the name of the LORD.'

יִקְצֹרוּ: 6 הָל֤וֹךְ יֵלֵ֨ךְ | וּבָכֹה֮ נֹשֵׂ֪א מֶֽשֶׁךְ־הַזָּ֫רַע בֹּֽא־יָבֹ֥א בְרִנָּ֑ה נֹ֝שֵׂ֗א אֲלֻמֹּתָֽיו:

127 שִׁ֤יר הַֽמַּעֲל֗וֹת לִשְׁלֹ֫מֹ֥ה אִם־יְהֹוָ֤ה | לֹא־יִבְנֶ֬ה בַ֗יִת שָׁ֤וְא | עָמְל֣וּ בוֹנָ֣יו בּ֑וֹ אִם־יְהֹוָ֥ה לֹֽא־יִשְׁמׇר־עִ֝֗יר שָׁ֤וְא | שָׁקַ֬ד שׁוֹמֵֽר: 2 שָׁ֤וְא לָכֶ֨ם | מַשְׁכִּ֪ימֵי ק֡וּם מְאַֽחֲרֵי־שֶׁ֗בֶת אֹ֖כְלֵ֤י לֶ֣חֶם הָֽעֲצָבִ֑ים כֵּ֤ן יִתֵּ֖ן לִֽידִיד֣וֹ שֵׁנָֽא: 3 הִנֵּ֤ה נַֽחֲלַ֣ת יְהֹוָ֣ה בָּנִ֑ים שָׂ֝כָ֗ר פְּרִ֣י הַבָּֽטֶן: 4 כְּחִצִּ֥ים בְּיַד־גִּבּ֑וֹר כֵּ֝֗ן בְּנֵ֣י הַנְּעוּרִֽים: 5 אַשְׁרֵ֤י הַגֶּ֗בֶר אֲשֶׁ֤ר מִלֵּ֥א אֶת־אַשְׁפָּת֗וֹ מֵ֫הֶ֥ם לֹֽא־יֵבֹ֑שׁוּ כִּֽי־יְדַבְּר֖וּ אֶת־אוֹיְבִ֣ים בַּשָּֽׁעַר:

128 שִׁ֗יר הַֽמַּ֫עֲל֥וֹת אַ֭שְׁרֵי כׇּל־יְרֵ֣א יְהֹוָ֑ה הַ֝הֹלֵ֗ךְ בִּדְרָכָֽיו: 2 יְגִ֣יעַ כַּ֭פֶּיךָ כִּ֣י תֹאכֵ֑ל אַ֝שְׁרֶ֗יךָ וְט֣וֹב לָֽךְ: 3 אֶשְׁתְּךָ֤ | כְּגֶ֥פֶן פֹּרִיָּה֮ בְּיַרְכְּתֵ֢י בֵ֫יתֶ֥ךָ בָּ֭נֶיךָ כִּשְׁתִלֵ֣י זֵיתִ֑ים סָ֝בִ֗יב לְשֻׁלְחָנֶֽךָ: 4 הִנֵּ֣ה כִי־כֵ֭ן יְבֹ֥רַךְ גָּ֑בֶר יְרֵ֣א יְהֹוָֽה: 5 יְבָרֶכְךָ֣ יְ֭הֹוָה מִצִּיּ֑וֹן וּ֝רְאֵ֗ה בְּט֣וּב יְרֽוּשָׁלָ֑͏ִם כֹּ֝֗ל יְמֵ֣י חַיֶּֽיךָ: 6 וּרְאֵֽה־בָנִ֥ים לְבָנֶ֑יךָ שָׁ֝ל֗וֹם עַל־יִשְׂרָאֵֽל:

129 שִׁ֗יר הַֽמַּ֫עֲל֥וֹת רַ֭בַּת צְרָר֣וּנִי מִנְּעוּרַ֑י יֹ֥אמַר־נָ֝א יִשְׂרָאֵֽל: 2 רַ֭בַּת צְרָר֣וּנִי מִנְּעוּרָ֑י גַּ֝֗ם לֹא־יָ֥כְלוּ לִֽי: 3 עַל־גַּ֭בִּי חָרְשׁ֣וּ חֹרְשִׁ֑ים הֶ֝אֱרִ֗יכוּ לְמַֽעֲנִיתָֽם: 4 יְהֹוָ֥ה צַדִּ֑יק קִ֝צֵּ֗ץ עֲב֣וֹת רְשָׁעִֽים: 5 יֵ֭בֹשׁוּ וְיִסֹּ֣גוּ אָח֑וֹר כֹּ֝֗ל שֹֽׂנְאֵ֥י צִיּֽוֹן: 6 יִ֭הְיוּ כַּֽחֲצִ֣יר גַּגּ֑וֹת שֶׁקַּדְמַ֖ת שָׁלַ֣ף יָבֵֽשׁ: 7 שֶׁלֹּ֤א מִלֵּ֥א כַפּ֗וֹ קוֹצֵ֑ר וְחִצְנ֥וֹ מְעַמֵּֽר: 8 וְלֹ֤א אָמְר֨וּ | הָעֹבְרִ֗ים בִּרְכַּת־יְהֹוָ֥ה אֲלֵיכֶ֑ם בֵּרַ֥כְנוּ אֶ֝תְכֶ֗ם בְּשֵׁ֣ם יְהֹוָֽה:

130 A Song of Ascents. / Out of the depths have I called Thee, O Lord. / [2] Lord, hearken unto my voice; / Let Thine ears be attentive / To the voice of my supplications. / [3] If Thou, Lord, shouldest mark iniquities, / O Lord, who could stand? / [4] For with Thee there is forgiveness, / That Thou mayest be feared. / [5] I wait for the Lord, my soul doth wait, / And in His word do I hope. / [6] My soul waiteth for the Lord, / More than watchmen for the morning; / Yea, more than watchmen for the morning. / [7] O Israel, hope in the Lord; / For with the Lord there is mercy, / And with Him is plenteous redemption. / [8] And He will redeem Israel / From all his iniquities.

131 A Song of Ascents; of David. / Lord, my heart is not haughty, nor mine eyes lofty; / Neither do I exercise myself in things too great, or in things too wonderful for me. / [2] Surely I have stilled and quieted my soul; / Like a weaned child with his mother, / My soul is with me like a weaned child. / [3] O Israel, hope in the Lord / From this time forth and for ever.

132 A Song of Ascents. / Lord, remember unto David / All his affliction; / [2] How he swore unto the Lord, / And vowed unto the Mighty One of Jacob: / [3] 'Surely I will not come into the tent of my house, / Nor go up into the bed that is spread for me; / [4] I will not give sleep to mine eyes, / Nor slumber to mine eyelids; / [5] Until I find out a place for the Lord, / A dwelling-place for the Mighty One of Jacob.' / [6] Lo, we heard of it as being in Ephrath; / We found it in the field of [a]the wood. / [7] Let us go into His dwelling-place; / Let us worship at His footstool. / [8] Arise, O Lord, unto Thy resting-place; / Thou, and the ark of Thy strength. / [9] Let Thy priests be clothed with righteousness; / And let Thy saints shout for joy. / [10] For Thy servant David's sake / Turn not away the face of Thine anointed. / [11] The Lord swore unto David in truth; / He will not turn back from it: / 'Of the fruit of thy body will I set upon thy throne. / [12] If thy children keep My covenant / And My testimony that I

---

a   Heb. Jaar. See 1 Chr. xiii. 5.

130 שִׁיר הַמַּעֲלוֹת מִמַּעֲמַקִּים קְרָאתִיךָ יְהֹוָה: 2 אֲדֹנָי שִׁמְעָה בְקוֹלִי תִּהְיֶינָה אָזְנֶיךָ קַשֻּׁבוֹת לְקוֹל תַּחֲנוּנָי: 3 אִם־עֲוֹנוֹת תִּשְׁמָר־יָהּ אֲדֹנָי מִי יַעֲמֹד: 4 כִּי־עִמְּךָ הַסְּלִיחָה לְמַעַן תִּוָּרֵא: 5 קִוִּיתִי יְהֹוָה קִוְּתָה נַפְשִׁי וְלִדְבָרוֹ הוֹחָלְתִּי: 6 נַפְשִׁי לַאדֹנָי מִשֹּׁמְרִים לַבֹּקֶר שֹׁמְרִים לַבֹּקֶר: 7 יַחֵל יִשְׂרָאֵל אֶל־יְהֹוָה כִּי־עִם־יְהֹוָה הַחֶסֶד וְהַרְבֵּה עִמּוֹ פְדוּת: 8 וְהוּא יִפְדֶּה אֶת־יִשְׂרָאֵל מִכֹּל עֲוֹנֹתָיו:

131 שִׁיר הַמַּעֲלוֹת לְדָוִד יְהֹוָה לֹא־גָבַהּ לִבִּי וְלֹא־רָמוּ עֵינַי וְלֹא־הִלַּכְתִּי בִּגְדֹלוֹת וּבְנִפְלָאוֹת מִמֶּנִּי: 2 אִם־לֹא שִׁוִּיתִי וְדוֹמַמְתִּי נַפְשִׁי כְּגָמֻל עֲלֵי אִמּוֹ כַּגָּמֻל עָלַי נַפְשִׁי: 3 יַחֵל יִשְׂרָאֵל אֶל־יְהֹוָה מֵעַתָּה וְעַד־עוֹלָם:

132 שִׁיר הַמַּעֲלוֹת זְכוֹר־יְהֹוָה לְדָוִד אֵת כָּל־עֻנּוֹתוֹ: 2 אֲשֶׁר נִשְׁבַּע לַיהֹוָה נָדַר לַאֲבִיר יַעֲקֹב: 3 אִם־אָבֹא בְּאֹהֶל בֵּיתִי אִם־אֶעֱלֶה עַל־עֶרֶשׂ יְצוּעָי: 4 אִם־אֶתֵּן שְׁנַת לְעֵינָי לְעַפְעַפַּי תְּנוּמָה: 5 עַד־אֶמְצָא מָקוֹם לַיהֹוָה מִשְׁכָּנוֹת לַאֲבִיר יַעֲקֹב: 6 הִנֵּה־שְׁמַעֲנוּהָ בְאֶפְרָתָה מְצָאנוּהָ בִּשְׂדֵי־יָעַר: 7 נָבוֹאָה לְמִשְׁכְּנוֹתָיו נִשְׁתַּחֲוֶה לַהֲדֹם רַגְלָיו: 8 קוּמָה יְהֹוָה לִמְנוּחָתֶךָ אַתָּה וַאֲרוֹן עֻזֶּךָ: 9 כֹּהֲנֶיךָ יִלְבְּשׁוּ־צֶדֶק וַחֲסִידֶיךָ יְרַנֵּנוּ: 10 בַּעֲבוּר דָּוִד עַבְדֶּךָ אַל־תָּשֵׁב פְּנֵי מְשִׁיחֶךָ: 11 נִשְׁבַּע־יְהֹוָה לְדָוִד אֱמֶת לֹא־יָשׁוּב מִמֶּנָּה מִפְּרִי בִטְנְךָ אָשִׁית לְכִסֵּא־לָךְ: 12 אִם־יִשְׁמְרוּ בָנֶיךָ בְּרִיתִי וְעֵדֹתִי זוֹ

shall teach them, / Their children also for ever shall sit upon thy throne.' / [13] For the Lord hath chosen Zion; / He hath desired it for His habitation: / [14] 'This is My resting-place for ever; / Here will I dwell; for I have desired it. / [15] I will abundantly bless her provision; / I will give her needy bread in plenty. / [16] Her priests also will I clothe with salvation; / And her saints shall shout aloud for joy. / [17] There will I make a horn to shoot up unto David, / There have I ordered a lamp for Mine anointed. / [18] His enemies will I clothe with shame; / But upon himself shall his crown shine.'

133 A Song of Ascents; of David. / Behold, how good and how pleasant it is / For brethren to dwell together in unity! / [2] It is like the precious oil upon the head, / Coming down upon the beard; / Even Aaron's beard, / That cometh down upon the collar of his garments; / [3] Like the dew of Hermon, / That cometh down upon the mountains of Zion; / For there the Lord commanded the blessing, / Even life for ever.

134 A Song of Ascents. / Behold, bless ye the Lord, all ye servants of the Lord, / That stand in the house of the Lord in the night seasons. / [2] Lift up your hands to the sanctuary, / And bless ye the Lord. / [3] The Lord bless thee out of Zion; / Even He that made heaven and earth.

135 Hallelujah. / Praise ye the name of the Lord; / Give praise, O ye servants of the Lord, / [2] Ye that stand in the house of the Lord, / In the courts of the house of our God. / [3] Praise ye the Lord, for the Lord is good; / Sing praises unto His name, for it is pleasant. / [4] For the Lord hath chosen Jacob unto Himself, / And Israel for His own treasure. / [5] For I know that the Lord is great, / And that our Lord is above all gods. / [6] Whatsoever the Lord pleased, that hath He done, / In heaven and in earth, in the seas and in all deeps; / [7] Who causeth the vapours to ascend from the ends of the earth; / He maketh lightnings for the rain; / He bringeth forth the wind out of His treasuries. / [8] Who smote the first-born of Egypt, / Both of man and beast. /

אֲלַמְּדֵם גַּם־בְּנֵיהֶם עֲדֵי־עַד יֵשְׁבוּ לְכִסֵּא־
לָךְ: 13 כִּי־בָחַר יְהוָה בְּצִיּוֹן אִוָּהּ לְמוֹשָׁב
לוֹ: 14 זֹאת־מְנוּחָתִי עֲדֵי־עַד פֹּה־אֵשֵׁב כִּי
אִוִּתִיהָ: 15 צֵידָהּ בָּרֵךְ אֲבָרֵךְ אֶבְיוֹנֶיהָ
אַשְׂבִּיעַ לָחֶם: 16 וְכֹהֲנֶיהָ אַלְבִּישׁ יֶשַׁע
וַחֲסִידֶיהָ רַנֵּן יְרַנֵּנוּ: 17 שָׁם אַצְמִיחַ קֶרֶן
לְדָוִד עָרַכְתִּי נֵר לִמְשִׁיחִי: 18 אוֹיְבָיו
אַלְבִּישׁ בֹּשֶׁת וְעָלָיו יָצִיץ נִזְרוֹ:

133 שִׁיר הַמַּעֲלוֹת לְדָוִד הִנֵּה מַה־טּוֹב
וּמַה־נָּעִים שֶׁבֶת אַחִים גַּם־יָחַד: 2 כַּשֶּׁמֶן
הַטּוֹב ׀ עַל־הָרֹאשׁ יֹרֵד עַל־הַזָּקָן זְקַן
אַהֲרֹן שֶׁיֹּרֵד עַל־פִּי מִדּוֹתָיו: 3 כְּטַל־
חֶרְמוֹן שֶׁיֹּרֵד עַל־הַרְרֵי צִיּוֹן כִּי שָׁם ׀ צִוָּה
יְהוָה אֶת־הַבְּרָכָה חַיִּים עַד־הָעוֹלָם:

134 שִׁיר הַמַּעֲלוֹת הִנֵּה ׀ בָּרְכוּ אֶת־
יְהוָה כָּל־עַבְדֵי יְהוָה הָעֹמְדִים בְּבֵית־
יְהוָה בַּלֵּילוֹת: 2 שְׂאוּ־יְדֵכֶם קֹדֶשׁ וּבָרְכוּ
אֶת־יְהוָה: 3 יְבָרֶכְךָ יְהוָה מִצִּיּוֹן עֹשֵׂה
שָׁמַיִם וָאָרֶץ:

135 הַלְלוּ יָהּ ׀ הַלְלוּ אֶת־שֵׁם יְהוָה
הַלְלוּ עַבְדֵי יְהוָה: 2 שֶׁעֹמְדִים בְּבֵית יְהוָה
בְּחַצְרוֹת בֵּית אֱלֹהֵינוּ: 3 הַלְלוּ־יָהּ כִּי־טוֹב
יְהוָה זַמְּרוּ לִשְׁמוֹ כִּי נָעִים: 4 כִּי־יַעֲקֹב
בָּחַר לוֹ יָהּ יִשְׂרָאֵל לִסְגֻלָּתוֹ: 5 כִּי אֲנִי
יָדַעְתִּי כִּי־גָדוֹל יְהוָה וַאֲדֹנֵינוּ מִכָּל־
אֱלֹהִים: 6 כֹּל אֲשֶׁר־חָפֵץ יְהוָה עָשָׂה
בַּשָּׁמַיִם וּבָאָרֶץ בַּיַּמִּים וְכָל־תְּהוֹמוֹת:
7 מַעֲלֶה נְשִׂאִים מִקְצֵה הָאָרֶץ בְּרָקִים
לַמָּטָר עָשָׂה מוֹצֵא־רוּחַ מֵאוֹצְרוֹתָיו:
8 שֶׁהִכָּה בְּכוֹרֵי מִצְרָיִם מֵאָדָם עַד־

[9] He sent signs and wonders into the midst of thee, O Egypt, / Upon Pharaoh, and upon all his servants. / [10] Who smote many nations, / And slew mighty kings: / [11] Sihon king of the Amorites, / And Og king of Bashan, / And all the kingdoms of Canaan; / [12] And gave their land for a heritage, / A heritage unto Israel His people. / [13] O Lord, Thy name endureth for ever; / Thy memorial, O Lord, throughout all generations. / [14] For the Lord will judge His people, / And repent Himself for His servants. / [15] The idols of the nations are silver and gold, / The work of men's hands. / [16] They have mouths, but they speak not; / Eyes have they, but they see not; / [17] They have ears, but they hear not; / Neither is there any breath in their mouths. / [18] They that make them shall be like unto them; / Yea, every one that trusteth in them. / [19] O house of Israel, bless ye the Lord; / O house of Aaron, bless ye the Lord; / [20] O house of Levi, bless ye the Lord; / Ye that fear the Lord, bless ye the Lord. / [21] Blessed be the Lord out of Zion, / Who dwelleth at Jerusalem. / Hallelujah.

136 O give thanks unto the Lord, for He is good, / For His mercy endureth for ever. / [2] O give thanks unto the God of gods, / For His mercy endureth for ever. / [3] O give thanks unto the Lord of lords, / For His mercy endureth for ever. / [4] To Him who alone doeth great wonders, / For His mercy endureth for ever. / [5] To Him that by understanding made the heavens, / For His mercy endureth for ever. / [6] To Him that spread forth the earth above the waters, / For His mercy endureth for ever. / [7] To Him that made great lights, / For His mercy endureth for ever; / [8] The sun to rule by day, / For His mercy endureth for ever; / [9] The moon and stars to rule by night, / For His mercy endureth for ever. / [10] To Him that smote Egypt in their first-born, / For His mercy endureth for ever; / [11] And brought out Israel from among them, / For His mercy endureth for ever; / [12] With a strong hand, and with an outstretched arm, / For His mercy endureth for ever. / [13] To Him who divided the Red Sea in sunder, / For His mercy endureth for ever; /

בְּהֵמָה: 9 שָׁלַח ׀ אֹתֹת וּמֹפְתִים בְּתוֹכֵכִי מִצְרַיִם בְּפַרְעֹה וּבְכָל־עֲבָדָיו: 10 שֶׁהִכָּה גּוֹיִם רַבִּים וְהָרַג מְלָכִים עֲצוּמִים: 11 לְסִיחוֹן ׀ מֶלֶךְ הָאֱמֹרִי וּלְעוֹג מֶלֶךְ הַבָּשָׁן וּלְכֹל מַמְלְכוֹת כְּנָעַן: 12 וְנָתַן אַרְצָם נַחֲלָה נַחֲלָה לְיִשְׂרָאֵל עַמּוֹ: 13 יְהוָה שִׁמְךָ לְעוֹלָם יְהוָה זִכְרְךָ לְדֹר־וָדֹר: 14 כִּי־יָדִין יְהוָה עַמּוֹ וְעַל־עֲבָדָיו יִתְנֶחָם: 15 עֲצַבֵּי הַגּוֹיִם כֶּסֶף וְזָהָב מַעֲשֵׂה יְדֵי אָדָם: 16 פֶּה־לָהֶם וְלֹא יְדַבֵּרוּ עֵינַיִם לָהֶם וְלֹא יִרְאוּ: 17 אָזְנַיִם לָהֶם וְלֹא יַאֲזִינוּ אַף אֵין־יֶשׁ־רוּחַ בְּפִיהֶם: 18 כְּמוֹהֶם יִהְיוּ עֹשֵׂיהֶם כֹּל אֲשֶׁר־בֹּטֵחַ בָּהֶם: 19 בֵּית יִשְׂרָאֵל בָּרְכוּ אֶת־יְהוָה בֵּית אַהֲרֹן בָּרְכוּ אֶת־יְהוָה: 20 בֵּית הַלֵּוִי בָּרְכוּ אֶת־יְהוָה יִרְאֵי יְהוָה בָּרְכוּ אֶת־יְהוָה: 21 בָּרוּךְ יְהוָה ׀ מִצִּיּוֹן שֹׁכֵן יְרוּשָׁלִָם הַלְלוּ־יָהּ:

136 הוֹדוּ לַיהוָה כִּי־טוֹב כִּי לְעוֹלָם חַסְדּוֹ: 2 הוֹדוּ לֵאלֹהֵי הָאֱלֹהִים כִּי לְעוֹלָם חַסְדּוֹ: 3 הוֹדוּ לַאֲדֹנֵי הָאֲדֹנִים כִּי לְעֹלָם חַסְדּוֹ: 4 לְעֹשֵׂה נִפְלָאוֹת גְּדֹלוֹת לְבַדּוֹ כִּי לְעוֹלָם חַסְדּוֹ: 5 לְעֹשֵׂה הַשָּׁמַיִם בִּתְבוּנָה כִּי לְעוֹלָם חַסְדּוֹ: 6 לְרֹקַע הָאָרֶץ עַל־הַמָּיִם כִּי לְעוֹלָם חַסְדּוֹ: 7 לְעֹשֵׂה אוֹרִים גְּדֹלִים כִּי לְעוֹלָם חַסְדּוֹ: 8 אֶת־הַשֶּׁמֶשׁ לְמֶמְשֶׁלֶת בַּיּוֹם כִּי לְעוֹלָם חַסְדּוֹ: 9 אֶת־הַיָּרֵחַ וְכוֹכָבִים לְמֶמְשְׁלוֹת בַּלָּיְלָה כִּי לְעוֹלָם חַסְדּוֹ: 10 לְמַכֵּה מִצְרַיִם בִּבְכוֹרֵיהֶם כִּי לְעוֹלָם חַסְדּוֹ: 11 וַיּוֹצֵא יִשְׂרָאֵל מִתּוֹכָם כִּי לְעוֹלָם חַסְדּוֹ: 12 בְּיָד חֲזָקָה וּבִזְרוֹעַ נְטוּיָה כִּי לְעוֹלָם חַסְדּוֹ: 13 לְגֹזֵר יַם־סוּף לִגְזָרִים כִּי לְעוֹלָם חַסְדּוֹ:

[14] And made Israel to pass through the midst of it, / For His mercy endureth for ever; / [15] But overthrew Pharaoh and his host in the Red Sea, / For His mercy endureth for ever. / [16] To Him that led His people through the wilderness, / For His mercy endureth for ever. / [17] To Him that smote great kings; / For His mercy endureth for ever; / [18] And slew mighty kings, / For His mercy endureth for ever / [19] Sihon king of the Amorites, / For His mercy endureth for ever, / [20] And Og king of Bashan, / For His mercy endureth for ever; / [21] And gave their land for a heritage, / For His mercy endureth for ever; / [22] Even a heritage unto Israel His servant, / For His mercy endureth for ever. / [23] Who remembered us in our low estate, / For His mercy endureth for ever, / [24] And hath delivered us from our adversaries, / For His mercy endureth for ever. / [25] Who giveth food to all flesh, / For His mercy endureth for ever. / [26] O give thanks unto the God of heaven, / For His mercy endureth for ever.

137 By the rivers of Babylon, / There we sat down, yea, we wept, / When we remembered Zion. / [2] Upon the willows in the midst thereof / We hanged up our harps. / [3] For there they that led us captive asked of us words of song, / And our tormentors asked of us mirth. / 'Sing us one of the songs of Zion.' / [4] How shall we sing the Lord's song / In a foreign land? / [5] If I forget thee, O Jerusalem, / Let my right hand forget her cunning. / [6] Let my tongue cleave to the roof of my mouth, / If I remember thee not, / If I set not Jerusalem / Above my chiefest joy. / [7] Remember, O Lord, against the children of Edom / The day of Jerusalem; / Who said: 'Rase it, rase it, / Even to the foundation thereof.' / [8] O daughter of Babylon, that art to be destroyed; / Happy shall he be, that repayeth thee / As thou hast served us. / [9] Happy shall he be, that taketh and dasheth thy little ones / Against the rock.

138 [A Psalm] of David. / I will give Thee thanks with my whole heart, / In the presence of the mighty will I sing praises unto Thee. / [2] I will bow down toward Thy holy temple, / And give thanks unto Thy name for Thy mercy and for Thy truth; / For Thou hast magnified Thy word above all Thy name. /

14 וְהֶעֱבִיר יִשְׂרָאֵל בְּתוֹכוֹ כִּי לְעוֹלָם חַסְדּוֹ׃ 15 וְנִעֵר פַּרְעֹה וְחֵילוֹ בְיַם־סוּף כִּי לְעוֹלָם חַסְדּוֹ׃ 16 לְמוֹלִיךְ עַמּוֹ בַּמִּדְבָּר כִּי לְעוֹלָם חַסְדּוֹ׃ 17 לְמַכֵּה מְלָכִים גְּדֹלִים כִּי לְעוֹלָם חַסְדּוֹ׃ 18 וַיַּהֲרֹג מְלָכִים אַדִּירִים כִּי לְעוֹלָם חַסְדּוֹ׃ 19 לְסִיחוֹן מֶלֶךְ הָאֱמֹרִי כִּי לְעוֹלָם חַסְדּוֹ׃ 20 וּלְעוֹג מֶלֶךְ הַבָּשָׁן כִּי לְעוֹלָם חַסְדּוֹ׃ 21 וְנָתַן אַרְצָם לְנַחֲלָה כִּי לְעוֹלָם חַסְדּוֹ׃ 22 נַחֲלָה לְיִשְׂרָאֵל עַבְדּוֹ כִּי לְעוֹלָם חַסְדּוֹ׃ 23 שֶׁבְּשִׁפְלֵנוּ זָכַר לָנוּ כִּי לְעוֹלָם חַסְדּוֹ׃ 24 וַיִּפְרְקֵנוּ מִצָּרֵינוּ כִּי לְעוֹלָם חַסְדּוֹ׃ 25 נֹתֵן לֶחֶם לְכָל־בָּשָׂר כִּי לְעוֹלָם חַסְדּוֹ׃ 26 הוֹדוּ לְאֵל הַשָּׁמָיִם כִּי לְעוֹלָם חַסְדּוֹ׃

137 עַל נַהֲרוֹת בָּבֶל שָׁם יָשַׁבְנוּ גַּם־בָּכִינוּ בְּזָכְרֵנוּ אֶת־צִיּוֹן׃ 2 עַל־עֲרָבִים בְּתוֹכָהּ תָּלִינוּ כִּנֹּרוֹתֵינוּ׃ 3 כִּי שָׁם שְׁאֵלוּנוּ שׁוֹבֵינוּ דִּבְרֵי־שִׁיר וְתוֹלָלֵינוּ שִׂמְחָה שִׁירוּ לָנוּ מִשִּׁיר צִיּוֹן׃ 4 אֵיךְ נָשִׁיר אֶת־שִׁיר־יְהוָה עַל אַדְמַת נֵכָר׃ 5 אִם־אֶשְׁכָּחֵךְ יְרוּשָׁלִָם תִּשְׁכַּח יְמִינִי׃ 6 תִּדְבַּק־לְשׁוֹנִי לְחִכִּי אִם־לֹא אֶזְכְּרֵכִי אִם־לֹא אַעֲלֶה אֶת־יְרוּשָׁלִַם עַל רֹאשׁ שִׂמְחָתִי׃ 7 זְכֹר יְהוָה לִבְנֵי אֱדוֹם אֵת יוֹם יְרוּשָׁלִָם הָאֹמְרִים עָרוּ עָרוּ עַד הַיְסוֹד בָּהּ׃ 8 בַּת־בָּבֶל הַשְּׁדוּדָה אַשְׁרֵי שֶׁיְשַׁלֶּם־לָךְ אֶת־גְּמוּלֵךְ שֶׁגָּמַלְתְּ לָנוּ׃ 9 אַשְׁרֵי שֶׁיֹּאחֵז וְנִפֵּץ אֶת־עֹלָלַיִךְ אֶל־הַסָּלַע׃

138 לְדָוִד אוֹדְךָ בְכָל־לִבִּי נֶגֶד אֱלֹהִים אֲזַמְּרֶךָּ׃ 2 אֶשְׁתַּחֲוֶה אֶל־הֵיכַל קָדְשְׁךָ וְאוֹדֶה אֶת־שְׁמֶךָ עַל־חַסְדְּךָ וְעַל־אֲמִתֶּךָ

[3] In the day that I called, Thou didst answer me; / Thou didst encourage me in my soul with strength. / [4] All the kings of the earth shall give Thee thanks, O LORD, / For they have heard the words of Thy mouth. / [5] Yea, they shall sing of the ways of the LORD; / For great is the glory of the LORD. / [6] For though the LORD be high, yet regardeth He the lowly, / And the haughty He knoweth from afar. / [7] Though I walk in the midst of trouble, Thou quickenest me; / Thou stretchest forth Thy hand against the wrath of mine enemies, / And Thy right hand doth save me. / [8] The LORD will accomplish that which concerneth me; / Thy mercy, O LORD, endureth for ever; / Forsake not the work of Thine own hands.

139 For the Leader. A Psalm of David. / O LORD, Thou hast searched me, and known me. / [2] Thou knowest my downsitting and mine uprising, / Thou understandest my thought afar off. / [3] Thou measurest my going about and my lying down, / And art acquainted with all my ways. / [4] For there is not a word in my tongue, / But, lo, O LORD, Thou knowest it altogether / [5] Thou hast hemmed me in behind and before, / And laid Thy hand upon me. / [6] Such knowledge is too wonderful for me; / Too high, I cannot attain unto it. / [7] Whither shall I go from Thy spirit? / Or whither shall I flee from Thy presence? / [8] If I ascend up into heaven, Thou art there; / If I make my bed in the netherworld, behold, Thou art there. / [9] If I take the wings of the morning, / And dwell in the uttermost parts of the sea; / [10] Even there would Thy hand lead me, / And Thy right hand would hold me. / [11] And if I say: 'Surely the darkness shall envelop me, / And the light about me shall be night'; / [12] Even the darkness is not too dark for Thee, / But the night shineth as the day; / The darkness is even as the light. / [13] For Thou hast made my reins; / Thou hast knit me together in my mother's womb. / [14] I will give thanks unto Thee, for / I am fearfully and wonderfully made; / Wonderful are Thy works; / And that my soul knoweth right well. / [15] My frame was not hidden from Thee, / When I was made in secret, / And curiously wrought in the lowest parts of the earth. / [16] Thine eyes did see mine unformed substance, / And in Thy book they were all written— / Even the days that were fashioned, / When as yet there was none of them. / [17] How weighty also are Thy thoughts unto me, O God! / How great is the sum of them! / [18] If I would count them, they are more in number than the sand; / Were I to come to the end of them, / I would still be with Thee. / [19] If Thou but wouldest slay the wicked,

בְּיוֹם 3 כִּי־הִגְדַּלְתָּ עַל־כָּל־שִׁמְךָ אִמְרָתֶךָ:
קָרָאתִי וַתַּעֲנֵנִי תַּרְהִבֵנִי בְנַפְשִׁי עֹז:
4 יוֹדוּךָ יְהוָה כָּל־מַלְכֵי־אָרֶץ כִּי שָׁמְעוּ
אִמְרֵי־פִיךָ: 5 וְיָשִׁירוּ בְּדַרְכֵי יְהוָה כִּי גָדוֹל
כְּבוֹד יְהוָה: 6 כִּי־רָם יְהוָה וְשָׁפָל יִרְאֶה
וְגָבֹהַּ מִמֶּרְחָק יְיֵדָע: 7 אִם־אֵלֵךְ | בְּקֶרֶב
צָרָה תְּחַיֵּנִי עַל אַף אֹיְבַי תִּשְׁלַח יָדֶךָ
וְתוֹשִׁיעֵנִי יְמִינֶךָ: 8 יְהוָה יִגְמֹר בַּעֲדִי יְהוָה
חַסְדְּךָ לְעוֹלָם מַעֲשֵׂי יָדֶיךָ אַל־תֶּרֶף:

139 לַמְנַצֵּחַ לְדָוִד מִזְמוֹר יְהוָה חֲקַרְתַּנִי
וַתֵּדָע: 2 אַתָּה יָדַעְתָּ שִׁבְתִּי וְקוּמִי בַּנְתָּה
לְרֵעִי מֵרָחוֹק: 3 אָרְחִי וְרִבְעִי זֵרִיתָ וְכָל־
דְּרָכַי הִסְכַּנְתָּה: 4 כִּי אֵין מִלָּה בִּלְשׁוֹנִי
הֵן יְהוָה יָדַעְתָּ כֻלָּהּ: 5 אָחוֹר וָקֶדֶם צַרְתָּנִי
וַתָּשֶׁת עָלַי כַּפֶּכָה: 6 פְּלִיאָה דַעַת מִמֶּנִּי
נִשְׂגְּבָה לֹא־אוּכַל לָהּ: 7 אָנָה אֵלֵךְ
מֵרוּחֶךָ וְאָנָה מִפָּנֶיךָ אֶבְרָח: 8 אִם־אֶסַּק
שָׁמַיִם שָׁם אָתָּה וְאַצִּיעָה שְּׁאוֹל הִנֶּךָּ:
9 אֶשָּׂא כַנְפֵי־שָׁחַר אֶשְׁכְּנָה בְּאַחֲרִית יָם:
10 גַּם־שָׁם יָדְךָ תַנְחֵנִי וְתֹאחֲזֵנִי יְמִינֶךָ:
11 וָאֹמַר אַךְ־חֹשֶׁךְ יְשׁוּפֵנִי וְלַיְלָה אוֹר
בַּעֲדֵנִי: 12 גַּם־חֹשֶׁךְ לֹא־יַחְשִׁיךְ מִמֶּךָ
וְלַיְלָה כַּיּוֹם יָאִיר כַּחֲשֵׁיכָה כָּאוֹרָה:
13 כִּי־אַתָּה קָנִיתָ כִלְיֹתָי תְּסֻכֵּנִי בְּבֶטֶן
אִמִּי: 14 אוֹדְךָ עַל כִּי נוֹרָאוֹת נִפְלֵיתִי
נִפְלָאִים מַעֲשֶׂיךָ וְנַפְשִׁי יֹדַעַת מְאֹד:
15 לֹא־נִכְחַד עָצְמִי מִמֶּךָּ אֲשֶׁר־עֻשֵּׂיתִי
בַסֵּתֶר רֻקַּמְתִּי בְּתַחְתִּיּוֹת אָרֶץ: 16 גָּלְמִי |
רָאוּ עֵינֶיךָ וְעַל־סִפְרְךָ כֻּלָּם יִכָּתֵבוּ יָמִים
יֻצָּרוּ וְלֹא וְלוֹ אֶחָד בָּהֶם: 17 וְלִי מַה־יָּקְרוּ
רֵעֶיךָ אֵל מֶה עָצְמוּ רָאשֵׁיהֶם: 18 אֶסְפְּרֵם
מֵחוֹל יִרְבּוּן הֱקִיצֹתִי וְעוֹדִי עִמָּךְ: 19 אִם־

O God— / Depart from me therefore, ye men of blood; / [20] Who utter Thy name with wicked thought, / They take it for falsehood, even Thine enemies— / [21] Do not I hate them, O LORD, that hate Thee? / And do not I strive with those that rise up against Thee? / [22] I hate them with utmost hatred; / I count them mine enemies. / [23] Search me, O God, and know my heart, / Try me, and know my thoughts; / [24] And see if there be any way in me that is grievous, / And lead me in the way everlasting.

140 For the Leader. A Psalm of David. / [2] Deliver me, O LORD, from the evil man; / Preserve me from the violent man; / [3] Who devise evil things in their heart; / Every day do they stir up wars. / [4] They have sharpened their tongue like a serpent; / Vipers' venom is under their lips. Selah / [5] Keep me, O LORD, from the hands of the wicked; / Preserve me from the violent man; / Who have purposed to make my steps slip. / [6] The proud have hid a snare for me, and cords; / They have spread a net by the way-side; / They have set gins for me. Selah / [7] I have said unto the LORD: 'Thou art my God'; / Give ear, O LORD, unto the voice of my supplications. / [8] O GOD the Lord, the strength of my salvation, / Who hast screened my head in the day of battle, / [9] Grant not, O LORD, the desires of the wicked; / Further not his evil device, so that they exalt themselves. Selah / [10] As for the head of those that compass me about, / Let the mischief of their own lips cover them. / [11] Let burning coals fall upon them; / Let them be cast into the fire, / Into deep pits, that they rise not up again. / [12] A slanderer shall not be established in the earth; / The violent and evil man shall be hunted with thrust upon thrust. / [13] I know that the LORD will maintain the cause of the poor, / And the right of the needy. / [14] Surely the righteous shall give thanks unto Thy name; / The upright shall dwell in Thy presence.

141 A Psalm of David. / LORD, I have called Thee; make haste unto me; / Give ear unto my voice, when I call unto Thee. / [2] Let my prayer be set forth as incense before Thee, / The lifting up of my hands as the evening sacrifice. / [3] Set a guard, O LORD, to my mouth; / Keep watch at the door of my

תִּקְטֹל אֱלוֹהַּ ׀ רֶשַׁע וְאַנְשֵׁי דָמִים סוּרוּ מֶנִּי: 20 אֲשֶׁר יֹאמְרֻךָ לִמְזִמָּה נָשֻׂא לַשָּׁוְא עָרֶיךָ: 21 הֲלוֹא־מְשַׂנְאֶיךָ יְהוָה ׀ אֶשְׂנָא וּבִתְקוֹמְמֶיךָ אֶתְקוֹטָט: 22 תַּכְלִית שִׂנְאָה שְׂנֵאתִים לְאוֹיְבִים הָיוּ לִי: 23 חָקְרֵנִי אֵל וְדַע לְבָבִי בְּחָנֵנִי וְדַע שַׂרְעַפָּי: 24 וּרְאֵה אִם־דֶּרֶךְ־עֹצֶב בִּי וּנְחֵנִי בְּדֶרֶךְ עוֹלָם:

140 לַמְנַצֵּחַ מִזְמוֹר לְדָוִד: 2 חַלְּצֵנִי יְהוָה מֵאָדָם רָע מֵאִישׁ חֲמָסִים תִּנְצְרֵנִי: 3 אֲשֶׁר חָשְׁבוּ רָעוֹת בְּלֵב כָּל־יוֹם יָגוּרוּ מִלְחָמוֹת: 4 שָׁנְנוּ לְשׁוֹנָם כְּמוֹ־נָחָשׁ חֲמַת עַכְשׁוּב תַּחַת שְׂפָתֵימוֹ סֶלָה: 5 שָׁמְרֵנִי יְהוָה ׀ מִידֵי רָשָׁע מֵאִישׁ חֲמָסִים תִּנְצְרֵנִי אֲשֶׁר חָשְׁבוּ לִדְחוֹת פְּעָמָי: 6 טָמְנוּ־גֵאִים ׀ פַּח לִי וַחֲבָלִים פָּרְשׂוּ רֶשֶׁת לְיַד־מַעְגָּל מֹקְשִׁים שָׁתוּ־לִי סֶלָה: 7 אָמַרְתִּי לַיהוָה אֵלִי אָתָּה הַאֲזִינָה יְהוָה קוֹל תַּחֲנוּנָי: 8 יְהוִה אֲדֹנָי עֹז יְשׁוּעָתִי סַכֹּתָה לְרֹאשִׁי בְּיוֹם נָשֶׁק: 9 אַל־תִּתֵּן יְהוָה מַאֲוַיֵּי רָשָׁע זְמָמוֹ אַל־תָּפֵק יָרוּמוּ סֶלָה: 10 רֹאשׁ מְסִבָּי עֲמַל שְׂפָתֵימוֹ יכסומו יְכַסֵּימוֹ: 11 ימיטו יִמּוֹטוּ עֲלֵיהֶם גֶּחָלִים בָּאֵשׁ יַפִּלֵם בְּמַהֲמֹרוֹת בַּל־יָקוּמוּ: 12 אִישׁ לָשׁוֹן בַּל־יִכּוֹן בָּאָרֶץ אִישׁ־חָמָס רָע יְצוּדֶנּוּ לְמַדְחֵפֹת: 13 ידעת יָדַעְתִּי כִּי־יַעֲשֶׂה יְהוָה דִּין עָנִי מִשְׁפַּט אֶבְיֹנִים: 14 אַךְ צַדִּיקִים יוֹדוּ לִשְׁמֶךָ יֵשְׁבוּ יְשָׁרִים אֶת־פָּנֶיךָ:

141 מִזְמוֹר לְדָוִד יְהוָה קְרָאתִיךָ חוּשָׁה לִּי הַאֲזִינָה קוֹלִי בְּקָרְאִי־לָךְ: 2 תִּכּוֹן תְּפִלָּתִי קְטֹרֶת לְפָנֶיךָ מַשְׂאַת כַּפַּי מִנְחַת־עָרֶב: 3 שִׁיתָה יְהוָה שָׁמְרָה לְפִי נִצְּרָה

lips. / [4] Incline not my heart to any evil thing, / To be occupied in deeds of wickedness / With men that work iniquity; / And let me not eat of their dainties. / [5] Let the righteous smite me in kindness, and correct me; / Oil so choice let not my head refuse; / For still is my prayer because of their wickedness. / [6] Their judges are thrown down by the sides of the rock; / And they shall hear my words, that they are sweet. / [7] As when one cleaveth and breaketh up the earth, / Our bones are scattered at the grave's mouth. / [8] For mine eyes are unto Thee, O GOD the Lord; / In Thee have I taken refuge, O pour not out my soul. / [9] Keep me from the snare which they have laid for me, / And from the gins of the workers of iniquity. / [10] Let the wicked fall into their own nets, / Whilst I withal escape.

142 Maschil of David, when he was in the cave; a Prayer. / [2] With my voice I cry unto the LORD; / With my voice I make supplication unto the LORD. / [3] I pour out my complaint before Him, / I declare before Him my trouble; / [4] When my spirit fainteth within me— / Thou knowest my path— / In the way wherein I walk / Have they hidden a snare for me. / [5] Look on my right hand, and see, / For there is no man that knoweth me; / I have no way to flee; / No man careth for my soul. / [6] I have cried unto Thee, O LORD; / I have said: 'Thou art my refuge, / My portion in the land of the living.' / [7] Attend unto my cry; / For I am brought very low; / Deliver me from my persecutors; / For they are too strong for me. / [8] Bring my soul out of prison, / That I may give thanks unto Thy name; / The righteous shall crown themselves because of me; / For Thou wilt deal bountifully with me.

143 A Psalm of David. / O LORD, hear my prayer, give ear to my supplications; / In Thy faithfulness answer me, and in Thy righteousness. / [2] And enter not into judgment with Thy servant; / For in Thy sight shall no man living be justified. / [3] For the enemy hath persecuted my soul; / He hath crushed my life down to the ground; / He hath made me to dwell in dark places, as those that

עַל־דַּל שְׂפָתָי: 4 אַל־תַּט־לִבִּי לְדָבָר | רָע לְהִתְעוֹלֵל עֲלִלוֹת | בְּרֶשַׁע אֶת־אִישִׁים פֹּעֲלֵי־אָוֶן וּבַל־אֶלְחַם בְּמַנְעַמֵּיהֶם: 5 יֶהֶלְמֵנִי־צַדִּיק | חֶסֶד וְיוֹכִיחֵנִי שֶׁמֶן רֹאשׁ אַל־יָנִי רֹאשִׁי כִּי־עוֹד וּתְפִלָּתִי בְּרָעוֹתֵיהֶם: 6 נִשְׁמְטוּ בִידֵי־סֶלַע שֹׁפְטֵיהֶם וְשָׁמְעוּ אֲמָרַי כִּי נָעֵמוּ: 7 כְּמוֹ פֹלֵחַ וּבֹקֵעַ בָּאָרֶץ נִפְזְרוּ עֲצָמֵינוּ לְפִי שְׁאוֹל: 8 כִּי אֵלֶיךָ | יְהוִֹה אֲדֹנָי עֵינָי בְּכָה חָסִיתִי אַל־תְּעַר נַפְשִׁי: 9 שָׁמְרֵנִי מִידֵי פַח יָקְשׁוּ לִי וּמֹקְשׁוֹת פֹּעֲלֵי אָוֶן: 10 יִפְּלוּ בְמַכְמֹרָיו רְשָׁעִים יַחַד אָנֹכִי עַד־אֶעֱבוֹר:

142 מַשְׂכִּיל לְדָוִד בִּהְיוֹתוֹ בַמְּעָרָה תְפִלָּה: 2 קוֹלִי אֶל־יְהוָֹה אֶזְעָק קוֹלִי אֶל־יְהוָֹה אֶתְחַנָּן: 3 אֶשְׁפֹּךְ לְפָנָיו שִׂיחִי צָרָתִי לְפָנָיו אַגִּיד: 4 בְּהִתְעַטֵּף עָלַי | רוּחִי וְאַתָּה יָדַעְתָּ נְתִיבָתִי בְּאֹרַח־זוּ אֲהַלֵּךְ טָמְנוּ פַח לִי: 5 הַבֵּיט יָמִין | וּרְאֵה וְאֵין־לִי מַכִּיר אָבַד מָנוֹס מִמֶּנִּי אֵין דּוֹרֵשׁ לְנַפְשִׁי: 6 זָעַקְתִּי אֵלֶיךָ יְהוָֹה אָמַרְתִּי אַתָּה מַחְסִי חֶלְקִי בְּאֶרֶץ הַחַיִּים: 7 הַקְשִׁיבָה | אֶל־רִנָּתִי כִּי־דַלּוֹתִי מְאֹד הַצִּילֵנִי מֵרֹדְפַי כִּי אָמְצוּ מִמֶּנִּי: 8 הוֹצִיאָה מִמַּסְגֵּר | נַפְשִׁי לְהוֹדוֹת אֶת־שְׁמֶךָ בִּי יַכְתִּרוּ צַדִּיקִים כִּי תִגְמֹל עָלָי:

143 מִזְמוֹר לְדָוִד יְהוָֹה | שְׁמַע תְּפִלָּתִי הַאֲזִינָה אֶל־תַּחֲנוּנַי בֶּאֱמֻנָתְךָ עֲנֵנִי בְּצִדְקָתֶךָ: 2 וְאַל־תָּבוֹא בְמִשְׁפָּט אֶת־עַבְדֶּךָ כִּי לֹא־יִצְדַּק לְפָנֶיךָ כָל־חָי: 3 כִּי רָדַף אוֹיֵב | נַפְשִׁי דִּכָּא לָאָרֶץ חַיָּתִי הוֹשִׁיבַנִי בְמַחֲשַׁכִּים כְּמֵתֵי עוֹלָם:

have been long dead. / [4] And my spirit fainteth within me; / My heart within me is appalled. / [5] I remember the days of old; / I meditate on all Thy doing; / I muse on the work of Thy hands. / [6] I spread forth my hands unto Thee; / My soul [thirsteth] after Thee, as a weary land. Selah / [7] Answer me speedily, O LORD, / My spirit faileth; / Hide not Thy face from me; / Lest I become like them that go down into the pit. / [8] Cause me to hear Thy lovingkindness in the morning, / For in Thee do I trust; / Cause me to know the way wherein I should walk, / For unto Thee have I lifted up my soul. / [9] Deliver me from mine enemies, O LORD; / With Thee have I hidden myself. / [10] Teach me to do Thy will, / For Thou art my God; / Let Thy good spirit / Lead me in an even land. / [11] For Thy name's sake, O LORD, quicken me; / In Thy righteousness bring my soul out of trouble. / [12] And in Thy mercy cut off mine enemies, / And destroy all them that harass my soul, / For I am Thy servant.

144 [A Psalm] of David / Blessed be the LORD my Rock, / Who traineth my hands for war, / And my fingers for battle; / [2] My lovingkindness, and my fortress, / My high tower, and my deliverer; / My shield, and He in whom I take refuge; / Who subdueth my people under me. / [3] LORD, what is man, that Thou takest knowledge of him? / Or the son of man, that Thou makest account of him? / [4] Man is like unto a breath; / His days are as a shadow that passeth away. / [5] O LORD, bow Thy heavens, and come down; / Touch the mountains, that they may smoke. / [6] Cast forth lightning, and scatter them; / Send out Thine arrows, and discomfit them. / [7] Stretch forth Thy hands from on high; / Rescue me, and deliver me out of many waters, / Out of the hand of strangers; / [8] Whose mouth speaketh falsehood, / And their right hand is a right hand of lying. / [9] O God, I will sing a new song unto Thee, / Upon a psaltery of ten strings will I sing praises unto Thee; / [10] Who givest salvation unto kings, / Who rescuest David Thy servant from the hurtful sword. / [11] Rescue me, and deliver me out of the hand of strangers, / Whose mouth speaketh falsehood, / And their right hand is a right hand of lying. / [12] We whose sons are as plants grown up in their youth, /

4 וַתִּתְעַטֵּף עָלַי רוּחִי בְּתוֹכִי יִשְׁתּוֹמֵם לִבִּי: 5 זָכַרְתִּי יָמִים מִקֶּדֶם הָגִיתִי בְכָל־פָּעֳלֶךָ בְּמַעֲשֵׂה יָדֶיךָ אֲשׂוֹחֵחַ: 6 פֵּרַשְׂתִּי יָדַי אֵלֶיךָ נַפְשִׁי כְּאֶרֶץ־עֲיֵפָה לְךָ סֶלָה: 7 מַהֵר עֲנֵנִי יְהוָה כָּלְתָה רוּחִי אַל־תַּסְתֵּר פָּנֶיךָ מִמֶּנִּי וְנִמְשַׁלְתִּי עִם־יֹרְדֵי בוֹר: 8 הַשְׁמִיעֵנִי בַבֹּקֶר חַסְדֶּךָ כִּי־בְךָ בָטָחְתִּי הוֹדִיעֵנִי דֶּרֶךְ־זוּ אֵלֵךְ כִּי־אֵלֶיךָ נָשָׂאתִי נַפְשִׁי: 9 הַצִּילֵנִי מֵאֹיְבַי יְהוָה אֵלֶיךָ כִסִּתִי: 10 לַמְּדֵנִי לַעֲשׂוֹת רְצוֹנֶךָ כִּי־אַתָּה אֱלוֹהָי רוּחֲךָ טוֹבָה תַּנְחֵנִי בְּאֶרֶץ מִישׁוֹר: 11 לְמַעַן־שִׁמְךָ יְהוָה תְּחַיֵּנִי בְּצִדְקָתְךָ תוֹצִיא מִצָּרָה נַפְשִׁי: 12 וּבְחַסְדְּךָ תַּצְמִית אֹיְבָי וְהַאֲבַדְתָּ כָּל־צֹרֲרֵי נַפְשִׁי כִּי אֲנִי עַבְדֶּךָ:

144 לְדָוִד בָּרוּךְ יְהוָה צוּרִי הַמְלַמֵּד יָדַי לַקְרָב אֶצְבְּעוֹתַי לַמִּלְחָמָה: 2 חַסְדִּי וּמְצוּדָתִי מִשְׂגַּבִּי וּמְפַלְטִי לִי מָגִנִּי וּבוֹ חָסִיתִי הָרוֹדֵד עַמִּי תַחְתָּי: 3 יְהוָה מָה־אָדָם וַתֵּדָעֵהוּ בֶּן־אֱנוֹשׁ וַתְּחַשְּׁבֵהוּ: 4 אָדָם לַהֶבֶל דָּמָה יָמָיו כְּצֵל עוֹבֵר: 5 יְהוָה הַט־שָׁמֶיךָ וְתֵרֵד גַּע בֶּהָרִים וְיֶעֱשָׁנוּ: 6 בְּרוֹק בָּרָק וּתְפִיצֵם שְׁלַח חִצֶּיךָ וּתְהֻמֵּם: 7 שְׁלַח יָדֶיךָ מִמָּרוֹם פְּצֵנִי וְהַצִּילֵנִי מִמַּיִם רַבִּים מִיַּד בְּנֵי נֵכָר: 8 אֲשֶׁר פִּיהֶם דִּבֶּר־שָׁוְא וִימִינָם יְמִין שָׁקֶר: 9 אֱלֹהִים שִׁיר חָדָשׁ אָשִׁירָה לָּךְ בְּנֵבֶל עָשׂוֹר אֲזַמְּרָה־לָּךְ: 10 הַנּוֹתֵן תְּשׁוּעָה לַמְּלָכִים הַפּוֹצֶה אֶת־דָּוִד עַבְדּוֹ מֵחֶרֶב רָעָה: 11 פְּצֵנִי וְהַצִּילֵנִי מִיַּד בְּנֵי־נֵכָר אֲשֶׁר פִּיהֶם דִּבֶּר־שָׁוְא וִימִינָם יְמִין שָׁקֶר: 12 אֲשֶׁר בָּנֵינוּ כִּנְטִעִים מְגֻדָּלִים

Whose daughters are as corner-pillars carved after the fashion of a palace; / [13] Whose garners are full, affording all manner of store; / Whose sheep increase by thousands and ten thousands in our fields; / [14] Whose oxen are well laden; / With no breach, and no going forth, / And no outcry in our broad places; / [15] Happy is the people that is in such a case, / Yea, happy is the people whose God is the Lord.

145 [A Psalm of] praise; of David / א I will extol Thee, my God, O King; / And I will bless Thy name for ever and ever. / ב [2] Every day will I bless Thee; / And I will praise Thy name for ever and ever. / ג [3] Great is the Lord, and highly to be praised; / And His greatness is unsearchable. / ד [4] One generation shall laud Thy works to another, / And shall declare Thy mighty acts. / ה [5] The glorious splendour of Thy majesty, / And Thy wondrous works, will I rehearse. / ו [6] And men shall speak of the might of Thy tremendous acts; / And I will tell of Thy greatness. / ז [7] They shall utter the fame of thy great goodness, / And shall sing of Thy righteousness. / ח [8] The Lord is gracious, and full of compassion; / Slow to anger, and of great mercy. / ט [9] The Lord is good to all; / And His tender mercies are over all His works. / י [10] All Thy works shall praise Thee, O Lord; / And Thy saints shall bless Thee. / כ [11] They shall speak of the glory of Thy kingdom, / And talk of Thy might; / ל [12] To make known to the sons of men His mighty acts, / And the glory of the majesty of His kingdom. / מ [13] Thy kingdom is a kingdom for all ages, / And Thy dominion endureth throughout all generations. / ס [14] The Lord upholdeth all that fall, / And raiseth up all those that are bowed down. / ע [15] The eyes of all wait for Thee, / And Thou givest them their food in due season. / פ [16] Thou openest Thy hand, / And satisfiest every living thing with favour. / צ [17] The Lord is righteous in all His ways, / And gracious in all His works. / ק [18] The Lord is nigh unto all them that call upon Him, / To all that call upon Him in truth. / ר [19] He will fulfil the desire of them that fear Him; / He also will hear their cry, and will save them. / ש [20] The Lord preserveth all them that love Him; / But

בְּנָעוּרֵיהֶם בְּנוֹתֵינוּ כְזָוִיֹּת מְחֻטָּבוֹת תַּבְנִית הֵיכָל׃ 13 מְזָוֵינוּ מְלֵאִים מְפִיקִים מִזַּן אֶל־זַן צֹאונֵנוּ מַאֲלִיפוֹת מְרֻבָּבוֹת בְּחוּצוֹתֵינוּ׃ 14 אַלּוּפֵינוּ מְסֻבָּלִים אֵין־ פֶּרֶץ וְאֵין יוֹצֵאת וְאֵין צְוָחָה בִּרְחֹבֹתֵינוּ׃ 15 אַשְׁרֵי הָעָם שֶׁכָּכָה לּוֹ אַשְׁרֵי הָעָם שֶׁיְהוָה אֱלֹהָיו׃

145 תְּהִלָּה לְדָוִד אֲרוֹמִמְךָ אֱלוֹהַי הַמֶּלֶךְ וַאֲבָרְכָה שִׁמְךָ לְעוֹלָם וָעֶד׃ 2 בְּכָל־ יוֹם אֲבָרְכֶךָ וַאֲהַלְלָה שִׁמְךָ לְעוֹלָם וָעֶד׃ 3 גָּדוֹל יְהוָה וּמְהֻלָּל מְאֹד וְלִגְדֻלָּתוֹ אֵין חֵקֶר׃ 4 דּוֹר לְדוֹר יְשַׁבַּח מַעֲשֶׂיךָ וּגְבוּרֹתֶיךָ יַגִּידוּ׃ 5 הֲדַר כְּבוֹד הוֹדֶךָ וְדִבְרֵי נִפְלְאוֹתֶיךָ אָשִׂיחָה׃ 6 וֶעֱזוּז נוֹרְאֹתֶיךָ יֹאמֵרוּ וּגְדוּלָּתְךָ אֲסַפְּרֶנָּה׃ 7 זֵכֶר רַב־טוּבְךָ יַבִּיעוּ וְצִדְקָתְךָ יְרַנֵּנוּ׃ 8 חַנּוּן וְרַחוּם יְהוָה אֶרֶךְ אַפַּיִם וּגְדָל־חָסֶד׃ 9 טוֹב־יְהוָה לַכֹּל וְרַחֲמָיו עַל־כָּל־מַעֲשָׂיו׃ 10 יוֹדוּךָ יְהוָה כָּל־מַעֲשֶׂיךָ וַחֲסִידֶיךָ יְבָרְכוּכָה׃ 11 כְּבוֹד מַלְכוּתְךָ יֹאמֵרוּ וּגְבוּרָתְךָ יְדַבֵּרוּ׃ 12 לְהוֹדִיעַ ׀ לִבְנֵי הָאָדָם גְּבוּרֹתָיו וּכְבוֹד הֲדַר מַלְכוּתוֹ׃ 13 מַלְכוּתְךָ מַלְכוּת כָּל־עֹלָמִים וּמֶמְשַׁלְתְּךָ בְּכָל־דּוֹר וָדוֹר׃ 14 סוֹמֵךְ יְהוָה לְכָל־הַנֹּפְלִים וְזוֹקֵף לְכָל־הַכְּפוּפִים׃ 15 עֵינֵי־כֹל אֵלֶיךָ יְשַׂבֵּרוּ וְאַתָּה נוֹתֵן־לָהֶם אֶת־אָכְלָם בְּעִתּוֹ׃ 16 פּוֹתֵחַ אֶת־יָדֶךָ וּמַשְׂבִּיעַ לְכָל־חַי רָצוֹן׃ 17 צַדִּיק יְהוָה בְּכָל־דְּרָכָיו וְחָסִיד בְּכָל־ מַעֲשָׂיו׃ 18 קָרוֹב יְהוָה לְכָל־קֹרְאָיו לְכֹל אֲשֶׁר יִקְרָאֻהוּ בֶאֱמֶת׃ 19 רְצוֹן־יְרֵאָיו יַעֲשֶׂה וְאֶת־שַׁוְעָתָם יִשְׁמַע וְיוֹשִׁיעֵם׃ 20 שׁוֹמֵר יְהוָה אֶת־כָּל־אֹהֲבָיו וְאֵת כָּל־

all the wicked will He destroy. / ת [21] My mouth shall speak the praise of the LORD; / And let all flesh bless His holy name for ever and ever.

146 Hallelujah. / Praise the LORD, O my soul. / [2] I will praise the LORD while I live; / I will sing praises unto my God while I have my being. / [3] Put not your trust in princes, / Nor in the son of man, in whom there is no help. / [4] His breath goeth forth, he returneth to his dust; / In that very day his thoughts perish. / [5] Happy is he whose help is the God of Jacob, / Whose hope is in the LORD his God, / Who made heaven and earth, / The sea, and all that in them is; / Who keepeth truth for ever; / [7] Who executeth justice for the oppressed; / Who giveth bread to the hungry. / The LORD looseth the prisoners; / [8] The LORD openeth the eyes of the blind; / The LORD raiseth up them that are bowed down; / The LORD loveth the righteous; / [9] The LORD preserveth the strangers; / He upholdeth the fatherless and the widow; / But the way of the wicked He maketh crooked. / [10] The LORD will reign for ever, / Thy God, O Zion, unto all generations. / Hallelujah.

147 Hallelujah; / For it is good to sing praises unto our God; / For it is pleasant, and praise is comely. / [2] The LORD doth build up Jerusalem, / He gathereth together the dispersed of Israel; / [3] Who healeth the broken in heart, / And bindeth up their wounds. / [4] He counteth the number of the stars; / He giveth them all their names. / [5] Great is our Lord, and mighty in power; / His understanding is infinite. / [6] The LORD upholdeth the humble; / He bringeth the wicked down to the ground. / [7] Sing unto the LORD with thanksgiving, / Sing praises upon the harp unto our God; / [8] Who covereth the heaven with clouds, / Who prepareth rain for the earth, / Who maketh the mountains to spring with grass. / [9] He giveth to the beast his food, / And to the young ravens which cry. / [10] He delighteth not in the strength of the horse; / He taketh no pleasure in the legs of a man. / [11] The LORD taketh pleasure in

הָרְשָׁעִים יַשְׁמִיד: 21 תְּהִלַּת יְהוָה יְדַבֶּר־פִּי וִיבָרֵךְ כָּל־בָּשָׂר שֵׁם קָדְשׁוֹ לְעוֹלָם וָעֶד:

146 הַלְלוּ־יָהּ הַלְלִי נַפְשִׁי אֶת־יְהוָה: 2 אֲהַלְלָה יְהוָה בְּחַיָּי אֲזַמְּרָה לֵאלֹהַי בְּעוֹדִי: 3 אַל־תִּבְטְחוּ בִנְדִיבִים בְּבֶן־אָדָם ׀ שֶׁאֵין לוֹ תְשׁוּעָה: 4 תֵּצֵא רוּחוֹ יָשֻׁב לְאַדְמָתוֹ בַּיּוֹם הַהוּא אָבְדוּ עֶשְׁתֹּנֹתָיו: 5 אַשְׁרֵי שֶׁאֵל יַעֲקֹב בְּעֶזְרוֹ שִׂבְרוֹ עַל־יְהוָה אֱלֹהָיו: 6 עֹשֶׂה ׀ שָׁמַיִם וָאָרֶץ אֶת־הַיָּם וְאֶת־כָּל־אֲשֶׁר־בָּם הַשֹּׁמֵר אֱמֶת לְעוֹלָם: 7 עֹשֶׂה מִשְׁפָּט ׀ לָעֲשׁוּקִים נֹתֵן לֶחֶם לָרְעֵבִים יְהוָה מַתִּיר אֲסוּרִים: 8 יְהוָה ׀ פֹּקֵחַ עִוְרִים יְהוָה זֹקֵף כְּפוּפִים יְהוָה אֹהֵב צַדִּיקִים: 9 יְהוָה ׀ שֹׁמֵר אֶת־גֵּרִים יָתוֹם וְאַלְמָנָה יְעוֹדֵד וְדֶרֶךְ רְשָׁעִים יְעַוֵּת: 10 יִמְלֹךְ יְהוָה ׀ לְעוֹלָם אֱלֹהַיִךְ צִיּוֹן לְדֹר וָדֹר הַלְלוּ־יָהּ:

147 הַלְלוּ יָהּ ׀ כִּי־טוֹב זַמְּרָה אֱלֹהֵינוּ כִּי־נָעִים נָאוָה תְהִלָּה: 2 בּוֹנֵה יְרוּשָׁלַ͏ִם יְהוָה נִדְחֵי יִשְׂרָאֵל יְכַנֵּס: 3 הָרֹפֵא לִשְׁבוּרֵי לֵב וּמְחַבֵּשׁ לְעַצְּבוֹתָם: 4 מוֹנֶה מִסְפָּר לַכּוֹכָבִים לְכֻלָּם שֵׁמוֹת יִקְרָא: 5 גָּדוֹל אֲדוֹנֵינוּ וְרַב־כֹּחַ לִתְבוּנָתוֹ אֵין מִסְפָּר: 6 מְעוֹדֵד עֲנָוִים יְהוָה מַשְׁפִּיל רְשָׁעִים עֲדֵי־אָרֶץ: 7 עֱנוּ לַיהוָה בְּתוֹדָה זַמְּרוּ לֵאלֹהֵינוּ בְכִנּוֹר: 8 הַמְכַסֶּה שָׁמַיִם ׀ בְּעָבִים הַמֵּכִין לָאָרֶץ מָטָר הַמַּצְמִיחַ הָרִים חָצִיר: 9 נוֹתֵן לִבְהֵמָה לַחְמָהּ לִבְנֵי עֹרֵב אֲשֶׁר יִקְרָאוּ: 10 לֹא בִגְבוּרַת הַסּוּס יֶחְפָּץ לֹא־בְשׁוֹקֵי הָאִישׁ יִרְצֶה: 11 רוֹצֶה

them that fear Him, / In those that wait for His mercy. / [12] Glorify the LORD, O Jerusalem; / Praise thy God, O Zion. / [13] For He hath made strong the bars of thy gates; / He hath blessed thy children within thee. / [14] He maketh thy borders peace; / He giveth thee in plenty the fat of wheat. / [15] He sendeth out His commandment upon earth; / His word runneth very swiftly. / [16] He giveth snow like wool; / He scattereth the hoar-frost like ashes. / [17] He casteth forth His ice like crumbs; / Who can stand before His cold? / [18] He sendeth forth His word, and melteth them; / He causeth His wind to blow, and the waters flow. / [19] He declareth His word unto Jacob, / His statutes and His ordinances unto Israel. / [20] He hath not dealt so with any nation; / And as for His ordinances, they have not known them. / Hallelujah.

148 Hallelujah. / Praise ye the LORD from the heavens; / Praise Him in the heights. / [2] Praise ye Him, all His angels; / Praise ye Him, all His hosts. / [3] Praise ye Him, sun and moon; / Praise Him, all ye stars of light. / [4] Praise Him, ye heavens of heavens, / And ye waters that are above the heavens. / [5] Let them praise the name of the LORD; / For He commanded, and they were created. / [6] He hath also established them for ever and ever; / He hath made a decree which shall not be transgressed. / [7] Praise the LORD from the earth, / Ye sea-monsters, and all deeps; / [8] Fire and hail, snow and vapour, / Stormy wind, fulfilling His word; / [9] Mountains and all hills, / Fruitful trees and all cedars; / [10] Beasts and all cattle, / Creeping things and winged fowl; / [11] Kings of the earth and all peoples, / Princes and all judges of the earth; / [12] Both young men and maidens, / Old men and children; / [13] Let them praise the name of the LORD, / For His name alone is exalted; / His glory is above the earth and heaven. / [14] And He hath lifted up a horn for His people, / A praise for all His saints, / Even for the children of Israel, a people near unto Him. / Hallelujah.

יְהוָה אֶת־יְרֵאָיו אֶת־הַמְיַחֲלִים לְחַסְדּוֹ:
12 שַׁבְּחִי יְרוּשָׁלַ͏ִם אֶת־יְהוָה הַלְלִי אֱלֹהַיִךְ
צִיּוֹן: 13 כִּי־חִזַּק בְּרִיחֵי שְׁעָרָיִךְ בֵּרַךְ בָּנַיִךְ
בְּקִרְבֵּךְ: 14 הַשָּׂם־גְּבוּלֵךְ שָׁלוֹם חֵלֶב
חִטִּים יַשְׂבִּיעֵךְ: 15 הַשֹּׁלֵחַ אִמְרָתוֹ אָרֶץ
עַד־מְהֵרָה יָרוּץ דְּבָרוֹ: 16 הַנֹּתֵן שֶׁלֶג
כַּצָּמֶר כְּפוֹר כָּאֵפֶר יְפַזֵּר: 17 מַשְׁלִיךְ קַרְחוֹ
כְפִתִּים לִפְנֵי קָרָתוֹ מִי יַעֲמֹד: 18 יִשְׁלַח
דְּבָרוֹ וְיַמְסֵם יַשֵּׁב רוּחוֹ יִזְּלוּ־מָיִם: 19 מַגִּיד
דְּבָרָו לְיַעֲקֹב חֻקָּיו וּמִשְׁפָּטָיו
לְיִשְׂרָאֵל: 20 לֹא עָשָׂה כֵן | לְכָל־גּוֹי
וּמִשְׁפָּטִים בַּל־יְדָעוּם הַלְלוּ־יָהּ:

148 הַלְלוּ יָהּ | הַלְלוּ אֶת־יְהוָה מִן־
הַשָּׁמַיִם הַלְלוּהוּ בַּמְּרוֹמִים: 2 הַלְלוּהוּ
כָל־מַלְאָכָיו הַלְלוּהוּ כָּל־צְבָאָו:
3 הַלְלוּהוּ שֶׁמֶשׁ וְיָרֵחַ הַלְלוּהוּ כָּל־כּוֹכְבֵי
אוֹר: 4 הַלְלוּהוּ שְׁמֵי הַשָּׁמָיִם וְהַמַּיִם
אֲשֶׁר | מֵעַל הַשָּׁמָיִם: 5 יְהַלְלוּ אֶת־שֵׁם
יְהוָה כִּי הוּא צִוָּה וְנִבְרָאוּ: 6 וַיַּעֲמִידֵם
לָעַד לְעוֹלָם חָק־נָתַן וְלֹא יַעֲבוֹר: 7 הַלְלוּ
אֶת־יְהוָה מִן־הָאָרֶץ תַּנִּינִים וְכָל־
תְּהֹמוֹת: 8 אֵשׁ וּבָרָד שֶׁלֶג וְקִיטוֹר רוּחַ
סְעָרָה עֹשָׂה דְבָרוֹ: 9 הֶהָרִים וְכָל־גְּבָעוֹת
עֵץ פְּרִי וְכָל־אֲרָזִים: 10 הַחַיָּה וְכָל־בְּהֵמָה
רֶמֶשׂ וְצִפּוֹר כָּנָף: 11 מַלְכֵי־אֶרֶץ וְכָל־
לְאֻמִּים שָׂרִים וְכָל־שֹׁפְטֵי אָרֶץ:
12 בַּחוּרִים וְגַם־בְּתוּלוֹת זְקֵנִים עִם־
נְעָרִים: 13 יְהַלְלוּ | אֶת־שֵׁם יְהוָה כִּי־
נִשְׂגָּב שְׁמוֹ לְבַדּוֹ הוֹדוֹ עַל־אֶרֶץ וְשָׁמָיִם:
14 וַיָּרֶם קֶרֶן | לְעַמּוֹ תְּהִלָּה לְכָל־חֲסִידָיו
לִבְנֵי יִשְׂרָאֵל עַם־קְרֹבוֹ הַלְלוּ־יָהּ:

149 Hallelujah. / Sing unto the LORD a new song, / And His praise in the assembly of the saints. / [2] Let Israel rejoice in His Maker; / Let the children of Zion be joyful in their King. / [3] Let them praise His name in the dance; / Let them sing praises unto Him with the timbrel and harp. / [4] For the LORD taketh pleasure in His people; / He adorneth the humble with salvation. / [5] Let the saints exult in glory; / Let them sing for joy upon their beds. / [6] Let the high praises of God be in their mouth, / And a two-edged sword in their hand; / [7] To execute vengeance upon the nations, / And chastisements upon the peoples; / [8] To bind their kings with chains, / And their nobles with fetters of iron; / [9] To execute upon them the judgment written; / He is the glory of all His saints. / Hallelujah.

150 Hallelujah. / Praise God in His sanctuary; / Praise Him in the firmament of His power. / [2] Praise Him for His mighty acts; / Praise Him according to His abundant greatness. / [3] Praise Him with the blast of the horn; / Praise Him with the psaltery and harp. / [4] Praise Him with the timbrel and dance; / Praise Him with stringed instruments and the pipe. / [5] Praise Him with the loud-sounding cymbals; / Praise Him with the clanging cymbals. / [6] Let every thing that hath breath praise the LORD. / Hallelujah. /

149 הַלְלוּ יָהּ ׀ שִׁירוּ לַיהוָה שִׁיר חָדָשׁ תְּהִלָּתוֹ בִּקְהַל חֲסִידִים: 2 יִשְׂמַח יִשְׂרָאֵל בְּעֹשָׂיו בְּנֵי־צִיּוֹן יָגִילוּ בְמַלְכָּם: 3 יְהַלְלוּ שְׁמוֹ בְמָחוֹל בְּתֹף וְכִנּוֹר יְזַמְּרוּ־לוֹ: 4 כִּי־רוֹצֶה יְהוָה בְּעַמּוֹ יְפָאֵר עֲנָוִים בִּישׁוּעָה: 5 יַעְלְזוּ חֲסִידִים בְּכָבוֹד יְרַנְּנוּ עַל־מִשְׁכְּבוֹתָם: 6 רוֹמְמוֹת אֵל בִּגְרוֹנָם וְחֶרֶב פִּיפִיּוֹת בְּיָדָם: 7 לַעֲשׂוֹת נְקָמָה בַּגּוֹיִם תּוֹכֵחֹת בַּל־אֻמִּים: 8 לֶאְסֹר מַלְכֵיהֶם בְּזִקִּים וְנִכְבְּדֵיהֶם בְּכַבְלֵי בַרְזֶל: 9 לַעֲשׂוֹת בָּהֶם ׀ מִשְׁפָּט כָּתוּב הָדָר הוּא לְכָל־חֲסִידָיו הַלְלוּ־יָהּ:

150 הַלְלוּ יָהּ ׀ הַלְלוּ־אֵל בְּקָדְשׁוֹ הַלְלוּהוּ בִּרְקִיעַ עֻזּוֹ: 2 הַלְלוּהוּ בִגְבוּרֹתָיו הַלְלוּהוּ כְּרֹב גֻּדְלוֹ: 3 הַלְלוּהוּ בְּתֵקַע שׁוֹפָר הַלְלוּהוּ בְּנֵבֶל וְכִנּוֹר: 4 הַלְלוּהוּ בְתֹף וּמָחוֹל הַלְלוּהוּ בְּמִנִּים וְעוּגָב: 5 הַלְלוּהוּ בְצִלְצְלֵי־שָׁמַע הַלְלוּהוּ בְּצִלְצְלֵי תְרוּעָה: 6 כֹּל הַנְּשָׁמָה תְּהַלֵּל יָהּ הַלְלוּ־יָהּ: